消费行为的助推机制
和政策效应研究

王湘红　等著

中国财经出版传媒集团

经济科学出版社
Economic Science Press

图书在版编目（CIP）数据

消费行为的助推机制和政策效应研究/王湘红等著．
—北京：经济科学出版社，2021.8
ISBN 978 - 7 - 5218 - 2771 - 2

Ⅰ.①消…　Ⅱ.①王…　Ⅲ.①消费者行为论 - 研究
Ⅳ.①F036.3

中国版本图书馆 CIP 数据核字（2021）第 166725 号

责任编辑：于　源　冯　蓉
责任校对：隗立娜　孙　晨
责任印制：范　艳

消费行为的助推机制和政策效应研究

王湘红　等著

经济科学出版社出版、发行　新华书店经销
社址：北京市海淀区阜成路甲 28 号　邮编：100142
总编部电话：010 - 88191217　发行部电话：010 - 88191522
网址：www. esp. com. cn
电子邮箱：esp@ esp. com. cn
天猫网店：经济科学出版社旗舰店
网址：http://jjkxcbs. tmall. com
北京密兴印刷有限公司印装
710×1000　16 开　15 印张　250000 字
2021 年 11 月第 1 版　2021 年 11 月第 1 次印刷
ISBN 978 - 7 - 5218 - 2771 - 2　定价：66.00 元

前言

preface

扩大消费需求和推进消费转型升级是我国当前经济发展的重要目标。传统政府政策多从收入分配机制、社会保障机制和宏观层面着手，上述政策手段能够在一定程度上推动消费需求的增加，但主要是粗放型增长，不一定起到改善消费环境和消费质量的作用。总体来说，我国当前的消费仍存在以下问题：一是居民消费率较低，二是消费保护问题较突出，三是消费质量有待提高。消费质量和消费结构升级包括消费由低质量向高质量升级、生存型向发展型升级、物质型向服务型升级、传统型向新型升级，绿色、健康、智能、安全等将成为消费结构升级的重点方向。

近年来，我国政府多次出台相关法律法规和政府文件来改善消费环境和促进消费。传统的经济学研究表明，由于勤俭的传统，消费习惯是解释当前低消费的重要原因；社会保障不健全，经济预期不稳定，普通劳动者家庭收入增长缓慢等导致抑制消费和居民储蓄增加。这些理论解释对应的政策建议往往是宏大的、成本高昂的。本书从行为经济学的视角，研究助推机制对消费行为的影响，为消费政策提供更多可操作的借鉴。

研究助推（nudge）机制促进消费的有效性验证可弥补中国消费问题研究中行为视角的欠缺。以行为理论为指导的助推作为近期外国政府制定政策的热点手段，具有成本低、针对性强、效果明显的特点。在西方，助推政策研究已取得诸多成果，在消费、储蓄、健康、公益事业等方面帮助居民优化策。以行为理论为主导的政策实践在政府和企业中应用广泛，如英国、美国、澳大利亚、加拿大、法国、新加坡等都建立了行为助推研究小组。目前国内对以行为理论为基础的优化消费环境和促进消费的助推政策研究几乎空白，这给研究助推政策实证创新提供了很大空间。

本书将总结笔者近年来基于行为经济学理论和微观数据进行的消费问题研究，使用助推政策和机制将对解决上述消费问题的帮助，可提供切实可行的操作建议，对国家当前提出的消费政策进行科学的评估。笔者感谢近些年在消费研究中的主要合作者陈坚、李强、高彧、宋爱娴、孙文凯、吴佳妮、周澜和我的学生研究助理。

第1章对行为助推理论和方法进行简要介绍，并说明对消费决策有哪些助推方法；第2章和第3章分别用实验方法和网购订单数据的实证分析研究零售业退货政策对消费倾向和消费行为的影响；第4章用消费投诉数据研究消费者保护对消费的影响；第5章用实验研究收入的平滑支付对于消费行为的影响；第6章和第7章研究了相对收入和参照点效应对消费的影响；第8章用跑步实验研究同伴效应和承诺机制促进健康消费的助推机制；第9章和第10章研究网购促销和互联网普及对消费行为的影响。

目

录

contents

// 第 1 章

消费决策和公共政策的
行为助推机制

1.1 引 言

　　扩大消费需求和改善消费环境需要首先理解消费决策过程，消费者购买决策过程一般分为：需求识别、信息收集、方案评价、购买决策和购后行为等几个阶段。传统的消费行为的研究一般在营销管理层面。经济学对消费的研究一般在微观和宏观两个层面，在微观上考察消费者和生产者在理性条件下的供需关系和博弈行为，在宏观层面讨论用税收财政政策激励调节消费需求。行为经济学理论认为消费者和生产者作为决策者不是完全理性的，决策是受环境影响的，公共政策和机制是重要的环境因素之一。近些年来，一些国家政府和国际组织在社会和经济政策中实施以行为理论为指导的温和家长主义风格的助推政策取得有效成果，引起了各方面极大关注。本章介绍助推政策的主要方法和原则，说明助推政策的理论基础即政府政策如何利用行为理论设计政策帮助人们优化行为决策、提升政府政策的有效性，并基于当前我国经济形势下提升消费需求和消费质量的需要，具体提出相关的助推政策建议。

　　我国以往在制定提升经济增长效率和质量的相关政策中多半是以行政管制来推动。如今政府大力推进行政体制改革、实行简政放权、放管结合。简政放权强调破除审批"当关"、公章"旅行"、公文"长征"等乱象，避免浪费大量人力财力。在公共管理中增加温和家长制的助推政策，将更有利于减少社会成本，激发企业和民众的自主创新精神。

本章其余部分结构如下，第二部分提出传统政策选择问题；第三部分首先介绍温和家长制的基本设计原则，然后以行为经济学理论为基础，说明助推政策的主要方法；第四部分以消费政策为例说明助推政策在调节和优化消费决策决策方面的作用，特别联系到当前我国提升国内消费需求的一些政策需要来论述；第五部分为本章的总结。

1.2 政策选择问题

公共政策是各个国家、执政党、各级政府或社会权威机构，在特定时期为解决公共问题采取的一系列政策和设定的管理机制，一般旨在通过一系列规章制度改变公众的行为，以期实现某些社会福利目标。传统政策多采取强令禁止或者经济激励的形式，例如用刑法禁止假冒商品的销售，用补贴政策鼓励清洁能源的使用，用税收减少非健康食品的消费。显然，这些政策执行成本较大，且未必能保证效果，因为这些政策的有效性取决于公众是否能按政策制定者预期改变或调整自身行为。本书所讨论的温和家长主义（paternalism）的助推政策方式与传统政策形式有所不同，通过引导人们的行为和允许自由选择相结合起来，能够实现花费小、收益大的政策目标。

温和家长主义（soft paternalism），是介于自由放任和强制政策之间的手段，能够兼容二者的优点。传统经济学理论基于个人选择以自身利益最大化为前提假设，因此一般来说其对政府介入公众决策持谨慎态度。但无数实证研究显示，自由放任的政策并不能使民众做出最优决策，这主要是因为个人的认知和决策的理性是有限的。此时，需要更多外力干预来达到可能的最优结果，但是，如果采取强制性的政策，可能消耗极大社会成本，但又不能彻底解决很多公共问题，也违反民主制度的精神。由于人的决策选择都是在一定环境条件下形成的，环境特征有意无意地影响着人们的决策，政策设计者在很大程度上是创造这些环境的设计师。温和的家长主义强调从政策上优化公众所面临的选择环境，用助推而未必强制的方法引导人们做出更优的决策。

温和的助推政策主要是基于行为经济学理论为指导的，用行为经济学理论指导政策的思想最初是由两篇文章提出的：泰勒和桑斯坦（Thaler and Sunstein，2003）的《自由家长主义》和凯莫勒等（Camerer et al.，2003）的《保守管制：行为经济学和非对称家长制》。这些文献总结了关于人的决策为有限理性的看法，包括：①由于认知力有限，人的直觉思维使得人们在决策中容易受偏误的影响。常见的认知偏误包括损失厌恶、参照点依赖、过低或过高估计概率事件、过度自信等。②在自制力上，公众并不具有他们所预想的强自制力。例如，购买健身年卡的人，锻炼的平均次数并不能使他们比买单次卡省钱。又如，在一定的饥饿程度下，人的进食量会受到食物包装大小的影响，而不是以身体的需要而优化的。③在考虑自我福利方面，人们并不是完全自私自利的。人的利他偏好受到社会规范等多方因素的影响。这些特点都在一些行为经济学文献中得到证实，并且反映了在现实中人们需要适当外力来引导其最优行为结果，而非完全自由放任。

近年来，以行为理论为主导的政策实践在政府和企业中都取得了很多成果，英国首相卡梅伦于 2009 年成立的行为洞察力小组（Behavioural Insights Team，BIT），美国政府成立了社会和行为科学组（Social and Behavioral Science Team，SBST），其他国家如澳大利亚、加拿大、法国、新加坡都建立了类似的政府机构（Bhargava and Loewenstein，2015）。这些国家政府正利用助推政策帮助人们在消费、储蓄、健康、公益事业等方面做出更好的决策。在国际组织中，行为经济学应用也日渐凸显。例如，世界银行在 2015 年发布的《世界发展报告》全部是以行为理论为基础的研究成果，其中介绍了世界各地在解决贫困、劳动效率、健康、金融消费等经济和社会问题的各种政策设计中应用行为经济学和实验方法所取得的成效。

1.3　温和家长制和助推的方法

1.3.1　温和家长制的原则

助推政策是政策制定者在了解人们的有限理性的前提下，结合行为经济学理论，以温和的方式去巧妙地改变人们的选择项目和选择动机，使人们的选择更优化，从而提高社会总体福利（Thaler and Sunstein，2008）。助推政策具有指导性与自由性相结合的特点，与传统权威强制政策相比能够保留选择自由。以往学者的研究和政府政策的经验，为我们总结了在助推政策中保持温和家长制的几个主要原则（Camere，2003；Sunstein，2014），我们简明介绍如下。

1. 保留选择的自由

政府在助推政策中可引导公众选择对个人和社会有利的行为，但保留人们选择的自由。这就像 GPS 能够指引驾车人达到正确的目的地，但又给人们选择不同路径的自由。例如交通标志、减速带、公共场所的警示标志等指示标志的设置都是助推的有效形式。

举例来说，政府为了引导消费者使用高效能产品，可以通过提供能效标识制度引导消费者提高能源使用效率、节约能源并保护环境。能效标识是附在产品或产品最小包装物上的一种信息标签，用于表示耗能产品的能源效率等级、能源消耗量等指标。能效标识能够为消费者提供选择依据，引导消费者选择节能产品，同时又以非强制的方式允许消费者在繁多的产品中进行自由选择。同样，要求企业在香烟盒上关于吸烟有害健康的形象警示标识、要求食品生产商在食品包装上标明营养成分表，建立各类数据公开发布的网站等，既保留了消费者的选择自由，又能够引导消费者做出最优决策。

2. 保证政策的透明度

助推与传统形式的政策相比一大优势就在于没有强制，提供足够有效信息引导公众选择，所以应该公开透明，杜绝隐瞒和诡计。以政府政务方面为例，政府应当运用减小公文的繁冗程度，实行简单化、透明化的阳光政务，方便居民获取政府政务信息、与政府进行信息沟通，从而达到政策有效性。同时，保证政策透明度能够加强对权力的监督，提高政府办事效率，减少腐败，以最优的方案节约人力物力。

3. 进行成本收益分析

由于人的异质性，温和家长制的助推政策要符合效果的非对称性，即在给决策有偏误的人们带来巨大的收益的同时，不给理性的决策者带来很大的成本。当消费者做错误决策的时候，就好像是他们在他们自身强加了外部性。助推政策就是为了帮助有限理性的消费者做出更好的决策，使得他们的需求与真实的收益更加吻合，但又不过分影响其他理性消费者决策，这时候社会福利就会增加。

成本收益的分析方法可以用凯莫勒等（2003）的简单模型表示如下。假设有两种消费者，一种是有限理性的，另一种是完全理性的。P 是有限理性的消费者的比例。假设这种家长主义的政策是用来抵御有限理性人做出错误决策的，但是约束行为可能会给完全理性人强加部分成本。B 代表有限理性人的净收益，C 代表理性代理人的净成本。这种政策也有实施成本，为 I。最终，政策可能会改变企业的收益，我们定义为 $\Delta\pi$，如果满足下面的条件，我们说这个政策是净有益的（beneficial）：$P \times B - (1 - P) \times C - I + \Delta\pi > 0$。助推政策使得 B 很大，C 很小。即使只有很少的消费者信息，只要我们知道 P 是正的，也就是说存在有限理性的人，这个政策就很可能是有正收益的。

4. 以实证数据和实验为依据

政府助推政策的出台都要以实证依据或科学的实验结果为基础。一些理论上可行的政策在实际上不一定具有可行性，实证检验能够提供给我们更好的政策选择和政策改进方向，运用科学的实验方法得出切合实际的分析结果。

在政策的实证检验中，设置控制实验是必要的和可行的。因为许多助推实验成本较低，能够在反复试验中对实验参数进行不断调整和比对，以发现最优的设计或者推行路径。例如，政府在推送消息给居民以引导居民采取某行为时，措辞不同可能会产生不同的效果，因此可以通过事前小范围的选样测试来确定最有效的语言和用词，从而保证推送的消息能够产生最优的效果。

1.3.2　主要助推方法

公共政策要想有效地引导人们的行为，需要从影响人们的思维方式入手。在英国政府 BIT 成立伊始，他们总结了在公共政策中影响行为的主要目标为：更安全的居住社区；良好的社会环境；健康繁荣的生活。而政策影响人们思维和行为的渠道可以从以下六个方面着手：探索（explore）、助力（enable）、鼓励（encourage）、执行（engage）、示范（exemplify）、评估（evaluate），具体为：explore 分析作用对象，针对不同对象选择不同技巧；enable 政府从基础设施、设备、设计和资源上为人们提供可操作性支持；encourage 是通过立法、制度设计、激励和信息等方法对人们进行鼓励；engage 在推行政策中与公众建立协商制度、公开寻求政策支持；exemplify 政府机构从自身行为上起榜样作用，保持政策的一致性，与科研机构建立密切合作；evaluate 通过调查和后续追踪对政策或者项目进行评估。

根据行为经济学家多年的研究和已有的政府政策经验，我们概括了典型具体助推的方法，包括默认规则、信息披露和反馈、设定冷静期、社会规范、便利和简化、承诺机制等。每一类助推方法都是根据人们在一定选择环境中的不完全理性的行为倾向而设计的。

1. 默认规则法

人们存在现状偏误时，默认规则能有效地发挥作用（Samuelson and Zeckhauser，1998）。现状偏误是指人们更倾向于选择那些已经存在的政策和消费束，即使在转换有利和转换的成本非常低的条件下，人们也不会改变他们的选择。这种惰性是由于以下原因造成的：①损失厌恶，即人们对于等量的损失和收入时，对损失有更强的负效应；②"疏忽/委托偏误"即人们可能忽略那些由于疏忽或不作为造成的失误（Ritoy and Baron，2000）；③拖延，即人们在当期不断推迟进行一些有收益的活动，而错误地认为未来会做这些活动（O'Donoghue and Rabin，2001）。因此，默认选项的改变将会极大地影响人们的福祉。在政策选择体系中，将一个对大多数人都有利的选项作为默认的选项固定下来，将会增加消费者福祉。比如美国企业在 401（k）养老计划中将默认选项由员工默认不参与改成默认参与，极大地提高了员工的储蓄率（Thaler and Sunstein，2008）。

2. 信息披露和反馈

依赖有效信息，选择者可以做出更好的决策。决策者无法做决策或者决策效率低下很大程度上是由于他们缺乏必要信息造成的，信息提供可以通过披露和反馈机制改善结果。信息披露能够在事前提供成本收益信息，帮助决策者理性选择，提高决策效率，而反馈即积极将公众的选择结果反馈给决策者，以纠正上一阶段的偏误，优化下一阶段的决策。研究环境保护的文献表明，当居民得到关于自己行为结果对环境影响的具体参数信息后，他们选择保护公共环境的倾向要大于泛泛号召的效果（Thaler and Sunstein，2008）。在信息披露时，要特别注意披露的方式，因为框架效应会影响参与主体的决策。"框架"是由提问题的形式（语意）、社会风俗、决策者的性格所决定的。不同的提问方式，会产生不同的效果（Tversky and Kahneman，1981）。

3. 设定冷静期

冷静期能够容许人们延期作决策，从而在不冲动的状态下重新评价其决策，这对于决策者理性决策是很有帮助的（Thaler and Sunstein，2008）。当人们处在暂时的情绪化或"热"状态中，他们可能会做出一些成本高昂甚至无法逆转的决策，如买车却供不起，主要是由于他们过高估计自己的"热"状态和存在自我控制问题（Loewenstein et al.，1997）。为了防止公众因冲动而错误决策，应该在决策与执行期间设置缓冲期。冷静期采取两种不同的形式。一种是强制人们在冷静期过后再作决定，对于重要的人生决定，如结婚、离婚、自杀等，强制延期决策的成本并不高。另一种是人们能够采取即刻决策但在冷静期可改变决策。研究显示，当消费者有机会冷静后再作决定时，推销人员的煽动激励就会下降，尤其是在消费者收回交易会给销售人员引入成本的情况下（Camerer and Issacharoff，2003）。

4. 社会规范

由于决策者是社会人而非完全理性人，容易受大众的影响（Akerlof，1991），强调大多数人的做法是一种有效的助推。在实验中，参与者单独选择时的准确率达到98%，然而当大家一起选择时，几乎都选择了错误答案，那些怀疑选择是错误的人也不会当众说出（Asch，1951）。一个应用例子是，征收税费对于政府来说是一个难题，需要投入大量的人力物力和精力，如何更加及时高效地收取税费一直困扰着政府。通过强调社会规范，将会改善收税的及时性。研究表明，若纳税者收到英国皇家税务和海关总署的信件，信件中表明大部分纳税者都及时纳税，将会提高纳税率（Thaler and Sunstein，2008）。

5. 简化与便利

许多政策或者计划未能成功是因为设计得过于复杂，计划应该设计得更易于操作，减少某一个决策的各类障碍能够促使人们选择该策略。如果某一选择既容易又有趣，人们会更倾向于做出该决定。比如在社会保障领域，降低参与成本，简化参与负担，将提高人们的投保参与率。一个研究显示：与传统的决定参加方式不同，新的设计简化了大量复杂麻烦的填写的内容，设计了一个简单标准的填写表，将防止人们在填写中途退出，并使得员工的投保率提高 25%（Thaler and Sunstein，2008）。

又例如，摩洛哥政府 2007 年实施了水管整修计划，鼓励穷人通过赊账接通水管，但是复杂的程序和审核材料阻碍了该项计划，之后政府将该计划的程序简化和明确后，参与计划的家庭由 10% 上升到 69%（Devoto et al.，2012）。我国政府在经济援助类政策的制定中，也可以通过明确和简化申请程序提升参与度，保证政策效率。

6. 承诺机制

人们往往有明确的目标，但是缺少实际行动。行动前的事前承诺，能够促进人们采取行动，减少拖延（Ariely and Wertenbroch，2002）。拖延普遍存在是因为个体存在自我控制问题，研究发现人们的偏好不满足时间一致性，成本和收益会随时显著发生变化（Frederick et al.，2002；McClure et al.，2004）。人们在当期不断推迟进行一些有收益的活动，而错误认为未来会做这些活动（O'Donoghue and Rabin，2001）。研究发现人们试图通过给自己施加有成本的截止日期来解决这一问题。人们自我强加截止日期会比延迟至最终的截止日期的表现好，但最优的表现是外部施加的均匀间隔的截止日期（Ariely and Wertenbroch，2002）。

7. 谨慎使用"一刀切"限制政策

政府在制定政策时需要谨慎使用"一刀切"限制政策。"一刀切"限制政策一般是指政府设定了一个最低或最高的限制以保护某些特定群体的利益或者达到某些宏观经济目标。在中国，"一刀切"的政策实施得非常普遍，比如最低工资制度，公共物品捐献的最低额度限制，人口控制政策等。有时候政府实施"一刀切"政策是不可避免的，它节省了政府的决策成本，为行为主体提供了指导，简化了行为主体的决策。比如在公共物品的捐献实验中，引入最低捐献额度减少了参与者的决策时间。

"一刀切"限制政策的实施可能存在弊端。首先，一刀切的政策设定了参照点，挤出了最优设定。在公共物品捐献的实验中，那些在无限制下的捐献额较高者，在引入最低捐献额度后，拉低了他们的捐献额度（Kocher et al. ，2016）。其次，"一刀切"政策可能无法达成政策原有的目标。我国的最低工资制度始于 1993 年，2004 年扩大最低工资政策的范围，以保障工人及其家庭的生活水平。但是中国的最低工资标准比较低，且主要影响来自农村地区但是在城市工作的低收入群体，这些低收入群体对最低工资的政策不甚了解。在这种情况下，最低工资成为企业的负的参考点，使得那些在没有最低工资限制时支付较高工资的企业将他们的工资支付降低至最低工资水平。因此，政府需要在制定限制政策中考虑对人的内在激励的挤出效应和限定额的参照效应（Wang，2012）。

1.3.3　更强的行为指导政策

有学者认为行为经济学的早期应用被称为"创可贴"，用于弥补政策缺陷，未来应该进行更强的助推，以更好地实现政策目标（Bhargava and Lowenstein，2015）。更强的行为指导政策包括简化决策的基础框架，设计明确的规章制度和激励措施。

在信息爆炸时代，人们知识上的缺乏更加明显，人们很难处理信息和进行决策。研究发现，随着金融产品的不断丰富，消费者要做出选择就需要更大的自我控制能力。消费者面临越来越复杂的金融产品、信贷产品、次级贷款（Hastings，Madrian and Skimmyhorn，2013）。研究发现，由于特定知识的缺乏，即便获得了标准的健康保险表，大部分雇员仍无法选择更有价值的保险计划，特别是对于低收入者（Bhargava，Loewenstein and Sydnor，2015）。消费者，尤其是低收入者，面临着不断增加的复杂性，仅仅通过信息公开和宣传教育无法轻易地提高决策质量，需要更进一步的消费者保护政策。这种保护或许可以通过更进一步的简单化、更有效的刺激和宣传教育等政策工具的拓展应用来实现。

基于融资决策的复杂化和人们能力的缺陷，需要简化决策的基础框架和设计明确的规章制度和激励措施。现实中，人们在选择健康保险时更多的是根据保险免赔额进行决策，而不是从金融设计的角度进行考虑。因此需要简化保险条款，使其更符合保险政策标准（Bhargava and Lowenstein，2015）。例如，明确赔付条款，仿照酒店菜单明确标出每一条的价格，去掉通常难以理解的免赔额或者共同保险之类的条款，条款设计上的高要求能够改善消费者的选择并增加价格与质量竞争，最终使消费者获益。

1.4　消费中的助推政策

我国当前正处在经济和政治体制改革的新阶段。从经济形势来看，新常态下，调整消费内需是改变经济增长模式、提升广大民众的福利、提升我国经济增长的效率和质量的重要措施之一，但是如何更有效地达到促进消费的目的，可能需要依赖助推政策。这里我们就消费相关的五个主要问题上如何有效实行助推政策进行说明。

1.4.1　消费决策的优化

消费者做出更好的决策依赖于信息的有效性和对于信息的理解和分析能力，因此政府应该在政策上尽量使消费者获得真实且有效的信息，建立价格比较平台来方便消费者进行分析，并在决策后提供决策的信息反馈，以便消费者调整自己的决策，增加未来的福祉。

1. 提供有效信息

在信息的获取上，消费者处于劣势地位。生产者掌握着更多的信息，而消费者则缺乏相应的信息。消费产品的信息披露能够在事前提供成本收益信息，帮助决策者理性选择，提高决策效率，而信息反馈积极地将公众的选择结果反馈给决策者，以纠正上阶段的偏误，优化下一阶段的决策。消费者决策中涉及耐用品购买决策、健康环保的生活方式的选择，都影响消费者的长期福利。消费者可以获取关于这些决策的丰富的信息，包括为消费者提供年度信用卡的记录表单，最低可用能源收费表，家庭取暖的成本的能源表现证书、不同汽车型号或品牌的使用成本标签、餐馆的食品卫生评级和环境健康的产品信息，这些信息将帮助消费者做出正确和理性的决策。比如，如果消费者能够获知过去一年内自己的手机消费情况的信息，那么可以高效地从 120 万个手机合约中找出最合适自己的一个。

2. 修正信息框架

信息的呈现方式，也会影响消费者的判断，因为人们对事件和信息容易有一些认知偏误。第一个例子，在购买彩票时，一些人对于赢的概率并没有清楚的认识。大量研究表明人们会过高估计那些有巨大回报的小概率事件。如果政策要求提供一些有关赢得彩票概率和实际回报的明显的信息，可能减少人们发生认知错误的概率，减少非理性的决策（Kuran and Sunstein，2004）。第二个例子是关于"先租后买"的耐用品或者家具租赁计划。在美国，大部分州的民众认为这个合同是一个租赁合同而非贷款，因此最后有 70% 的人购买了他们租用的商品。这一认知偏误的结果就是企业不受贷款相关法律的规定，而消费者付出了远高于零售价格的价格和极高的利率成本。因此提供这些信息可能会帮助那些一开始并不了解经济学的消费者（Fried，2001）。第三个例子包括了对组合的错误认知。提供复利增长速度究竟有多快这一信息将有利于那些用信用卡欠款的消费者的消费决策（Laibson et al.，2000）。

3. 建立价格比较和评审平台

消费者决策时还要面临的一个问题是需要将收集的有关决策的信息进行分析和对比。在消费者决策中，价格的作用是基础和关键的。因此提供关于商品价格和其他参数的对比信息将简化决策过程。互联网大数据时代使简化信息收集过程成为可能，信息收集的作用让位于信息分析。

在大数据时代，信息铺天盖地而来，消费者往往在分析比较不同的商品上耗费了大量的时间和精力。在线上购物时，有些线上网站确实提供了对比数据，但是却缺乏形象的表述或者人性化的分析。商品参数的分析需要消费者具备某些特定的知识，消费者因此付出了多余的时间和精力。避免消费者跌入信息的浩瀚海洋中去的方法，就是建立一些以价格为核心的比较平台和支持相应的消费数据分析应用程序，消费者只需显示自己对于某些特征的偏好和自己的目标，数据分析就能帮助你更好地决策。英国的政府内政办公室和研究所（Cabinet Office and Institute for Government，2010）认为借助"我的数据"平台，消费者能够获得、控制和使用自己的消费信息，简化选择，从而做出更好的决策。消费者在决策中还要解决不确定性的问题，因此有时候提供大众评审机制也是一种有效的消费助推方法。如果中国广大的决策者能够更方便地获取真实的消费信息，对于他们的决策将会大有裨益。

1.4.2 退换政策的助推作用

助推政策的方法之一是为消费决策设定冷静期，它能够容许人们延期作决策，冷静时重新评价决策，有助于保护消费者的利益。当人们处在暂时的情绪化或"热"状态中，他们可能会做出一些成本高昂的非理性决策，如选择买车，之后却发现保养成本过高。后悔自己的决策，主要是由于他们在"热状态"时不能正确估计"冷静"时的偏好，并存在自我控制问题，高估当前状态下的收益。相反，谨慎的消费者可能为了防止后悔而抑制消费。

宽松的退货政策使得人们能够在当下决定购买决策，但在退货期内可以有反悔的机会，因此解除消费者的后顾之忧，增加了购买意愿，提高了消费（Wang，2009），并且倒逼生产者重视产品和服务的质量。

在冷静期期限确定上，有些由法律严格规定，有时由商家自主决定。1972 年，美国联邦贸易委员会对上门销售颁布了冷静期的相关规定。购买者有权在三个交易日内放弃任何买卖。之后许多州都实施了类似的法规，甚至延长了冷静期（Camerer et al.，2003）。美国大部分商家提供宽松退货政策，可能提升他们的消费（Wang，2009）。

冷静期的期限设定需要以研究作为基础，需要谨慎设定。其次，政策的细则应该遵照路径自由而非一刀切，后者设定了参照点，有可能会挤出最优期限的设定。以我国新消法于 2014 年出台的 7 天无理由退货期限为例，当淘宝网鼓励商家设定 7 天以上的退货期时，大部分商家都受到参照点的影响，选择 8 天作为退货期。"一刀切"政策的问题在于没有提供商家合理的选择环境，单一的期限不能普遍适用于所有商品。对那些原本能积极提供更宽松退货政策的商家，7 天政策可能降低了他们提供更长的退货期限。可以有更自由合理的政府助推的宽松退货政策，比如美国的某州政府规定，零售商必须在显著位置提供清楚的退货政策，如果没有，那么默认规则是消费者有权在 20 天内无理由退货，而事实上，大部分商家都提供比 20 天更宽松的提货环境。中国的消费者保护政策如果从行为经济学理论出发，优化选择体系，完善消费真保护，有望改善消费环境，提升国内的消费水平。

1.4.3　消费和储蓄的调整

消费储蓄决策对于个体福利和宏观经济而言都是非常重要的。政府在宏观调控中非常关注家庭消费和储蓄，家庭消费构成总需求的重要组成部分。中国的经济增长长期依赖投资和出口，消费在其中所起的作用不大，扩大消费需求一直是中国政府强调和推行的政策。宏观经济调控中政府需要对总需求进行适当调节，以保持经济的稳定健康发展。对于行为个体而言，消费储蓄决策也非常重要。个体的消费和储蓄决策会影响其整个生命周期的福利，传统经济学认为个体会在当下消费所带来的效用和未来消费的效用贴现进行比较，消费者会在生命周期内平滑消费，但是实际上可能由于认知偏差和自我控制问题，不能达到理性决策，此处我们举两个可以改善的例子。

1. 退休计划默认选择调节储蓄率

调整消费和储蓄行为的方法之一是在退休金的选择上利用默认选择和承诺机制。美国储蓄率低是一个普遍的事实，但研究者却通过实验证明了调整企业员工退休计划的默认选项对于提高储蓄率有明显帮助。在美国，当一个企业提供 401（k）或者类似的养老储蓄计划时，传统的默认选项为不参加该计划时，雇员的参与率往往较低。但近期一些公司自动将员工纳入养老储蓄计划，将默认选择由不参加改为参加，员工可以选择退出，这个小小的变化引起了 401（k）参与率的显著提升（Choi et al.，2002）。这个政策改变产生了巨大的经济影响并且收益极高，它提高了美国的储蓄率，改善了储蓄不足的情况。

默认规则在中国也有所运用，比如，有些企业为帮助城市打工的年轻农民工进行储蓄，他们的一部分工资会自动地放到其农村家庭的账户中，以抑制他们可能的过度消费。当然，从总体上说，与美国相比，中国的居民储蓄过多，总体消费率较低，一些助推手段可能促进人们消费而不是过度储蓄。比如，在公司内部发放奖金时，可以鼓励以高质量且有用的实物发放为默认选项，而不是以现金发放奖金，这有可能促进消费量及消费质量。再比如，对一些类似储蓄类的保障项目，比如住房公积金，可以考虑由默认参与变为默认不参与，也可能提高消费降低储蓄。

2. 利用社会规范改善消费结构

社会规范可以影响人们的消费习惯和消费质量。例如，人们在消费时，容易受到他人炫耀性消费的影响。炫耀性消费的增加会挤出其他消费，并对平滑消费产生负向影响。这种他人对自身影响即为一些社会规范，会通过影响家庭的炫耀性消费支出来影响消费倾向，并产生外部性。发达国家的研究表明，相对收入较低的家庭，为了模仿或追赶高收入家庭消费，在当期有更高消费率。在美国高收入不平等的县，由于对社会身份的追求，使得该类地区具有较高的中值住房价格。对地位的追求使得高收入者的高消费给中等收入者更多消费动力。当高收入者建了较大的住房，他们的消费行为会促进中等收入者也建较大的住房，并进一步向低收入传递这一影响。有学者建议税收公共政策可以用来调节这种外部性的影响，而给消费者选择性地提供相对消费比较的信息可以作为助推政策调节消费率，同时不影响消费自由。

1.4.4 健康环保消费的引导

利用助推政策能够引导人们在个人健康和公共环境方面做出更理性的决策，人们可能有健康和环保消费的意愿，但是却可能存在特定知识的缺乏和自我控制问题，因此可以从有效信息披露，设计自我承诺机制，对消费者教育社会规范等方面进行引导。

1. 提供有效信息

现有政策一般要求生产商在食品外包装上标明食物对应的热量，为肥胖症患者提供健康饮食参考，引导消费者做出更有利于健康的消费决策。但是实际上，由于消费者存在自我控制问题和知识上的匮乏，即使标签上明确标出了热量、脂肪和维生素的比例，消费者仍然难以做出最优决策，导致食物热量表无法达到预期的效果。增加消费者对食物成分的知识，提供简明的换算公式，使之成为对决策有用，易于理解的有效信息，帮助消费者达成既定目的；提供餐馆的卫生评级，将为消费者健康消费提供指导。

2. 善用承诺机制

承诺机制也能有效帮助人们达到既定的健康目标，很多人低估了自己的自我控制问题而选择购买健身房年卡，但健身的次数非常少，购买年卡并不是理性的。承诺机制可以督促消费者健身，美国的一些企业就为员工提供了有激励的健康承诺计划，他们在工作地点不仅提供建设设施，还让员工参加承诺每周健身次数的项目，如果达成目标，则给予相应的奖励。

3. 传统与助推政策相结合

有些个人消费不利于自身，有很强的负外部性，比如在公共场所吸烟。传统的禁烟措施包括税收政策和经济激励制度，例如对烟草征收较高税率；助推政策包括在包装盒上印刷"吸烟有害健康"的字样、在公共媒体上投放大量生动的警示标志、组织各类公共健康运动。研究表明，将传统政策措施和助推政策措施相结合，能够取得显著成效（Saurabh and George，2015）。从 2015 年 6 月开始，北京市将禁止在所有室内公共场所吸烟。由中国国务院拟定的条例草案会将该禁令在全国推行。但是简单的强制规则有时可能达不到预期效果，政府可以通过设置专门的吸烟室并张贴指示标志引导吸烟者在指定地点吸烟，提升公共场所禁烟效果。再比如，开车时不允许打电话，安全带的使用都可以在采用传统的限制政策同时，用简明的标志进行进一步提醒和引导。

4. 提供比较信息助推环保消费

人们有关注他人福利的社会偏好，也有环保消费的意识，但信息获取不足可能妨碍了人们的行为决策。例如，节能而寿命长的灯泡只有28%的家庭使用，而能耗高的白炽灯的市场占有率却很高。田野实验证据表明提供清晰明确的省钱信息能够改善能源消费，提高能源使用效率（Hunt，2014）。亨特（Hunt，2014）的实验中，对不同参与组提供不同灯具的价格表，其中控制组有节能灯节约成本的一些确切信息，而对照组得到的价格表上的信息则比较空洞。实验发现控制组的消费者中选择节能灯的人数显著高于对照组。此外，在家庭用电系统中安装能源用量指示灯，提醒家庭用电量，将邻居之间的能源使用量进行共享，都可以引导家庭节约用电。

能效标识也是有效鼓励节能消费的助推机制。中国政府 2004 年颁布了《能源效率标识管理办法》，要求企业在产品包装上印刷能效标识。

在国内城市治理雾霾的艰巨任务中，公共政策可以在多方面引入以上助推方法，为消费者提供更多清洁消费的选择。

1.4.5 消费者保护和纠纷处理机制

近年，消费保护是一个重要的话题，每年的"3·15"晚会都会引起广泛关注。消费保护可能是影响我国总消费的一个重要因素。在消费保护领域，助推政策也有广泛应用空间。

1. 增加消费者集体力量

面对企业或者厂商时，消费者作为个体，往往因信息不足处于弱势。英国行为洞察力小组鼓励社区组织发展自己的集体购买方案，使得消费者成为一个整体，从而提高消费者的集体谈判力和话语权。首先，通过集体的购买决策，消费者可增加他们的谈判力量，并发送出关于他们偏好的较强信息。类似现象在国内，各种团购平台也日益活跃。其次，通过消费信息和体验信息的共享，将优化消费者的决策。消费信息共享一方面减少了信息收集的成本，增加了消费者对于企业或者厂商生产产品质量和服务的认知，提高了企业的声誉效应，督促企业必须重视其产品和服务的品质。卡勒姆（Cullum，2010）的调查表明超过 9 成的消费者会将自己与企业打交道的经历告诉其他人，留下 10 亿的在线评论。每年消费者指导中心会收到 850000 份不满或者抱怨，而金融服务中心报告了近 100 万次不满或者抱怨。这些在线评论为消费者决策提供了参考，将有助于消费者进行购买决策；也是对产品质量和商家服务的反馈。在信息化发展如此迅速的今天，微信、QQ 等交流工具的出现，为消费者交流提供了方便。

2. 纠纷处理机制

消费者争议解决途径包括和解、调解、仲裁、行政裁决、诉讼等。经营者与消费者和解是成本最小的解决争议的途径，但很多情况下双方不能达成协议，从处理机制来说，可以有强制型和助推型，例如，政府从 2014年实施了线上购物的无理由退货政策，这是政府设置的限制型的解决机制。在中国，调节和裁决消费争议的渠道之一是各地市场监督管理局设立的 12315 投诉电话，根据历史数据显示，2009～2014 年，全国消费者投诉案件呈现稳定的增长趋势，增速 2011～2014 年一直保持在 8% 以上。2014 年全国工商系统受理消费者投诉案件 2249004 件。这说明消费纠纷的助推政策还有待进一步的开发。

首先，消费政策应当有利于双方达成协议，降低社会磋商成本。经营者与消费者和解的磋商不成功的，在很大程度上是由于磋商双方的评判偏差，例如，选择的评判公平的参照对象有差异。人们会选择对自己有利的一方作为参照，对公平的定义有着基于自我利益的标准的有偏判断。相关部门可以利用社会规范或其他培训来培养双方对于公平偏差的认知，提高双方沟通磋商解决纠纷的能力。

同时，当争议双方不能自行解决争议时，社会提供的纠纷解决机制要保证效率和公平兼顾。简化消费者投诉的方式，将降低消费者的投诉成本，提高消费者的自我保护意识和据理力争的习惯。如果消费者投诉过程设计得过于复杂或者长时间没有反馈或者处理，都会降低消费者投诉的积极性。特别是随着线上消费的兴起，对政府部门的纠纷处理能力提出了新的要求。政府部门需要针对各类消费的特点设计出相应的纠纷处理机制。为了更有依据，政府应该适当公开投诉数据供相关人员进行研究，为提升消费环境的质量设计更有效的政策。

除了政府机构，政策还应当鼓励各种商业组织和社会团体在其机制设计中纳入有效的纠纷处理机制。例如，淘宝网对于买卖双方的争议采用了较为创新的仲裁方式。淘宝用户作为卖家和买家可作为陪审团成员参与对争议案的裁决过程，并提出自己评判的依据，这有利于消费者自身的保护和纠纷处理能力的提高。通过对争议案件裁决予以激励，如果消费者关于公平的判断是与仲裁相同的，消费者将获得"淘金币"作为奖励，将激励消费者参与裁决过程。这一判断过程如果设计得既容易又有趣，人们会更倾向于参与。政府应该鼓励这种创新性社会解决纠纷机制，并可进一步对这一机制进行细化研究，以便推广。

3. 政府的榜样作用

之前我们提到政策在影响公众行为中还受政府榜样的作用，在服务消费者方面也不例外。政府行政管理的服务对象是广大公民，各级政府机构和公务人员对民众的服务效率和质量，对于增强消费者的信心起重要作用。政府机构可以在自身行政服务中借鉴一般消费者保护的原则和方法。例如，美国从 1993 年开始消费者保护改革，在 1995 年，为提高政府服务质量，克林顿总统指导政府研究团队对美国企业的服务消费者和处理消费投诉的最佳实践（best practice）进行了详细研究，并与现行政府机构的实践进行对比，提出了政府服务客户，学习企业正确处理消费者投诉的具体改进措施。

政府机构也应当设立有效的助推政策，鼓励民众广泛使用政府提供的各种服务，并设立更方便更有效的纠纷解决机制，例如，可以设立类似像 12315 消费投诉电话一样的便捷沟通渠道。

1.5　结　　语

基于行为经济学理论的助推政策已经在学术研究中得到广泛支持，并且在现实政策选择中得到越来越多地应用。这种政策强调在保留决策者选择自由的原则下，通过优化选择结构使公众的选择能提高个人和社会的福利。这种理论重新定位了政府政策的指导方向，即"温和家长主义"。助推政策有丰富的理论和实践内涵，我们在正文中较详细地总结了其理论基础、实施原则并描述了众多应用案例。

结合当前我国经济状况，我们特别就消费领域阐述了如何使用各种消费助推政策优化消费者的决策、保护消费者利益，提升我国消费环境和质量，促进消费经济的繁荣。

在我国，助推政策存在巨大应用空间。由本章总结的各种助推政策可以看出，助推政策与各种信息政策密切相关，技术进步使得这些政策的执行变得容易，也与我国当前经济面临的科技创新和管理创新的呼声不谋而合。需要注意的是实行类似政策还要基于更多的针对中国现状的研究。无论我国政府机构是否准备像英美等国一样成立行为洞察小组，至少可以在各级管理和政策中增加以行为理论为基础引导的研究，以正确预测、设计和评估相关部门的政策效果。

第 2 章

退货政策影响消费倾向的实验研究

2.1 引　　言

　　零售中的退货政策对消费行为的影响尚未引起研究者的足够关注。宽松的退货政策能确保消费者在购买后产生后悔的补救，可以增加消费者购买的可能性。本书检验零售退货政策如何影响消费者购买商品和退货的可能性。特别地，我们提出消费者退货的可能性会受到禀赋效应（Kahneman et al.，1991）的影响。禀赋效应是指人们对已经拥有的物品的估值要比未拥有的物品的估值更高，这意味着消费者一旦购买商品后会更不愿意退货。宽松的退货政策带来的禀赋效应和信号效应可能会增加净购买率和消费水平。

　　宽松的货币政策允许消费者在退货时有退款保证。早期的研究已经证明厂商可以利用宽松的退货政策作为产品质量优良的信号（Moorthy and Srinivasan，1995）。宽松的退货政策也允许消费者在决定选择何种商品前试用商品（Che，1996）。因为消费者在购买时总是面临不确定性和不完全信息，这些退货措施都可能增加消费者的购买倾向。

　　关于退货政策的已有研究中大多都集中在商业领域（business side），尤其是退货政策对利润的潜在影响（profit implication）（Chang and Pao，2007；Pasternack，1985）。退货政策对消费者行为影响的研究目前较少。关于退货政策的信号效应的研究更多是理论层面。在不同国家的零售业实行的退货政策差异很大的现实下，通过实证方法研究这些退货政策之间的差异对消费者行为的影响甚至对整体经济的影响是极具意义的。宽松的退货政策可能更宽泛地应用在高消费率和低储蓄率的国家。为了深入探讨这个问题，我们以一个关于生活用品的实验为开端，作为深入研究的探索并提供研究的思路。

我们利用一个实验检验了我们关于退货政策和禀赋效应的假设（hypotheses）。实验将退货政策设定为三种水平：两种有退货保证但拥有不同退货期限的条件，一种没有退货保证的条件。本书对于禀赋效应、零售退货政策以及消费者行为等文献的贡献如下。

第一，我们的实验直接检验了是否消费者在有退货保证政策下比无退货保证时更倾向于购买商品，实证检验了退货政策的信号效应。

第二，我们用不同的方式检验了禀赋效应。先前对禀赋效应的研究更多地关注于一旦买方被赋予实物时买方支付愿意的和卖方接受愿意的差异。我们在中国被试者身上利用买卖方比较的典型设定方式重复地证明了禀赋效应的存在。此外，我们还将禀赋效应引入到现实中的政策应用中，检验了在不同的退货政策下禀赋效应如何影响买方的退货倾向。我们允许买方在决定是否退货前可以在更长的时间内（一天或者两周）持有商品，这使得在更真实的经济活动设定中检验禀赋效应和商品持有时间的影响成为可能。此外，通过较为创新的实验设计，我们可以将买方在宽松退货政策下的退货行为与买方在无退货保证下购买的"后悔"程度进行比较。如果在这些情景下买方退货比例相近，则意味着在宽松退货政策下增加购买的消费者更不情愿放弃他们额外购买的商品。

第三，我们的实验表明宽松的退货政策通过信号效应和禀赋效应可以增加消费者的净购买率。宽松的退货政策显著地增加了初始购买倾向但并没有增加退货比率，这说明了调整宽松的退货政策是一种潜在的增加消费的方式。

本章其余部分结构如下：第二部分回顾了退货政策和禀赋效应的相关文献，并给出有待检验的相关猜想；第三部分描述了实验方法和实验设计；第四部分对结果进行了讨论；第五部分讨论了相关政策含义和进一步的研究方向。

2.2　退货政策影响消费的相关理论

2.2.1　不确定性和信号作用

零售业中的退货政策对于消费者的作用可以总结为信号和避免后悔。消费者看重宽松的退货政策允许他们改变自己的想法，给他们有更多变的时间去退货的灵活性，毫无争议地给予他们全额退款。因为处理产品退回有一定的交易成本，零售商很少有动机去为低质量商品提供退款保证。因此，宽松的退货政策会产生高质量产品的信号。泽伦伯格和比堤（Zeelenberg and Beattie，1997）也强调了后悔预期对于决策的重要性，人们是后悔最小化的而非风险最小化的。在严苛的退货政策下，消费者应该更谨慎地考虑（Janis and Mann，1970）或者直接避免决策（Luce et al.，1997）。因此，宽松的退货政策应该会增加消费者的购买倾向。

零售商可能会用宽松的退货政策去作为产品高质量的信号，但与此同时他们也要考虑宽松退货政策带来的高退货率和额外成本（Davis et al.，1998）。他们还会担心退货政策被某些消费者滥用（Reynolds and Harris，2008；Harris，2008）。退货政策的大多研究都是从商业战略的视角，如赫斯和梅休（Hess and Mayhew，1997）探索了一种通过识别是消费者还是产品造成高退货率以控制退货率的方法。关于检验退货政策对消费者行为影响的研究目前较少。

退货政策的两面性可能正是不同国家的退货政策各异的原因。在一些发达国家，如美国，零售商将提供宽松的退货政策作为市场战略的一部分。布洛吉特等（Blodgett et al.，2006）指出，与其他国家相比，美国零售商提供了最宽松的退货政策，无理由全额退款政策在美国零售中是很常见的。在很多其他国家，特别是发展中国家，退货往往是不被接受的（除非是很严重的情况）。如在中国，通行的退货政策是产品只能在 7 天内无理由退换，否则必须是存在产品缺陷的情况下。这两种政策间的显著不同正是一者基于满意标准，另一者基于质量标准。对于某些商品而言，消费者偏好不仅仅是简单地受产品质量的影响。已有研究将消费者偏好是依赖于在试用过程中获取的关于商品的信息的这类产品为"经验商品"（Che，1996）。这意味着即使商品是没有缺陷的，消费者可能经历偏好改变或后悔。

美国与中国之间零售经营政策的差异（如退货政策）可能对他们的消费和储蓄行为有重要的影响，但这一点被现有研究所忽略。关于消费倾向的大多研究是基于传统理性决策理论的（Modigliani and Cao，2004），这在解释现实消费者行为时往往受限。王湘红和王曦（Wang and Wang，2008）在中国的一项调查中发现严苛的退货政策会降低消费者的购买倾向。在调查中消费者评估了可能影响他们购买倾向的因素（包括财政相关和购物体验相关），如收入、社会保险计划、利率、零售商可信度、购物环境舒适度、零售退货政策等。在9个因素中消费者认为宽松的退货政策是最重要的，调查中消费者预估在宽松退货政策下自己的消费量会平均提高27%，更为细分地为耐用品会提高20%，而服装会提高30%。消费者表示会因不确定性放弃43%的购买机会。宽松的退货政策对增加购买倾向似乎有重要作用。我们的实验研究将会补充相关调查发现。

2.2.2 禀赋效应

禀赋效应是指人们会因为拥有实物后会对它评价更高，这会减少市场中的交易数量。如在尼奇（Knetsch，1989）用马克杯和巧克力条的实验中发现，大学生在有机会进行交易时更倾向保留他们本身拥有的物品。初始拥有马克杯的学生中89%选择保留马克杯，初始拥有巧克力条的学生中则90%选择保留。这也在比较买方支付意愿和卖方接受意愿差异的实验中得到验证（Kahneman et al.，1991）。禀赋效应由损失厌恶结合预期理论所解释（Kahneman and Tvershy，1979）。有些研究认为支付意愿与接受意愿的差异是由损失厌恶造成的而非禀赋效应（Brown，2005）。也有研究指出禀赋效应会随着交易经验而减少，甚至是关于其余类型商品的交易经验（List，2003；List，2004）。我们对此争论的看法是禀赋效应与损失厌恶是相一致的，即使有经验的交易者间不存在禀赋效应，也不能排除禀赋效应对一般消费者的影响。

关于禀赋效应的大多实验都是检测在拥有实物后立刻体验的即时性禀赋效应。斯特拉希维茨和勒文施泰因（Strahievitz and Loewenstein，1998）

将分析拓展到了适应和持续效应。没有拥有过实物的个体对于物品的估值低于那些一直持续并适应拥有实物的个体。这种适应性似乎使禀赋效应的作用更强。如果人们逐渐适应了拥有关系，对于先前拥有实物的购回价格将随着他之前拥有实物的时间而增加，这被称作"现有所有权持续效应"（duration-of-current-ownership-effect）。他们通过让持续拥有时间从 20 分钟变到 1 小时以对于这种效应进行验证。然而现实中持续拥有的时间要比实验控制的时间更长。

禀赋效应可以在市场中得以应用。如果消费者购买后就不情愿进行退货，那零售商所担心宽松退货政策带来的额外成本就不存在了。拥有的持续效应则进一步说明较长时限的退货期限会降低退货率。

2.2.3　假设

本部分解释了我们的研究如何补充了已有的关于退货政策和禀赋效应的研究，并对实验中要检验的假设进行说明。

伍德（Wood）的实验证明了宽松的退货政策对远程购买的积极影响和禀赋效应对远程消费者购买后的影响，但它并没有在实体情况下发现相似结果。Wood 发现宽松的退货政策只对远程商户起积极作用。我们认为这是由于他们实验设计中所用的食物产品特性所致。食物商品通过品尝被评价，消费者不需要品尝后退货的灵活性。而其他种类的商品不能像食品品尝那样立刻被消费者评估出来，因此基于其余商品的研究是很有意义的。

伍德的实验设计是让被试在收到商品后立即决定是否退货。这样的话，在实体商店条件下，被试在决定是否退货前没有足够的时间拥有商品。这没有反映出真实世界的退货情景，消费者往往是将商品带回家，在一段时间后再决定是否退货。事实上，我们可以将消费者对常规商品的购买决策可以分为两个阶段：第一阶段是在商店中决定是否购买商品；第二阶段是将商品带回家后，在退货期限前决定是否退货。我们的实验包括了不同天数下的反映消费者这两阶段决策的两个实验部分。

我们的研究与伍德的实验相比在以下几个方面存在不同。第一，我们的研究是在商店购买日常用品，消费者有机会亲自检查商品，但是不像食物那样试尝一下就可以判断。第二，我们提供了三种退货政策：保证完全退货且允许期限较长；保证完全退货但允许期限较短；不保证退货。我们认为设置不保证退货的政策是重要的，因为这可以更好地反映中国的现实情况。第三，我们通过购买率和退货率检验了退货政策对消费者的影响，而这两个指标在伍德实验中没有被正式检验。消费者在不同情景下决策的细致性不能完全由考虑的时间长度来度量。即使在相同时间内制定决策可能有不同的谨慎程度。因此，对购买和退货决策本身的研究也是很重要的。

我们的实验对于禀赋效应研究的贡献有以下几个方面。第一，已有的相关研究都是在西方国家进行的，我们的实验在第一阶段检验了在典型的买卖方比较设定下中国被试是否有相同的行为。第二，更为重要的是我们的第二阶段实验将禀赋效应的研究应用到现实世界的政策中。在三种不同退货政策买方在第一阶段将下对商品进行评估，这不仅是在检验退货政策的信号效应，也在为检验退货政策是否可作为一种机制去打破买方的现状（status quo of buyer）和减弱买卖双方的估价差异。在不同退货政策下的买方被试购买了商品，然后在一段时间后决定是否退货，这可以检验持续拥有下的禀赋效应。比斯特拉希维茨和勒文施泰因（Strahilevitz and Loewenstein，1998）中设计得更为贴近现实。更长的持续拥有可以使消费者对商品更适应，因此他们将发现退掉买过的商品变得更难。

基于以上分析和三种政策下的两阶段模型，我们检验了以下假设。在实验的第一阶段中卖方被试拥有商品而买方被试没有，前两个假设将被检验。买卖双方都被要求对商品估价，买方的购买决定将适用于三种退货政策之一。

假设1：即时（instant）禀赋效应：拥有实物的人将比没有拥有的对物品估价更高。因此，买方的支付意愿低于卖方的接受意愿。

假设2：信号效应：买方在宽松的退货政策下对商品的最初估价高于严厉的退货政策。此外，越长的退货期信号效应越强，因此长期退货期下的买方最初支付意愿将比短期下更高。

我们将这种对购买倾向的积极影响称为"信号效应"，尽管它可能包括了其余因素的结合，如避免后悔的保证或能增加物品对消费者价值的偏好逆转。

在第二阶段实验消费者在长期或短期退货期限下被要求决定是否退货，下面的第三个假设将在此时被检验。

假设3：持续效应：与短期退货期限相比，消费者长期退货期限下对商品的最终估价更高，退货率更低。

　　图 2 - 1 解释了我们检验退货行为中禀赋效应的基本原理。横轴代表了买方决策的两个阶段，纵轴代表了购买率。图中底部的线代表了没有退货保证下买方的决策，他们的初始购买率要低于宽松退货政策下的消费者。第一阶段在产品信息不对称下购买后，有些消费者会后悔或偏好在体验商品后发生改变。如果消费者不被允许退货，他们就只能懊悔了。通过实验的特殊设计可以测度这些消费者的后悔可能性。他们在无退货保证下完成最初的购买决策后，我们通知他们退货政策发生改变，允许他们退货了，这样后悔的消费者会在第二阶段退回商品。代表了最终购买率的右端点比左端点更低，线两端点的差值代表了退货率。

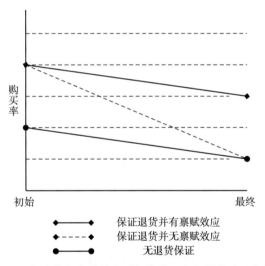

图 2 - 1　退货政策和禀赋效应对初始购买率和最终购买率的影响

　　图 2 - 1 中顶部实线与中部虚线分别代表了宽松退货政策下消费者在禀赋效应存在与否下的购买决策。这两条线的初始购买率都更高，因为在后悔无成本下消费者会膨胀对商品的估价。在没有禀赋效应的情况下（中部虚线），消费者将会退更多商品以修正膨胀估值带来的高初始购买率。假定消费者在无禀赋效应下的真实偏好分布与其余条件组相同，宽松退货政策下的消费者将回归到最终购买率与无退货保证下相同的水平。然而，在有禀赋效应时消费者将不会返还额外的购买量。假定禀赋效应使得消费

者由于政策信号保留额外购买量,他们将只下降到无退货保证下后悔水平的高度,这将使得宽松退货政策下有更高的最终购买率,见顶部实线。这一现象在下部分的实验设计中得到更清晰的体现。上文讨论的禀赋效应可以表述成以下假设:

假设4:退货中的禀赋效应:宽松退货政策下消费者退货的可能性与无退货保证下消费者后悔的可能性相同。

假设5:净购买量:越宽松的退货政策下,净购买量和消费量越高。

2.3 方 法

实验在北京的一所大学进行,被试为两个经济学课程班的大一学生,分为三个处理组。实验被用来论证心理因素对消费者选择的影响。第一个班的50名学生被分到同一个处理组,第二个班的87名学生被分到两个处理组。因为所有的被试都是经济学专业的大一新生,假定这三个处理组对实验中所用小商品(马克笔和杯子)的整体消费倾向没有差异是合理的。

每个处理组在不同时间里参与实验的两个阶段,实验在上课开始前进行。第一阶段模拟了商店的购物过程,1/3 的被试(卖方)被随机分配了一件小商品,而其余的被试(买方)没有,两者数量不相等的目的是使实验中有更多的买方以检验退货行为。对每个处理组,我们在实验中用两种不同商品作为禀赋(endowment),一个是马克笔,另一个是杯子,但没有被试同时拥有这两个商品。这两个商品都色彩丰富,对学生很有吸引力。我们努力在教室里均匀地分配商品,这样没有分配到商品的被试都有机会通过附近同学看到商品。每个人都要填一张表格,被分配到商品的被试要填写让他们放弃物品的最低接受价格(WTA),没有分配到商品的被试要填写获得他们未拥有物品的最高支付价格(WTP)。在马克笔的表格收集完后,第二件商品杯子再被重新随机分配到1/3 的被试中。

商品的价格预先决定并放在信封中。被试被告知他们的估价对于价格没有影响,因此他们会尽可能地表达真实估价。如果买方的最高支付意愿高于商品价格,买方将得到商品并支付预先决定的价格给实验者;如果卖方的最低接受意愿低于商品价格,卖方将失去物品并得到等同商品价格的现金。在不同处理组买方购买享受不同的退货政策。交换和支付在第二件商品杯子的表格收集后由实验者执行。整个过程在开始时向被试说明。由于实验在课堂上进行，被试并没有收到"到场费"。

退货政策是主要的处理变量。在长退货期组，买方被告知他们可以在两周内退货，在此期间会有两次课。在短期退货组，买方将被告知可以在第二天（the next day in class）退货。在无退货组，买方在第一阶段被告知商品不允许退货，然而在下一周，他们被告知退货政策变了，他们可以在第二周退货。在第三个处理组中从无法退货到可以退货的政策变化对检验我们的假设是很重要的。在第一阶段的无退货部分使我们可以检验退货政策的信号效应。在第二阶段变为可以退货，可以检验人们在无退货保证下更仔细决策之后后悔购买或改变主意的可能性，这将为宽松退货政策组退货率的比较提供一个基准。

尽管没有要求被试必须在课堂时间进行退货，但很自然地没有人选择在课堂外时间退货。当退货时间截止之后，所有的被试都填写反映当前对商品估值的表格，例如当前没有拥有商品的被试的最高支付意愿和拥有商品的被试的最低接受价格。之前购买了商品的被试需要回答是否想退货，需要退货的被试会被退还现金。表 2 - 1 总结了实验的设计。

表 2 - 1		实验设计	
项目	1. 长期退货	2. 短期退货	3. 无退货
保证退货	是	是	从否到是
退货截止日期	2 周	1 天	2 周

2.4　结　　果

2.4.1　即时禀赋效应

实验的第一部分检验了前人研究中的禀赋效应是否会在中国被试身上出现。即时禀赋效应度量了在第一阶段分配实物后，立即估值的买方最高支付意愿和卖方最低接受意愿的差异。假设 1 指出最低接受意愿应高于最高支付意愿。

表2-2为马克笔的实验结果，包括了均值、买卖方差异以及差异的显著性。三个处理组都发现卖方最低接受意愿高于买方最高支付意愿。通过观察第四行两者差异，前两个处理组分别在0.005和0.05下显著，第三个处理组接近显著（p<0.13）。无退货处理组的较小差异可能是由于样本量较小。将三个处理组放在一起讨论时发现，最低接受意愿的均值要比最高支付意愿高出1.966元（p<0.0004），结果与假设1一致。杯子的结果与马克笔大体一致，具体见表2-3。

表2-2 马克笔最高支付意愿与最低接受意愿的比较

价值变量（元）	长期退货政策	短期退货政策	无退货保证	合并
最低接受意愿[①] （标准差） （样本量）	5.41 (3.12) (14)	5.19 (3.06) (15)	2.76 (1.36) (9)	4.69 (2.93) (38)
最高支付意愿 （标准差） （样本量）	2.60 (1.04) (30)	3.46 (2.49) (28)	1.97 (0.69) (22)	2.73 (1.73) (80)
差异	2.81	1.73	0.78	1.97
p值	0.0053	0.0518	0.1313	0.0004

注：当检验证实变量间的同方差后，合并的t检验将被给出，否则Satterthwaite t检验将被给出。①在长期退货和短期退货下有两个卖方出现高于15的异常值，我们将其缩为11。杯子卖方也是同样的，这不会影响我们的分析。

表2-3 杯子最高支付意愿与最低接受意愿的比较

价值变量（元）	长期退货政策	短期退货政策	无退货保证	合并
最低接受意愿 （标准差） （样本量）	6.81 (3.11) (13)	4.65 (3.00) (15)	2.78 (2.84) (9)	4.95 (3.32) (37)
最高支付意愿 （标准差） （样本量）	1.83 (1.28) (31)	2.16 (1.09) (28)	1.51 (0.78) (22)	1.86 (1.12) (81)
差异	4.98	2.49	1.27	3.10
p值	0.0001	0.0068	0.2213	<0.0001

注：当检验证实变量间的同方差后，合并的t检验将被给出，否则Satterthwaite t检验将被给出。最低接受意愿的在长期退货和短期退货下的一两个异常值被缩为11。

上述结果与前人研究发现一致，买方最高支付意愿和卖方最低接受意愿的差异主要是由于卖方不愿意放弃自己的禀赋，而不是买方不愿意放弃现金（Kahneman et al.，1991）。实验中卖方的最低接受意愿要比市场价格高 2～3 元，而买方的估价却与市场价大体一致。为了检验禀赋效应中是否存在性别差异，我们比较了男性与女性的估价，发现男性与女性对于两种商品的最高支付意愿都没有差异，对杯子的最低接受意愿也没有差异，但男性马克笔卖方的最低接受价格（5.9 元）要高于女性马克笔卖方（3.5 元）（p < 0.01），似乎男性卖方更不愿失去拥有的马克笔。

2.4.2　信号效应

假设 2 指出宽松退货政策将提高被试在第一阶段对商品的估价。马克笔和杯子的实验结果见表 2 - 4。第二列是混合了长期宽松退货和短期宽松退货条件下的买方的平均估价，马克笔平均估价为 3.02 元，杯子的平均估价为 1.98 元。而将两者合并的原因是我们发现短期退货政策与长期退货政策并没有明显差异，因此统称为宽松退货政策。第三列是无退货保证下的平均估价。不管是马克笔还是杯子，宽松退货政策下的平均估价都高于无退货政策情况（p 值分别为 0.0006 和 0.04），这验证了假设 2。

表 2 - 4　　　　　　　　　　退货政策与初始估价

估价变量（元）	长期、短期退货政策（n = 58）	无退货政策（n = 22）	差值	p 值
马克笔的最高支付意愿（标准差）	3.02 (1.92)	1.97 (0.69)	1.04	0.0006
杯子的最高支付意愿（标准差）	1.98 (1.20)	1.51 (0.78)	0.48	0.0408

尽管我们主要关注信号效应对买方的影响，但通过表 2 - 2 和表 2 - 3 可以发现宽松退货政策下卖方最低接受意愿也更高。在宽松退货政策下马克笔的最低接受意愿均值为 5.3，而无退货情况下为 2.8（p < 0.001）；杯子下的差异也是类似的，在 0.02 下显著。这可能是因为我们在所有人面前宣布了退货政策，宽松退货政策对买方和卖方有相似的作用。

2.4.3 最终估价与持续效应

在退货截止日期，被试再次填写了表格并提交了他们当前对马克笔和杯子的估价。然而本阶段的估价没有现金支付的激励，我们在分析结果时应该时刻注意这一点。现用两种方法研究持续效应：一种是比较了各组的最终估价；另一种是检验了估价随时间的变化。

图 2 - 2 比较了长期和短期退货政策下被试对马克笔的估价。图 2 - 2 中的买方和卖方都是当前拥有商品的，如购买了马克笔或初始就被分配了马克笔。很显然，他们的估价要比没有买马克笔的被试要高。因为两个处理组都是承诺全款退货的，所以这两组买方间的比较可以被视为持续效应。长期退货组平均估价为 3.4 元而短期退货组为 3.1 元，但差异是不显著的（p = 0.62）。

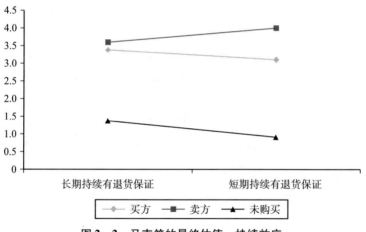

图 2 - 2　马克笔的最终估值—持续效应

图 2 - 3 比较了长期退货组和无退货组中被试对马克笔的最终估价。因为这两个处理组的持续时间都为两周，因此他们间的差异应为政策造成的。无退货组的平均估价为 3.3 元，长期退货组的平均估价为 3.4 元，差异是不显著的（p = 0.83）。杯子的结果与马克笔相似。

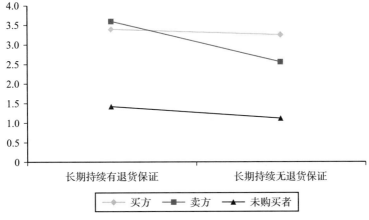

图 2-3　马克笔的最终估值—退货政策效应

另一种检验所有权持续效应的方法是看拥有者从第一阶段到最后阶段的估价变化。第一阶段购买商品者的估价最适合研究该问题。如先前展示的，因为即时禀赋效应，卖方在第一阶段的估价更高。购买商品的消费者会从两个方向经历估价的变化，一方面，购买商品后得到的信息可能改变了偏好并降低拥有者的估价；另一方面，所有权的持续效应可能增加估价。我们发现购买商品者的估价没有明显改变（平均变化为 -0.56 元，p = 0.17），但购买杯子者的估价显著增加了（平均变化为 0.58 元，p < 0.09）。相反地，没有购买商品的被试显著减少了估价（马克笔平均变化 -0.27 元，p < 0.004）或没有改变估价（杯子平均变化 -0.134 元，p = 0.23）。

为了控制偏好变化的影响，比较不同持续时间组的估价变化有助于识别所有权的持续效应。表 2-5 是购买马克笔或杯子的被试按照持有时长分组的估价变化。长持续时间组（两周）包括了长退货组和无退货组，而短持续组（一天）即为短退货组。整体上看，长持续组买方要比短持续组估价增加更多，对马克笔是明显的（p < 0.8），但对杯子不明显（p = 0.26）。

表 2-5　　　　　　　　　　　买方估价的变化

项目	长期持续	短期持续	差值	p 值
马克笔买方 （n）	0.14 （21）	-1.33 （19）	1.47	0.08
杯子卖方 （n）	0.94 （21）	-0.06 （18）	0.99	0.13

注：当同方差假设被拒绝时将报告 satterthwaite t 检验结果。

上述关于马克笔或杯子估价变化的分析为假设 3 提供了相关证据，更大的样本将更有说服力。

2.4.4 购买率、退货率和禀赋效应

通过检验不同退货政策下的初始购买率、最终购买率以及退货率，我们验证了假设 4 和假设 5。验证原理在 2.3 部分的图 2 - 1 已给出。无退货组的退货率反映了信息披露或偏好改变造成的后悔水平。

表 2 - 6 和表 2 - 7 分别为马克笔和杯子的初始购买、退货率和净购买。通过表中第一行发现，保证退货政策下的初始购买率要比无退货保证下高很多。初始购买本质上是由买方对商品的初始估价（见表 2 - 2、表 2 - 3、表 2 - 4）决定的，所以我们省略了初始购买率的比较。

表 2 - 6   马克笔的购买与退货

项目	长期退货政策（n = 30）	短期退货政策（n = 28）	无退货政策（n = 22）
初始购买（比率①）	16（53.33%）	20（71.40%）	8（36.36%）
退货数量（比率②）	1（6.67%）	3（15.79%）	2（33.33%）
净购买（比率③）	15（50.00%）	17（60.71%）	6（27.27%）

注：①初始购买率由购买商品的买方数量除以总的买方数量计算所得。②退货率由退货数量除以初始购买量计算所得。错过本节课的学生在长期退货组有一名，短期退货组一名，无退货组两名他们在计算退货率时不计算在内，这三组的退货率分别为 1/15、3/19 和 2/6。③净购买率是最终购买除以买方被试数量。在长期退货和无退货政策组，都有一个被试表达了想要一周前就退马克笔的意愿，当时忘记带到课堂。这两组也各有两个被试想要退杯子却忘了带到课堂。

表 2 - 7   杯子的购买和退货

项目	长期退货政策（n = 31）	短期退货政策（n = 28）	无退货政策（n = 22）
初始购买（比率）	15（48.39%）	18（64.29%）	10（45.45%）
退货（比率）	1（8.33%）	5（27.78%）	1（10%）
净购买（比率）	14（45.16%）	13（46.43%）	9（40.91%）

表 2 - 6 第三行是退货数量与退货率。持续时间和退货政策都会影响买方购买商品的倾向，因此将三个处理组各自比较很有意义。假设 4 认为由于禀赋效应，长期退货组的退货率和无退货组下相同。在相同持续时间两周后，对于马克笔而言，长期退货组的退货率是 6.67%，而无退货组为 33.33%（p = 8）；对于杯子来说，长期退货组的退货率为 8.33%，无退货组为 10.00%（p = 0.71）。在两组间退货率并不显著不同，这与假设 4 一致。然而，因为退货率普遍较低，样本数量过小会对差异检验影响较大。进一步的大样本研究可以更有说服力。无退货组被试在被允许退货后真的退货的事实，证明了人们即使仔细考虑后仍会后悔或改变偏好。全额退货政策下退货率并不高的事实也证明了被试并没有更多地退货以修正初始购买阶段过高的估价，这暗示了禀赋效应的存在并与假设 4 一致。

通过比较长期退货组和短期退货组发现，短期退货组马克笔的退货率为 15.79%，杯子的退货率为 27.78%；长期退货组马克笔的退货率为 6.67%，杯子的退货率为 8.33%。两组差异的 Fisher 精确检验 p 值为：马克笔为 0.40，杯子为 0.20，这意味着没有显著差异。

表 2 - 6 和表 2 - 7 中的净购买率代表了政策信号效应、可获取信息下的偏好改变和退货期的禀赋效应的综合结果。结果表明保证退货组的净购买率高于或等于无退货政策下。对于马克笔而言，长退货组净购买率为 50.00%，短退货组净购买率为 60.71%，都显著高于无退货组的 27.27%（Fisher 精确检验的 p 值分别为 0.086 和 0.019），这与假设 5 相一致。而对于杯子来说，差异并不显著（p = 0.49，0.46）。

2.5 结 论

本实验检验了退货政策和禀赋效应如何影响消费者的购买和退货行为。我们证明了宽松退货政策在伍德远程购买情况下对购买倾向的积极信号效应，同样在"实体商店"的情况下存在。由于实验采用了两种小商品，风险相对较低且商品属性在短时间内就容易观察。在现实中风险往往更高，商品属性也更为复杂，质量问题对消费者更为重要，因此信号效应也将更强。

我们的实验在退还已购买的商品的设定上检验了禀赋相关假设。首先通过最低接受意愿和最高支付意愿的差异证明了禀赋效应在中国被试中同样存在。我们更专注于另两种检验方法。一种是所有权的持续效应，我们发现购买杯子的消费者的最终估价高于初始估价；另一种是与短期持续条件相比，购买马克笔的消费者在长期持续条件下会增加估价。更为重要的，我们的实验检验了宽松退货政策下伴随更高初始购买率的买方是否比无退货条件下的买方退货更多。无退货组中的政策转变允许我们将买家在没有过高的初始估价时的退货或"后悔"水平作为比较的基准。我们发现有一定证据显示宽松退货政策下的退货率与无退货政策相近，尽管整体的退货水平都较低。我们实验的存在的问题是对于分析退货率来说样本过小，大样本下检验结果可能更显著。

信号效应和禀赋效应共同造成了实验中宽松退货政策下增加或接近无退货政策下的商品净购买率。如果结果可以被推广到其余商品，将对公司市场策略、关注消费者保护和总消费量的公共政策有重要意义。零售商不提供宽松退货政策有以下理由：第一，零售商由于垄断力量或未将消费者利益内在化而不提供宽松退货政策（Che，1996）；第二，他们低估了禀赋效应对消费者的影响（Van Boven et al.，2003）；第三，零售商通过严苛的退货政策可以向消费者披露更少的信息，更容易欺骗消费者。这种情况下，管理退货政策的公共政策干预将增加像中国这样高储蓄率低消费率经济体的总消费量。

进一步研究方向有以下几个方向。与我们实验设计相似的零售行业实地实验将更好地检验我们的假设，中国零售环境的变化可能提供这样的机会。跨国研究将检验实行不同退货政策国家的消费者是否有相同的禀赋效应，在长期处于宽松退货政策下是否会削弱禀赋效应对消费者的影响，更多的研究应该检验为什么不同文化下的零售商会对相似的产品提供不同的退货政策及其带来的经济后果。

// 第 3 章

"无理由退货"政策对网购
消费的影响

——基于网购订单数据的研究①

3.1 引 言

进入 21 世纪以来，中国经济始终面临着消费倾向偏低（古炳鸿等，2009；汪伟等，2013）、消费结构失调（程大中，2009）等问题。随着中国经济发展进入新常态，消费对拉动经济的基础性作用更加凸显。并且，线上消费扮演着越来越重要的角色，2017 年"双十一"全网销售额达到2539.7 亿元。2020 年的新冠肺炎疫情又进一步大大增加了网络消费的比例，凸显了网络消费的重要性，而本研究关乎建立更好的网络消费环境。

已有研究往往从社会保障、金融发展、住房挤出效应等方面寻找原因和提振消费的政策（康书隆等，2017；易行健和周利，2018；谢洁玉等，2012），而研究讨论消费者保护和消费政策影响的较少。在定量分析中，就笔者搜集，只有王湘红等（2018）利用消费投诉数据说明了消费者保护力度能够正向影响消费率。

---

① 本章是国家自然科学基金项目的成果（项目号：71673282）。我们感谢阿里巴巴提供的淘宝交易数据。

在网络消费中，由于消费者面临着比实体店消费更大的不确定性，允许退货是最重要的消费者保护措施之一。随着网上购物的发展，国家针对电子商务制定了相关法规政策。《中华人民共和国消费者权益保护法》（以下简称"新消法"）于2014年3月15日正式实施了新修订，其中最大的改进就是对网络购物为主的远程购物消费权益进行了明确规定。新消法第二十五条规定远程购物中"消费者有权自收到商品之日起七日内退货，且无须说明理由，但下列商品除外"（简称"七天无理由退货政策"），这是对旧消法的最大改变。七天无理由退货政策此后正式在各大电子商务平台实施。无理由退货意味着消费者有了购买后悔权，可以对即使在商品没有产品质量问题的情况下于七天内退货。而在新法执行之前，国家政策里只有为产品质量问题制定的修理、退货、换货的三包政策（简称"缺陷性退货政策"）。根据淘宝网对平台商家的统计，在新消法实施前只有很低比例的商家提供了退货政策，绝大多数情况只有在产品质量发生问题才能申请退换货。因此，新消法大大提高了网络销售平台的消费者退货权利。这可能由于增加了安全感而促进消费者网络购买，对应地也可能增大商家销量和退货处理量，其影响效果值得研究。

退货政策是整个市场消费环境的重要维度之一，发达国家早已走在前列。如布洛杰特等（Blodgett et al.，2006）指出，与其他国家相比，美国零售商提供了最宽松的退货政策，在一定程度上促进了美国的消费繁荣。中国退货政策与西方发达零售市场的退货政策存在一定差异。例如在美国，政府没有明确规定零售商必须采取某种特定的无理由退货政策，但要求商家必须向消费者明示自己的现有退货政策。美国零售商普遍自发采取较为宽松的退货政策，一般商品的退货期限通常在1~6个月不等，有些是无期限的，这即源于商家竞争的结果，也源于一些大公司在商业文化中的引领。有观点认为，"中国制造"之所以在美国取得瞩目的销售成绩，与美国的退货制度密不可分（包广良，2003）。我国零售业市场受计划经济时代的传统营销模式的影响，在政府政策出台前，宽松的退货政策整体缺失，商家往往担心消费者的退货行为增加经营成本而不愿意接受退货。政府颁布七天无理由退货这一强制政策正是在该背景下对网络销售领域实施的干预机制。七天无理由退货政策的颁布作为对国内商家退货政策一个质和量的干预，在市场产生的效应并不是显而易见的，有必要进行较为深入的实证研究。我国的这一退货政策具有保护消费者的外生性特色，而不是像美国商家退货政策那样内生性较强，因此使用我国数据有利于用计量方法识别退货政策的实施对消费行为的影响。本章使用我国大型网购平台数据进行研究将是对该领域文献是重要的补充。

据笔者搜集的现有文献来看，目前没有关于对七天无理由退货政策效应的实证研究。本章对七天无理由退货政策影响的研究将是对现有政策相关文献重要的补充。本章所用的淘宝网购订单数据，该数据从内容上包含了从购买决策到退货申请和处理的整个网络购物过程的较全面的信息，从时间上包含了政府 2014 年 3 月 15 日无理由退货法规实施前后的一年内的交易样本。据我们所知，现有国内外文献中都未见使用现实网购平台数据对退货政策的研究，也未见用实证数据从消费退货整个流程的完整分析，由于国外的退货政策的内生性，已有国外实证研究使用单个商家现场收集的少量实验数据的进行研究（如 Petersen and Kumar，2010）。我们将在文献综述部分对此进行说明。我们的研究利用这一网购平台数据检验七天无理由退货政策对整个流程的影响，主要优点一是包括了大量的商家，二是有外生的政府政策干预，所以该研究填补了已有文献中缺少的网购平台实证研究，和对七天无理由退货政策效应缺少的实证研究，同时对零售市场的消费政策制定有重要意义。

从研究内容上，我们考察的主要政策因素，一是七天无理由退货政策是否实施，二是在该政策推出后，不同商家提供的不同退货期限有何效果。我们研究的受影响因变量主要有商品价格、购买数量、退货比例、退货处理结果。我们结合已有理论和现有数据建立关于政策效果的待检验假设，根据实证分析结果和已有行为研究，我们评估"七天"限制的合理性。研究表明，提供更宽松的退货期限可以减少退货。政策在推行退货政策的同时，现有的七天无理由退货政策有改进的潜力，以充分发挥退货政策作为质量信号的积极作用。

本章第二部分介绍理论背景，回顾总结相关领域的以往研究；第三部分对实证数据进行简要的介绍和描述，并理出待检验的假说；第四部分报告实证回归结果；第五部分进行总结和讨论。

3.2 文献和理论基础

退货政策对于退货行为的影响并非是简单作用于退货单一环节，而且通过影响商品供应、购买决策、退货决策、退货处理等环节对消费行为产生影响。海曼等（Heiman et al.，2001）利用允许退货期限、退货费用以及退款方式三个特征来描述退货政策的宽松程度。关于退货政策的早期研究主要侧重于商家制定退货政策的机制及原理，早期理论主要强调其信号作用和分担消费风险。

从理论上，退货政策存在的第一个机理是质量的信号作用。穆蒂和斯里尼瓦桑（Moorty and Srinivasan，1995）认为由于交易成本的存在，退货政策可以作为商品质量的信号，因为这表明商家对商品的信心，低质量商品才会因为高退货率而遭受损失。格里菲斯（Griffis et al.，2012）认为宽松退货政策可通过信号机制提高购买倾向。博尼菲尔德等（Bonifield et al.，2010）的实证研究也验证了信号机制，发现零售商质量与退货政策宽松程度相关，商品质量越高的零售商越倾向于提供更宽松的退货政策。而另一方面，易彬彬（2010）指出，某些知名品牌的老店由于信用度高、质量可靠，不需要退货政策来发出信号，即使没有宽松退货政策仍可吸引较多顾客。伍德（2001）通过实验研究退货政策对消费者购买决策的影响，发现与严苛退货政策相比，消费者对商品的质量预期在宽松退货政策下更高，且随着商品质量预期的提高，消费者购物意愿也提高，这证实了退货政策的信号作用。

退货政策的另一个重要作用是风险分担。车（1996）较早对是否提供无理由退货政策的经济学意义进行了探索性研究，构建了基于消费者风险厌恶的理论模型，证明商家采用无理由退货政策的理性意义。该研究主要针对"无理由"（no-questions-asked）退货，商品属于"体验性商品"（experience good），而不涉及商品质量问题，即假定消费者需要对商品有一定体验来确认自己的偏好。由于本章着重研究七天无理由退货政策效应，质量缺陷退货政策在我国早已存在，因此我们在研究中应更注重从无理由退货问题解释结果。该研究证明，退货政策总体可增加消费者福利：一方面，由于该政策能让消费者避免事后反悔的损失，零售商可制定更高的价格，但另一方面，由于能退货，该价格无法高于消费者体验后对商品的估值，而在没有退货政策时是有可能制定这样高价格的。因此，车的理论推测，当消费者风险厌恶程度高和零售成本越高时，商家采取退货政策是对社会总体更优的。但是，商家如果不能认同消费者的风险厌恶并分担风险，垄断商家往往倾向于提供不够宽松的退货政策。这一理论或许可以解释在我国市场经济初期很少见到宽松的退货政策，主要是延续了计划经济时商家的垄断模式和文化。随着我国市场开放，实证研究表明体验性商品会更多执行退货政策。朱志（2015）对网络零售商退货政策进行了追因研究，利用我国 207 家电商网站公布的退货政策以及零售商信息（企业规模、运营时间、网商质量、产品类型等信息），研究发现：相比于销售搜寻品[①]的零售商，主营体验型产品的零售商更倾向于执行宽松退货政策。企业规模越大则退货政策越宽松。

之后的一些研究针对以上理论实证研究了退货政策通过风险规避、信号机制、公平感知等对购买决策产生影响。格雷瓦尔等（Grewal et al.，2003）通过实证分析发现宽松退货政策能有效降低顾客的感知风险，进而提高顾客的购买倾向，并且顾客也会形成更高的商品期望价格。伯尔和迈克斯汉姆（Bower and Maxham，2012）实证指出免运费退货政策会促进消费者的后续购买决策，而严苛退货政策会降低后续购买倾向。王湘红（2009）、王湘红等（2009）也通过实验验证了允许无理由退货的政策对购买决策的积极影响。裴等（Pei et al.，2014）研究发现，退货政策的宽松程度会影响消费者对消费的公平感知，进而对购买倾向产生影响。

在确定了是否允许无理由退货之后，退货政策的设计还包括退货期限、退货费用、退货范围、退款方式等不同维度（Janakiraman et al.，2016）。而退货政策对消费决策的影响主要作用于购买倾向和退货倾向。宽松退货政策可能增加购买倾向，但可能因增加退货而给厂家带来一些成本，因此退货政策的成本收益分析一般是关心的话题之一。在美国，消费者每年都会对 1000 多亿美元的商品进行退货，超过了世界上 2/3 国家的GDP（Stock et al.，2002）。戴维斯等（Davis et al.，1998）通过构建理论模型发现，宽松退货政策可能会给顾客滥用退货政策的机会，使得商家退货率增加。楚等（Chu et al.，1998）指出宽松退货政策的实施中，零售商会因顾客恶意退货而遭受利益损失，提出利用"部分返款型无理由退货策略"可以减少宽松退货政策滥用造成的利润损失。肖秀（2013）则考虑退货时间的限制：对部分时效有限的商品而言，其价值会因时间而明显流逝，较长的退货期限将使得零售商承受较大成本，因此在退货政策的设

[①] 搜寻品是指商品的属性可以通过获得信息来评估，而体验产品需要个体感官进行评估（朱志，2015）。

计中应考虑商品价值随时间的损失。我们在以下的文献和讨论中一般是剔除了恶意退货和商品价值随时间明显流逝这两类情况的，七天无理由退货政策也除去了使用价值随时间严重流逝的商品。

退货政策对退货行为的影响方面，使用不同方法及样本可能得到不同结论，也有不同的解释，这主要源于研究的政策维度不同或商品对象不同。给定允许退货，退货期限是退货政策的重要维度之一，也是本研究重点考察的政策维度。海曼（2001）认为退货期限越长，越能让消费者有更长的时间了解商品是否符合自己的需求，并且可以通过宽松退货期限提供关于商品质量的正向信号作用。总结发现，退货期限从短的 24 小时到长的无限期，但最常见的是 30 ~ 90 天。总体来说，大部分文献发现，相比于短的退货期限，较长退货期限不会增加退货率。王湘红（2009）的实验室实验发现较长退货期限增加了购买倾向，但没有增加退货倾向，这可能是由于实验室的物品价值比较小。贾纳基拉曼和奥多内兹（Janakiraman and Ordóñez，2012）用单个商家进行了实验研究，发现当商家出于退货成本考虑缩短退货期限时，可能事与愿违地增加退货比例。他们在实验研究中区分了承诺退货天数与退货成本，发现两者都会影响退货行为，当退货成本较低时，消费者面临宽松退货政策时更多注意购买收益而非购买成本，在此情况下，紧缩退货期限反而增加退货比例。贾纳基拉曼等（2016）对 21 个论文的元分析（meta-analysis）发现，退货政策中的成本因素影响购买倾向，虽然有些研究发现退货政策增加了退货量，但总体来说，退货期限上的宽松可以减少退货率。

从成本收益来看，彼得森和库马尔（Petersen and Kumar，2010）的研究比较完整。他们进行了实地试验，在一家销售衣鞋商品的公司中区分了宽松的无理由退货和严格的缺陷退货两种政策的效果，其中宽松政策允许无理由无期限退货，严格的政策只允许在商品有缺陷的情况下退货。结果发现，无理由退货政策条件下的购买倾向和退货倾向都有所增加，但总体来说购买超过退货，所以宽松退货政策增加了利润。研究还发现，退货多的客户在后期的其他购买倾向更高，因此建议商家不要将退货单作为成本看待，而是作为一种市场策略。从所检验的商品种类来看，该文献与我们的实证数据中的日用品是最靠近的，但这个研究考察的是无理由无期限的退货政策，从期限的这个维度来说与我们的研究有所不同。

总体来说，以上文献的研究发现，无理由退货政策从无到有会同时增加消费者购买和增加退货，但对净购买是增加的；而延长允许退货的期限一般会减少退货率；因此宽松的退货政策总体是提高商家利润的。以上讨论的无理由退货政策多是商家自主提供的，从理论上考虑，我国七天无理由退货政策可能起的作用有所区别。如果实施政策前商家没有提供宽松退货政策，该政策的强制实施相当于增加了退货的宽松度；但如果商家本来可以提供更宽松的退货期限，该政策可能对这些商家的内在激励有挤出效应。这和已有行为研究在限制性政策的参照点作用类似，比如劳动市场的最低工资、公共品的最低贡献额政策（Wang，2012；Kocher et al.，2016）。因此，七天无理由退货政策和退货期限对退货行为影响需要从多维度进行探讨。

综上所述，以往国内外对退货政策的研究从厂商角度出发的理论和实证研究较多，对消费者行为的研究主要是通过对实体店消费者的问卷和实验进行的。特别是，对我国退货政策影响的研究还非常初步。国内的实证研究基本是将商家提供的退货政策作为因变量来研究。由于缺乏消费者购物行为的实证数据，因此缺少考察退货政策对消费的影响。我们的研究将使用实际发生的网购数据结合外生的退货政策对此做出补充。本章将主要研究 2014 年 3 月 15 日实施的七天无理由退货政策的影响效应，以更好地为消费促进政策的制定提供参考与借鉴。相较于以往的研究，本研究主要有以下创新点：（1）从实证数据维度来看，在以往国内实证研究中，使用微观实际购买数据检验退货政策对消费影响的研究很少见。本研究利用淘宝网订单数据对退货政策效应进行检验，填补了国内实证研究空白。（2）从实证检验逻辑维度来看，退货政策实际是通过影响消费者与零售商间的退货处理博弈，进而对消费整个环节产生影响。但是以往的实证研究中，受制于研究方法的问题，比如情景模拟的问卷调查或实验法都难实现对零售商的模拟，使得检验维度较少，而本研究所用数据提供了消费决策整个过程的信息，可以使分析内容更丰富，具有重要的现实意义。（3）对于 2014 年 3 月 15 日我国实施的七天无理由退货政策，目前没有针对其政策效果的实证研究，本研究弥补了相关政策评估领域的空白。此外，在很多发达经济体中的退货政策普遍为企业自发内生决定，我国新消法的七天无理由退货政策的实施提供了外生冲击，是一个难得的检验退货政策效应的自然实验，有利于识别因果关系。

3.3　网购数据描述和待检验假说

3.3.1　数据描述

本章数据来自淘宝网上店铺商品销售记录。由于主要研究 2014 年 3 月 15 日以后实施的七天无理由退货政策的效应影响，所以我们使用的数据在该日期前后大约各半年。具体数据采样在 2013 年 9 月 ~2014 年 12 月期间，主营类目为居家日用品、生活电器、家庭/个人清洁工具、厨房/烹饪用具的部分淘宝店铺的交易数据和退货退款数据①。选取的这些商品是七天无理由退货政策所覆盖的类别。此处主营类目的定义为：（1）在 2013 年 9 月 1 日和 2014 年 12 月 31 日两个时间点，店铺的淘宝官方口径店铺主营类目一致，且属于上述四个类目中；（2）上述时间段内，店铺内总成交金额最高的类目和总成交笔数最高的类目保持一致，且与两个时间节点的官方口径主营类目一致，则定义该类目为样本中店铺的主营类目。样本抽样是在店铺维度进行的，如果上述任一条件不满足，则该店铺不在样本范围内；同时取样逻辑参考了淘宝同类店铺的总体分布。最后在抽样的店铺基础上获取了 574869 条订单记录，数据包含了比较完整的店铺信息（如店铺规模、卖方星级）、消费者信息（如买方星级、交易形式）、商品信息（如商品类别、价格、折扣）以及退货信息（如退款金额、是否拒绝退款）等。

该数据是信息丰富的原始订单数据，为实证检验带来巨大优势的同时，也为数据的清理整合带来较大困难。本研究在从淘宝获取的原始数据样本基础上，进行了数据清理工作，剔除了变量信息缺失、变量间数据关系显然不合理等约 13000 个数据，相较于总体样本数量很小，不会影响结果的代表性。

本研究因变量是在网购过程中商家和消费者的决策结果，包括所出售商品的价格、消费者的退货申请、退货处理结果、退货时间、退款比例

---

① 退货退款日期截至 2015 年 5 月 31 日。

等。这些变量全面反映了退货政策对消费环境的影响和消费者保护影响。退货政策反映在两个变量，一是是否允许退货，二是允许退货的期限天数。表 3－1 列出了所用数据库中的核心变量描述统计。

表 3－1　　　　　　　　　　核心变量描述统计

核心变量	变量解释	均值	标准差	最小值	最大值	样本量
主要政策变量或解释变量：						
退货政策	2014 年 3 月 15 日"无理由退货政策"实施前后，0－1 型变量	0.561	0.496	0	1	562351
承诺退货天数	承诺退货天数超过官方七天的天数	14.192	9.214	1	30	17112
主要被解释变量：						
商品价格	订单商品价格取对数	3.508	2.015	－5.43	11.419	562351
退货申请	消费者是否发起退货申请，0－1 型变量	0.042	0.202	0	1	562351
退货结果	店铺是否同意退货，0－1 型变量	0.856	0.081	0	1	23900
退货比例	店铺同意退款金额占总价比例	0.963	0.159	0	1	20207
退货时间	退货申请发起到结束所用天数	2.382	6.075	0	368	23882
其他解释变量或控制变量：						
耐用品	根据商品类别划分是否耐用品	0.376	0.496	0	1	562351
买方星级	消费者用户星级等级（－2 至 15）	4.553	2.324	－2	15	562351

注：数据中含价格信息的相关变量（如商品价格）都经过了线性化处理，并取对数。

表 3－2 报告了七天无理由退货政策前后各店铺的退货申请率，并进行了配对 t 检验。在退货政策实施前店铺退货申请率平均为 7.86%，而退货政策实施后店铺退货申请率增加为 10.67%，结果显示在政策实施后店铺层面收到的退货申请率显著提高。

表 3－2　　　　　店铺退货申请率政策前后比较（t 检验）

项目	店铺退货申请率	标准差	店铺数量
政策实施前	7.86%	0.0068	511
政策实施后	10.67%	0.0090	511
差异	2.81%	0.0078	511
p 值	0.000		

针对店铺层面退货政策宽松程度的统计发现，2014 年 3 月七天无理由退货政策实施后，除了承诺七天无理由退货的店铺，部分店铺承诺 8 天（10865 个）、15 天（2123 个）、30 天（4143 个）。图 3 - 1 显示，分别对 8、15、30 天的退货申请比率统计发现，随着承诺退货天数的上升，退货申请比例大致呈现下降趋势。这意味着，除了严格外生的七天无理由退货增加退货量，店铺自发制定的更多退货天数承诺可能反映了其商品质量提高。

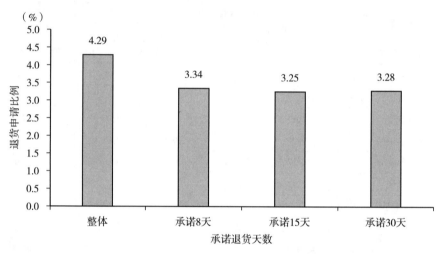

图 3 - 1　承诺退货天数对退货申请比例的影响

表 3 - 3 报告了七天无理由退货政策前后各店铺的退货成功率，结果表明政策实施后的成功率显著提高。在退货政策实施前店铺退货成功率平均为 82.57%，而退货政策实施后店铺退货成功率增加为 85.35%。

表 3 - 3　　　　　　　店铺退货成功率政策前后比较（t 检验）

项目	店铺退货成功率	标准差	店铺数量
政策实施前	82.57%	0.0118	380
政策实施后	85.35%	0.0091	380
差异	2.78%	0.0147	380
p 值	0.0297		

注：本表内只包括在政策实施前后都存在退货申请的店铺，所以样本量少于表 3 - 2。

3.3.2 待验证假说

根据上文对已有文献的总结和本研究数据特点，我们将消费到退货处理分为四个阶段，并提出以下四个阶段各自待验证假设：

假说 1：在商品供应上，七天无理由退货政策会促使零售商提高商品价格。

参照车（1996）的理论逻辑，零售商在预知七天无理由退货政策下，相比于没有退货政策条件，将有提高商品质量以避免退货增多带来的成本，质量提高将提高价格。零售商也可能预期到退货增加而直接提高价格弥补相应退货增加的成本。

假说 2：在购买决策中，宽松退货政策可能会增加消费者购买倾向。

按照以上文献综述中车（1996）及格雷瓦尔等（2003）的分析，宽松退货政策能规避风险，使消费者购买倾向增加。但是，如果商家提高价格，宽松退货政策对消费量的综合影响可能未定，对购买倾向影响取决于退货政策的正向影响和价格上升的负向影响之和。

假说 3：在退货决策中，对于同样质量的商品，允许无理由退货的政策会提高退货申请量。

按照以上文献综述中戴维斯等（1998）及彼得森和库马尔（2010）的研究，对消费者而言，允许无理由退货的政策使得消费者的退货成本减少，对于不满意的商品相比没有无理由退货的条件可能增加退货申请。

假说 4：在退货处理阶段，无理由退货政策会提高退货成功率。

国家政策明确了对消费者的保护，宽松退货政策使得消费者在退货处理中处于法理上的相对优势。但是在七天无理由退货实施前，质量瑕疵退货也是法定的，而七天无理由退货也对退货商品类别有限制，因此新政策前后退货成功率并不能完全明确对比。但鉴于宽松退货政策对消费者保护更多，我们仍然假设此政策会提高整体退货成功率。

假说 5：给定无理由退货政策，退货期限的长度有质量信号作用，减少退货申请频率。

根据以往研究，要让消费者能够完全放心购买商品，他们期望商家能提供的退货期限平均为 20 天（王湘红和王曦，2009）。在最少七天的退货期限政策下，有些商家可以给予高于七天的期限。质量高的商家仍可能愿意提供比七天更宽松的退货期限，博尼菲尔德等（2010）证明商品质量越高的零售商越倾向于提供更宽松的退货政策。而质量的提高将减少退货申请。贾纳基拉曼等（2016）总结的实证结果显示，宽松退货期限会减少退货率。我们将用数据中商家退货期限变量检验这一假设。

此外，由于在七天无理由退货之前，耐用品是发生退货的主体。相对而言，新消法加强了非耐用品退货的法律保护。鉴于此，我们认为政策对非耐用品影响效果应该更大。

3.4 回归结果与分析

在退货政策效应描述分析基础上，我们用淘宝订单数据进行回归分析检验退货政策的实施对网上商品供应、购买决策、退货决策、退货处理等各阶段的影响。根据所分析的因变量，采用的计量模型主要为 OLS、Logit 回归估计，但其本质上为回归断点（regression discontinuity，RD）估计的退化形式。以七天退货政策对消费者退货决策的影响为例：零售商退货政策在 2014 年 3 月 15 日政府推行的新消法实施后整体经历了快速的变更，但在新法之前也有部分商家实行了较宽松的退货政策，因此零售商退货政策对消费—退货整个环节的影响可视为模糊断点。根据模糊 RD 的工具变量（IV）方法估计方法：

$$Y_i = \alpha_0 + \alpha_1 \text{Seller\_policy}_i + \alpha_2 X_{1i} + \varepsilon_{1i} \qquad (3-1)$$

$$\text{Seller}_{\text{policy}_i} = \beta_0 + \beta_1 \text{Policy}_i + \beta_2 X_{2i} + \varepsilon_{2i} \qquad (3-2)$$

其中 Y_i 为各环节被解释变量，Seller_policy_i 为商家是否有宽松退货政策，Policy_i 为政府退货政策执行，X_{1i} 和 X_{2i} 为相关控制变量，式（3-2）为工具变量第一步估计，而式（3-1）是 IV 第二步估计。由于数据库对商家在国家政策执行前是否有退货政策并未明确收集，我们将式（3-2）代入式（3-1）得到本研究中采用的简化 OLS 回归。

$$Y_i = \gamma_0 + \gamma_1 \text{Policy}_i + \gamma_2 X_{1i} + \gamma_3 X_{2i} + \varepsilon_i \qquad (3-3)$$

由于我们了解 $\beta_1 > 0$ 是一个典型事实，因此如果退化为式（3-3）估计系数 $\gamma_1 \neq 0$，则说明退货政策对消费和退货各环节有显著影响（$\alpha_1 \neq 0$）。

3.4.1 退货政策对商品价格的影响

根据假说1，零售商在预知七天无理由退货政策下，有提高商品价格以避免退货增多带来成本提高的倾向。我们通过如下 RD 回归模型简化形式估计退货政策对商品价格的影响。

$$Price_i = \gamma_0 + \gamma_1 Policy_i + \gamma_2 X_i + \varepsilon_i \tag{3-4}$$

其中 i 代表订单，price 代表商品价格（取对数），policy 代表七天无理由退货政策的实施，X 代表相关控制变量，如是否耐用品、买方星级、店铺哑变量等。

表 3-4 报告了退货政策对商品价格影响的回归结果。通过第（1）列回归结果可以发现，七天无理由退货政策对商品价格具有显著正向影响，退货政策实施前后商品价格整体提高约 5.1%。第（2）（3）列回归中引入耐用品及其与退货政策实施的交叉项。交叉项加入的含义在于，在新消法七天无理由退货政策实行前，耐用品往往比非耐用品更容易退货，因此新消法对非耐用品影响更大。从结果可以看到，七天无理由退货政策显著提高了非耐用品价格 6.7%，而耐用品价格显著提高了 3.0%，耐用品价格涨幅显著低于非耐用品。

表 3-4　　　　七天无理由退货政策对商品价格的影响

项目	（1）	（2）	（3）
退货政策	0.0506 *** (10.78)	0.0535 *** (11.62)	0.0673 *** (11.68)
买方星级	-0.0045 *** (4.65)	-0.0057 *** (5.95)	-0.0058 *** (6.05)
耐用品		1.4086 *** (66.86)	1.4292 *** (65.54)
退货政策×耐用品			-0.0370 *** (3.95)
店铺	控制	控制	控制
R^2	0.6659	0.6784	0.6785
样本量	337411	337411	337411

注：*、**、*** 分别代表在 0.1、0.05、0.01 水平下显著，括号中为对应 t 值，均采用稳健标准误。因为受远程计算的容量限制，本表及后面的回归在原有 50 多万的样本中随机抽取了 60% 的样本进行的回归计算，因此样本量变为 30 多万。

七天无理由退货政策对商品价格的正向影响印证了本研究假说 1，即零售商在无理由退货政策实施后存在提高商品价格以应对退货政策实施后带来的成本增加。但是对于此结果，由于信息限制，我们不能进一步检验商家到底是将产品质量提高从而提高价格还是只是在给定质量不变情况下提高了价格。

3.4.2 退货政策对消费量的影响

以往相关研究表明，宽松的退货政策可以通过风险规避、信号机制等增加消费者的购买决策。由于本章研究的 2014 年 3 月 15 日实施的七天无理由退货政策，是法律层面强制针对所有电商实施的，因此相较于以往研究中宽松退货政策的信号传递机制，政府统一公共政策可能弱化企业用其作为相对质量的信号功能，七天无理由退货政策可能更多通过风险规避等影响购买决策。同时，由于强制退货政策可能提高商品价格，消费者综合购买意向并不确定。

为了考察消费量的变化，我们利用店铺的订单数据加总得到了各店铺月销售额，随后对所得以店铺为基础的面板数据进行了固定效应面板回归，回归模型为：

$$\text{Sale}_{jt} = \gamma_0 + \gamma_1 \text{Policy}_{jt} + \gamma_2 X_{jt} + u_j + \varepsilon_{jt} \qquad (3-5)$$

其中 j 代表店铺，t 代表订单月份，sale 代表店铺销售额，policy 代表七天无理由退货政策实施前后，X 代表店铺月均价格等解释变量。表 3 – 5 报告了退货政策对店铺月销售额影响的回归结果。

表 3 – 5　　退货政策对店铺月销售额的影响（固定效应面板回归）

项目	（1）	（2）
退货政策	– 0.2194 *** （4.87）	– 0.0622 （0.88）
非制造业商务活跃指数		– 0.1415 *** （4.34）
从业人员指数		0.0401 （1.12）
商品零售同比增长		0.2077 *** （5.86）

项目	(1)	(2)
R^2	0.0784	0.0926
样本量	6910	6065

注：＊、＊＊、＊＊＊分别代表在 0.1、0.05、0.01 水平下显著，括号中为对应 t 值，均采用稳健标准误。面板回归以店铺为固定效应。

通过第（1）列基础回归分析发现：在不控制任何其他变量的情况下，七天退货政策项系数显著为负。我们在第（2）列回归中引入宏观月度数据以控制市场因素，引入变量为非制造业采购经理指数中的商务活跃指数与从业人员指数，以及商品零售的同比增长率。回归结果显示退货政策项不再显著，说明在控制宏观层面后退货政策对消费者购买决策不再有显著影响。如上文所说，强制无理由退货政策效应不显著可能是正负综合影响抵消的结果。如果无理由退货政策不是选择了最低七天，政策效果也许可以提升消费，此外，对假说 2 的检验也需要综合考虑是否允许退货和是否给予宽松的退货期限，在 3.4 节的 3.4.5 中我们将分析退货政策中退货期限的影响。

3.4.3　退货政策对退货行为的影响

我们在假说 3 中认为，在退货决策中，本次政府出台允许无理由退货政策会提高退货申请量，因为在此之前的商家退货政策总体来说过于苛刻，国家推行的这个政策是对消费者这一需求的释放。

本研究对退货决策的分析主要基于消费者收货后是否提出了退货申请。回归模型如方程（3－6）所示，被解释变量为每个订单是否提出退货申请，关键解释变量为七天无理由退货政策实施前后的哑变量，相关控制变量包括商品价格、买方星级、耐用品、店铺哑变量等。

$$P(Return_i = 1) = \frac{\exp(\gamma_0 + \gamma_1 Policy_i + \gamma_2 X_i)}{1 + \exp(\gamma_0 + \gamma_1 Policy_i + \gamma_2 X_i)} \qquad (3-6)$$

表 3－6 报告了退货政策对退货申请影响的 Logit 回归结果。通过第（1）列基础回归发现，退货政策变量显著为正，即七天无理由退货政策实施后消费者的退货申请增加了，验证了假说 3。这说明了上述三个渠道综

合影响为正。此外，随着商品价格升高退货申请比例也上升，消费者对于高价商品不满意的容忍程度更低，因此更倾向于退货申请；随着买方星级的升高退货申请比例下降，买方星级与消费者网购经验正相关，随着消费者网购经验的增加更能买到合意的商品，退货申请也因而减少。

表 3 – 6   退货政策对退货行为的影响（**Logit**）

项目	（1）	（2）	（3）
退货政策	0.1497 *** （7.38）	0.1495 *** （7.38）	0.2081 *** （7.92）
商品价格	0.0928 *** （11.32）	0.0938 *** （11.31）	0.0935 *** （11.28）
买方星级	− 0.0286 *** （7.05）	− 0.0286 *** （7.04）	− 0.0290 *** （7.13）
耐用品		− 0.0392 （0.69）	0.0469 （0.76）
退货政策 × 耐用品			− 0.1480 *** （3.60）
店铺	控制	控制	控制
R^2	0.0655	0.0655	0.0656
样本量	334877	334877	334877

注：*、**、*** 分别代表在 0.1、0.05、0.01 水平下显著，括号中为对应 z 值，均采用稳健标准误。

我们在第（2）（3）分别引入耐用品以及其与政策变量交叉项，交叉项的含义和上文解释类似，即非耐用品在新法前更难退货，因此实行新法后非耐用品退货增量应该更多。回归结果显示，在控制价格、店铺以及买方星级下，七天无理由退货政策对非耐用的退货申请的增加程度显著高于耐用品。这在一定程度上可能反映了退货政策对消费者福利的提升，在不允许无理由退货的情况下，消费者收到不喜欢的商品也没有办法，或者只能预防性地减少消费，而这些都将减少福利。

3.4.4 退货政策对退货处理过程的影响

无理由退货政策对退货处理阶段的影响可分为处理结果和处理时间两

个维度，消费者由于七天无理由退货政策，显然拥有了更强的维权意识，而企业在退货结果上可能出现较之前更多的妥协。我们的假说 4 认为，在退货处理阶段，无理由退货政策会提高退货成功率。

退货结果的博弈可以细分为两个阶段：第一个阶段为零售商决定是否同意退货，第二阶段为在退货情况下，退货实际金额占原商品价格的比例具体是多少。这两个阶段分析的基本回归计量模型为：

$$Return\_result_i = \gamma_0 + \gamma_1 Policy_i + \gamma_2 X_i + \varepsilon_i \qquad (3-7)$$

其中 i 代表订单，Return_result 代表退货结果（具体分为退货通过结果、退货金额比例、退货时间三种指标）。当 Return_result 代表是否通过的 0~1 变量时，模型（3-7）采用的是 logit 估计；当 Return_result 代表连续变量时采用线性回归。policy 代表七天无理由退货政策实施前后，X 代表相关控制变量，如商品价格、买方星级、店铺哑变量等。表 3-7 报告了无理由退货政策对退货结果影响的回归结果。由于本表中只包含了发生退货申请的订单，其样本量小于前面的分析。

表 3-7　　　　　　　七天无理由退货政策对退货结果的影响

项目	退货通过结果（Logit）			退货金额比例（OLS）
	（1）	（2）	（3）	（4）
退货政策	-0.02187 (0.37)	-0.12686 (1.63)	0.00436 (1.25)	0.00221 (0.55)
耐用品	-0.43901*** (2.72)	-0.58431*** (3.29)	-0.01560* (1.76)	-0.01890* (1.90)
退货政策×耐用品		0.25514** (2.14)		0.00558 (0.75)
商品价格	-0.08460*** (3.26)	-0.08443*** (3.26)	-0.00409*** (2.87)	-0.00409*** (2.88)
买方星级	0.03580*** (3.22)	0.03601*** (3.24)	-0.00520*** (7.91)	-0.00520*** (7.90)
店铺	控制	控制	控制	控制
R^2	0.1051	0.1055	0.0966	0.0967
样本量	13539	13539	12114	12114

注：*、**、*** 分别代表在 0.1、0.05、0.01 水平下显著，括号中为对应 t/z 值，均采用稳健标准误。退货处理阶段回归只针对申请退货的样本，因此样本与退货决策阶段表 3-4、表 3-6 的样本量不同。

无理由退货政策对退货通过结果的影响为表 3 - 7 前三列。Logit 回归结果显示,在控制商品价格、店铺以及买方星级后,无理由退货政策整体对退货通过结果影响不显著,但退货政策与商品类别交叉项显著为正,说明无理由退货政策显著提高了耐用品退货申请的通过率。新消法对非耐用品退货有一定限制,所以虽然非耐用品退货量增加,但退货通过率不如耐用品高。

宽松退货政策对退货金额比例的影响为后三列。回归结果显示,对于同意退货的商品,在控制商品价格、店铺以及买方星级下,退货政策项与交叉项均不显著,说明无理由退货政策对退货金额比例无显著影响。即只要接受退货,退货金额在政策前后并无区别。这也符合新消法未对退货金额在前后做明显区别规定的事实。

3.4.5 退货期限宽松度对退货现象的影响

无理由退货政策是从无到有的重大转变,退货政策有两个维度:是否允许无理由退货和所承诺的退货天数。本研究的重要解释变量即反映退货政策这两个维度,第一个是国家七天无理由退货政策是否实施,第二个是网店店铺实际所承诺的退货期限天数。由于无理由退货政策的采用是强制性的,可能在一定程度退货政策本身应有的反映商品质量的信号作用在这个维度无法观察,所以对不同商家承诺的退货天数期限进行研究是有意义的。通过数据发现,在 2014 年 3 月 15 之后,样本中有部分店铺的承诺退货天数超过了政策规定的七天,这给我们提供了分析承诺天数对购物结果的影响,也有机会对"无理由政策"的合理天数进行评估。假说 5 认为退货期限的长度能够减少退货申请率。

我们将承诺退货天数 Policydays 作为退货政策宽松程度的反映,引入到前文的回归模型中,以检验退货政策宽松程度对退货行为的影响。

$$Return_i = \gamma_0 + \gamma_1 Policy_i + \gamma_2 Policydays_i + \gamma_3 X_i + \varepsilon_i \quad (3-8)$$

其中因变量包括退货申请、退货通过结果、退货金额比例以及退货时间。对前两个因变量为 Logit 模型,对后两个变量为 OLS 模型。表 3 - 8 报告了承诺退货天数对退货行为的影响的回归结果。

表 3 – 8 商家承诺可退货天数对退货行为的影响

项目	退货申请 (Logit)	退货通过结果 (Logit)	退货金额比例 (OLS)	退货时间 (OLS)
退货政策	0. 2090 *** (7. 96)	– 0. 1265 (1. 63)	0. 0022 (0. 55)	0. 0159 (0. 15)
承诺退货天数	– 0. 0122 * (1. 71)	– 0. 0029 (0. 17)	0. 0001 (0. 06)	– 0. 0446 (1. 44)
商品价格	0. 0936 *** (11. 29)	– 0. 0844 *** (3. 26)	– 0. 0041 *** (2. 88)	0. 2442 *** (5. 73)
买方星级	– 0. 0290 *** (7. 11)	0. 0360 *** (3. 24)	– 0. 0052 *** (7. 90)	0. 0047 (0. 26)
耐用品	0. 0449 (0. 73)	– 0. 5847 *** (3. 29)	– 0. 0189 * (1. 90)	0. 7390 ** (2. 30)
退货政策×耐用品	– 0. 1432 *** (3. 48)	0. 2563 ** (2. 14)	0. 0055 (0. 75)	– 0. 0428 (0. 22)
店铺	控制	控制	控制	控制
R^2	0. 0656	0. 1055	0. 0967	0. 0985
样本量	334877	13539	12114	14355

注：*、**、*** 分别代表在 0. 1、0. 05、0. 01 水平下显著，括号中为对应 t/z 值，均采用稳健标准误。

通过回归结果可以发现，承诺退货天数对退货申请的影响在 10% 水平下显著为负，说明越宽松的退货期限下消费者的退货申请越少，与博尼菲尔德等（2010）、贾纳基拉曼和奥多内兹（2012）的实证研究一致，也就是说给予更宽松的退货期限有可能减少退货率，增加净购买。由于在七天无理由退货之外的承诺退货天数属于商家自主决定，该效应更多是反映了商家对商品质量的信心，随着退货承诺天数增加，商品质量往往越高，因此此负向影响符合假说 5 所预期的信号作用。此处，我们不强调退货天数承诺与退货申请的因果关系，退货承诺天数可看作是商品质量的一个代理变量，其背后反映了质量越高退货申请越少。承诺退货天数对于退货通过结果、退货金额比例以及退货时间影响均不显著。

既然更宽松的退货期限有可能增加净消费，现有的政策值得讨论。根据以往研究，限制性政策往往有参照点效应（Wang，2012；Kocher et al.，

2016），无理由退货政策的七天规定，很可能对有些商家的内在动机起到了挤出作用，缩短了他们本来可以提供的退货期限。可以设想，如果政府政策对网购零售的规定是必须提供无理由退货政策，但没有规定期限，这种效果也许更有益。更进一步，政府政策可以设定推荐或默认期限，要求商家必须提供无理由退货政策，而不规定确切期限，但如果商家没有明确公示其政策，默认的期限按一定天数比如 20 天，这是美国某些州政府采用的政策。这样政策上可能避免了对可能宽松的商家形成自我激励形成挤出效应，而同时对不宽松低质量的商家提出了增加宽松度的要求，比现有的七天退货政策可能是更优化的。

3.5 总结和讨论

本研究利用淘宝网微观订单数据对七天无理由退货政策的实施对网购行为的多个环节影响进行分析。我们发现：在所分析店铺样本中，该政策前后并没有立刻产生提高购买量的效应；样本时间内，七天无理由退货政策显著提高了商品价格，且对非耐用品价格的提高幅度高于耐用品，这可能是购买量没有明显提高的主要原因；无理由退货政策显著提高了消费的退货申请比例，且对非耐用品的提升幅度显著高于耐用品，这在一定程度上反映了对消费者权益保护的结果；退货政策的另一个重要维度是允许退货的期限，随着店铺承诺退货天数的增加，退货申请比例下降，验证了退货政策宽松度的信号作用是有效的。

从政策含义看，强制推行的无理由退货政策提高了消费者退货可能，维护了消费者权益，但由于企业采取了提高商品价格的应对措施，因此对消费者总的福利的影响还没有确定的指标分析。但是，由部分商家自发承诺的高于七天的退货期限体现了宽松退货政策较好的质量信号作用，而强制无理由退货和设定最短七天的限制可能削弱商家间质量信号的识别功能。因此，在制定退货期限天数时，应该考虑可能的政策参照点的影响。例如在美国，政府政策对消费者的保护一般是要求商家提供明确的退货政策，但不规定具体天数，商家往往提供了一个月以上的宽松退货政策。从以上结果看，维持无理由退货政策、适当减少无理由退货时间的强制性，将无理由退货具体时间交给商家，也许是一个双赢的选择。

　　受限于数据可得性，本研究仍有部分问题无法解决，未来可以进一步深入探讨。比如区分商品价格提高的具体原因，七天无理由退货政策是否提高了市场商品整体的质量，退货量增加是否对消费者满意度和后续消费有驱动作用等。总之，更合理和科学的消费者保护政策和消费助推政策对整个产业链上的众多环节影响仍有待深入探究。

// 第 4 章

消费者保护与消费

——来自投诉数据的证据①

4.1 引 言

消费不足长期困扰中国经济。过去多年,中国的总消费率和居民消费率呈现总体下降的趋势,而多数发达国家这两个比重均呈现显著的提高态势且绝对值远高于中国,大部分发展中国家消费率也远高于中国。虽然一些学者如朱天和张军(2014)指出中国的低消费率有大约10%来自统计方法上的偏误,但即便承认如此,中国消费率低仍然是共识。低消费高储蓄引发了一系列经济问题,如过多贸易顺差、经济增长过度依赖外需、经济活力不足等,提振消费被认为是促进中国未来经济增长的动力。在经济进入"新常态"后,消费对于维持经济增长的作用更加凸显。党的十九大报告明确提出"完善促进消费的体制机制,增强消费对经济发展的基础性作用",这和本章研究主题直接相关。

对于我国居民消费影响因素的研究在这个大背景下已有很多。这些研究既有基于西方理论在中国的经验验证,如绝对收入、相对收入、生命周期假说、预防性储蓄、消费习惯及社会文化等理论在中国的检验应用;也

① 本研究是国家自然科学基金项目的成果(项目号71673282)。我们感谢原中国工商总局提供的数据支持。

有针对中国特定群体如农民工进行的检验（陈斌开等，2010；孙文凯和王乙杰，2016）；还有一些从行为经济学理论出发对消费的解释，如竞争性储蓄、炫耀性消费等（Wei and Zhang，2011；Sun and Wang，2013）。然而，本章要强调的消费保护对消费的影响长期缺少定量分析。消费过程是一个包含多个环节的链条，包括前期产品选择、价格接受、质量保证、服务态度、实际消费和后期品牌维护及消费维权等内容。这些内容多数是消费者和商家间发生的，但如果发生消费维权纠纷则需要第三方如政府的介入。如果消费者在消费商品和服务时不能受到充分保护，比如经常买到劣质商品且不能退货，或者其他售后服务严重缺失，那么消费者的消费热情将毫无疑问受到打击。在国际比较，尤其是对美国和中国的消费环境比较时，可以看到明显区别：美国对消费者的保护非常明确且企业也能很好地从消费者便利角度出发制定销售策略，包括消费者知情、选择、交易、退货、赔偿和人格尊重等几乎各个方面都要好于中国。美国 1906 年就制定了《纯净食品和药品法》对相关领域交易中商家违规行为进行约束，并于1914 年制定《联邦贸易委员会法》阻止商业领域的欺诈行为，1970 年国会通过《马克尤逊—摩西保证法》规定商家在执行消费合同义务时的各种责任。一系列消费者保护法规明确了商家义务，对建立健康消费环境起到了基础作用（涂昌波，1995）。我国在消费者保护方面也在不断提高重视程度。1994 年 1 月开始实行《消费者权益保护法》，在 2014 年的 3·15 消费者日之后，根据市场环境变化对消保法进行了适当补充和修正。新法对经营者义务、网络购物等方面进行了更细致规定，比如明确规定了现场和网络购物的七天无理由退货（第二十四、二十五条），退货、更换、修理的商品经营者应当承担运输等必要费用（第二十四条），等等。这些更明确的消费者保护法规被期望给予消费者更大信心去消费，同时促使经营者提高产品质量。

除了制定保护消费者权益的法规条文之外，更重要的是法规的执行。2018 年，我国执行消费维权的行政主体是中国工商总局[①]。中国工商总局及地方行政管理局负责接受因消费者消费时发生不满而进行的投诉和举报，其对消费投诉的处理程度决定了实际的消费保护程度。在本研究中，

---

① 2018 年政府机构改革后，国家工商行政管理总局与其他机构合并改为国家市场监督管理总局，考虑到研究期限具体时间，我们仍使用国家工商总局这一称谓。

我们使用中国工商总局的消费投诉办理率作为主要反映消费者保护的代理变量，观察在我国消费保护对消费的影响。相比于已有研究，本研究有两个主要贡献：第一，首次对消费保护对我国消费的促进作用进行定量检验；第二，我们的研究侧重宏观总量，不同于已有的绝大多数研究从企业等微观视角的分析。本研究对现有解释中国消费率低的文献有补充价值，也对构建我国健康的消费环境有直接政策指导意义。

本章其余部分安排如下：4.2 节回顾已有相关研究文献；4.3 节介绍数据和方法，包括描述我国消费投诉和保护的发展趋势；4.4 节报告主要的统计结论，并进行稳健性检验；4.5 节进行讨论总结。

4.2 文献回顾

在跨国比较中不难发现各国消费率存在显著差异，本国不同地区不同时期不同经济状况人群消费率也很不同。对于我国，多年来由于消费率有长期下降的趋势，当前的消费率绝对水平甚至徘徊在世界较低之列，因此对我国消费影响因素的分析也非常多。总体而言可简要归纳为以下两大类。

第一类是基于传统的经典理论进行的实证分析，主要是从收入和年龄结构视角，如绝对收入、持久收入、相对收入、生命周期理论等，并且既有对消费也有对储蓄的解释。部分研究从宏观的政府、企业和居民三部门收入分配解释中国消费率低的现状，如樊纲（2009）、张颖熙和柳欣（2007）都认为消费率偏低的主要原因是企业收入占比的不断上升和居民收入占比的不断下降，建议通过税收政策来提高居民可支配收入的占比。一些研究从居民内部收入分配差距扩大来解释居民消费率降低（尹世杰，2003；杨天宇，2001）。另外也有研究考虑相对收入结合收入不平等解释对消费的影响（Sun and Wang，2013；王湘红和陈坚，2016）。此外，居民的年龄结构（Modigliani and Cao，2004；Horioka and Wan，2007；Curtis et al.，2015；Banerjee et al.，2014；李文星等，2008；汪伟，2012）、不同年龄结构收入变动（Song et al.，2010；Yang et al.，2011）等都对总消费有影响。类似研究不再一一列举。

第二类是强调转轨时期制度或政策影响的分析。比如，由于经济改革带来不确定性导致的预防性储蓄（Chamon and Prasad，2010；Meng，

2003；宋铮，1999；万广华等，2001；罗楚亮，2004；孙凤，2001；孙文凯和白重恩，2008；杭斌和郭香俊，2009）；由于收入和信贷约束导致的强制性储蓄（Coeurdacier et al.，2015；Chamon and Prasad，2010；郭香俊等，2006）；为应对住房、教育和医疗改革带来的各种潜在支出增加的储蓄（Bussiere et al.，2013；Wan，2015；Chamon and Prasad，2010；谢洁玉等，2012；杜莉等，2013），当然住房对储蓄影响仍存在争议（Wang and Wen，2012）。一些研究针对部分群体进行了单独分析，如占人口比重日益增多的农民工群体，研究认为由于制度原因导致的农民工消费较低是中国居民部门消费率低的重要原因，改善该部分群体境况会提高整个居民部门消费（卢海阳，2014；明娟和曾湘泉，2014；蔡昉，2011；Song et al.，2010；陈斌开等，2010；国务院发展研究中心课题组，2010；Chen et al.，2015；孙文凯和王乙杰，2016）。

此外，还有少数研究从行为经济学视角对消费影响因素进行分析。比如，炫耀性消费（Sun and Wang，2013）、性别比例失衡导致的竞争性高储蓄低消费（Wei and Zhang，2011；Du and Wei，2013）。社会文化和消费习惯也对消费有影响（Carroll et al. 1994；Chamon and Prasad，2010）。王湘红和范智伟（2014）以及王湘红等（2015）从行为经济学视角认为一系列温和助推政策可能促进居民健康消费。

已有学术研究中，从消费保护对消费影响视角进行的研究更多来自国外学者针对商家与消费者间博弈的微观分析。比如穆迪和斯里尼瓦桑（Moorthy and Srinivasan，1995）研究发现，由于消费者和商家之间存在对商品信息认知的不对称，消费者需要从商家得到一定信号来减少不确定性，而宽松的退货条件则可以作为信号增加消费者对商家的信任度。消费者往往认为商家实行退货制度的成本是昂贵的，只有提供高质量产品的商家才有能力做出退货的保证。因此，消费者会把宽松的退货制度视为优质商品的"信号"，促进其在相应商家购买。伍德（2001）证实了宽松退货制度下的消费者对商品质量的评价高于无退货制度下的评价。同时，随着消费者对产品质量信任度的提高，他们的决策时间会进一步缩短，并提高购物倾向。基利和格尔博（Gilly and Gelb，1982）等研究了消费者投诉办理问题。研究表明如果消费者对于投诉办理结果没有不满意，那么后续消费行为会受到鼓励，变得更多更频繁。基利（1987）通过使用石油公司数据分析，发现积极应对和正确处理消费者投诉对消费者的后续消费行为有显著的正向影响，因此销售者需要重视和提高消费者对投诉办理结果的满意程度。国内研究中，只有王湘红和王曦（2009）从企业的退货制度如何影响消费倾向视角进行了问卷调查分析。王湘红（2009）采用实验方法验证了企业采用宽松的退货制度会促进消费，并且由于禀赋效应而不会带来退货量的增加。

通过以上对文献的整理，可以看到，对我国消费率低的解释大部分仍然是传统理论或者制度视角，对消费者保护的研究多见于国外，且更多是企业对消费者投诉或企业本身退货政策的角度。在中国，虽然不乏对消费环境和消费保护不足的抱怨，但一直缺少相应实证研究。关于政府对消费者保护力度如何影响消费这一问题也可以联系到制度环境对经济影响的话题，但这一视角即使在国外实际上也缺乏统计分析。这些都给本章的研究提供了空间。

4.3　消费投诉数据描述和统计方法介绍

4.3.1　数据来源与简单统计描述

本研究使用的分析数据有两个来源。第一个是来自中国工商总局的反映消费保护程度的消费相关投诉和举报办理率。我们的数据取自国家工商行政管理总局收集的全国 31 个省级行政区划单位 2009～2014 年各个季度相关信息，总计 744 个观测样本点。工商总局是消费维权的主要负责部门，其目前主要的消费者投诉渠道是总局设立的 12315 投诉热线，我们使用的数据即为通过此热线收集的投诉及最终处理数据加总。其中，投诉是消费者在发生商品或服务消费时由于销售者的产品质量、安全、价格、广告、合同、计量、售后服务、人格尊严问题而向工商总局进行的申诉行为。数据显示，全国所有消费投诉案件原因主要集中于"质量""合同"以及"其他"三类，"广告""商标""计量"以及"人格尊严人身权"方面占比极小。举报内容比较复杂，既包括向工商总局举报和消费相关的商家产品质量和侵犯消费者权益的行为，也包括举报其他行为如商家登记、商标管理、走私等可能违规现象，我们选取投诉的全部数据和只与消费相关的举报内容做分析对象。

第二个数据来源是中国统计年鉴以及统计局主页中公布的各省经济变量信息，包括社会商品零售总额、人口及结构、物价变动等信息。这些数据部分是年度变量，部分是季度变量。结合这两个数据，我们可以分析随着消费保护力度的变动，居民消费如何变化。

本研究主要关注的被解释变量是经各省消费价格指数平减后的社会商品零售总额实际值。社会商品零售总额反映一定时期内国民经济各部门向消费者出售消费品和向农村出售农业生产资料以及农民对非农业居民直接零售的总额，符合我们分析消费的概念。而且由于是季度数据，因此在有限年份内更容易看到较多变化，从而更容易观察到消费保护对消费的影响。我们对文中的各个变量的描述性统计和解释如表 4-1 所示。

由表 4-1 可见，投诉涉及金额占到社会商品零售额的万分之一以上，结合较高的社会商品零售总额，这个比例并不低。投诉办理率（Process_Rate）平均而言较高，达到 95% 左右；举报办理率相对较低，平均只有 88%；投诉举报合计平均办理率达到 93% 左右。需要注意的是每年涉及消费的举报量只有投诉量的 15% 左右，因此投诉和投诉办理占据消费保护的主体内容。

表 4-1　　　　　　　　变量描述统计及说明

变量	观测数	均值	标准差	说明
Lnsale	744	6.92	1.08	实际社会商品零售总额对数（原单位亿元）
Money_rate	744	1.36	2.14	投诉涉及金额÷零售额×10000
Process_rate	744	0.95	0.08	投诉办理率
Process_suerate	744	0.88	0.27	举报办理率
T_rate	744	0.93	0.10	（投诉＋举报）总办理率
LnGDP	744	7.93	1.03	实际 GDP 对数（原单位亿元）
Lnpop	744	8.10	0.85	总人口对数（原单位万人）
Urban_rate	744	52.63	14.21	城市化率（%）
Insurance	744	23.48	15.79	参加社保人员占总人口的百分比（%）
Dep_ratio	744	34.79	6.53	总人口抚养比（%）
Elder_ratio	744	12.21	2.53	65 岁及以上人口抚养比（%）

变量	观测数	均值	标准差	说明
Junior_ratio	744	22.58	6.39	14 岁及以下人口抚养比（%）
CPI	744	100.34	1.36	消费价格指数累计同比（2009 年基期）
Lnapp	744	8.29	1.29	投诉量对数
Peo	744	927.05	618.86	消费保护人员数（人）
Peo_rate	744	0.22	0.06	每万人消保人员数

注：社会商品零售额、GDP、投诉量、投诉办理率、举报办理率及总办理率、CPI 为季度数据，总人口、城市化率、人口抚养比、社保参与率为年度数据。

消费投诉办理率是本研究的主要兴趣变量，也是本研究具有独特性的数据。下面我们简要对消费投诉及办理率的数据特征进行进一步描述，以作为统计分析结果的背景介绍。

从图 4-1（a）可以看到，近年来消费引发的投诉量不断上升，总体呈现周期性上涨的态势。投诉涉及金额占社会商品零售总额比重也从 2009 年的万分之 0.95 上升到 2014 年的万分之 1.68。但伴随着投诉量的变化，投诉办理率却呈现与投诉量相反的变化趋势。从图 4-1（b）可以看到，投诉办理率近年来是波动下降的，在 2012 年第一季度前不断下降，2012～2013 年第一季度间有所回升，之后又有下降趋势。

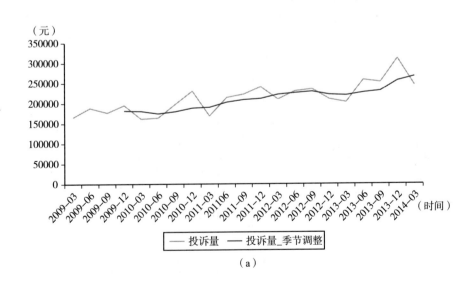

（a）

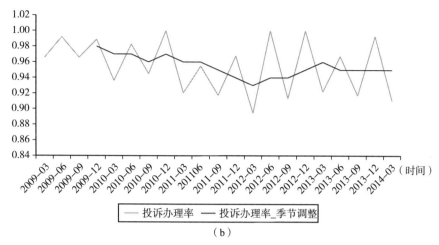

（b）

图 4 - 1 消费投诉量及办理率变化趋势

投诉量的提升正是投诉办理率下降的重要原因。二者简单回归系数为 - 0.0062，在 1% 显著性水平上显著。后文提及的消保人员数量没有随投诉量增加是造成二者负相关的一个原因。

图 4 - 2 描述了全国年度投诉办理率及社会商品零售总额增长率变化趋势。从图 4 - 2 可见，年度的全国消费投诉办理率和投诉举报总办理率近年有轻微下降的趋势。这主要是由于随着社会商品零售额扩大，投诉量相应上升，但是投诉办理量的增长速度低于投诉量的增长速度。对应地，全国社会商品零售总额实际增长率也呈现下降趋势。投诉办理率下降反映了消费保护相对力度下降，图 4 - 2 反映了它和下降的消费增速正相关。其中，投诉办理率和零售额增长率二者相关系数达到 0.94，投诉举报总办理率与零售额增长率间相关系数也是 0.94，两个相关系数都在 1% 显著性水平上显著。这直观上反映了消费保护和消费增长间可能存在相互关联，为我们进一步统计分析提供了基础证据。

投诉量、涉及金额、万人消保人员数以及投诉办理率在各地存在较大差异。我们将投诉地区来源分为华北、东北、华东、中南、西南、西北六个大的地区，表 4 - 2 描述了各个地区的相关数据。从投诉量上看，经济最发达的华东和中南地区投诉量最高，西南西北东北较低。投诉金额占零售额比重较大的地区是西北和华东地区。同时，万人消保人员数较多的地区是西北和中南地区。在投诉办理率方面，西北和西南地区由于投诉量低或万人消保人员数较高而平均值最高，分别是 98.6% 和 97.6%；其次是中南和华东地区，为 95.0% 和 94.8%；华北和东北办理率水平最低，分别是 92.0% 和 91.9%。在波动程度方面，使用变异系数（变异系数＝标准差/均值）反映标准化的波动大小。可以看到，华北、东北的变异系数最高，都在 0.09 以上，波动最大；中南华东次之，分别为 0.081、0.062；西北和西南地区最低，在 0.05 以下，波动最小。各地区内部的投诉办理率也都存在一定的差异，这些差异有利于我们观察消费保护力度变化对消费的影响。

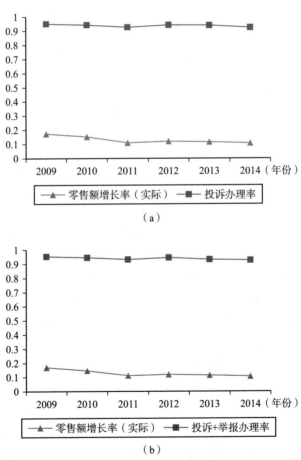

（a）

（b）

图 4 - 2　投诉办理率（a）、投诉举报总办理率（b）和
实际社会商品零售额增长率

表 4 – 2　　　　　　　　投诉量、涉及金额及办理率地区差异

地区	投诉量		投诉金额/零售额		万人消保人员数		投诉办理率		
	均值	标准差	均值	标准差	均值	标准差	均值	标准差	CV
华北	5891	4858	0.899	1.335	0.220	0.048	0.920	0.088	0.096
东北	3089	1832	0.527	0.535	0.212	0.062	0.919	0.088	0.095
华东	12002	8866	1.517	1.891	0.195	0.041	0.948	0.059	0.062
中南	12085	10963	1.136	1.519	0.246	0.045	0.950	0.077	0.081
西南	3616	3943	1.376	1.534	0.188	0.081	0.976	0.048	0.049
西北	3361	3491	2.372	3.828	0.271	0.067	0.986	0.022	0.022

注：投诉金额/零售额单位乘以 10000，CV 代表变异系数。

4.3.2　消费保护影响消费的计量分析方法

我们采用如下面板数据固定效应模型分析消费保护对消费的影响：

$$Y_{it} = \alpha P_{it} + \beta X_{it} + \delta_i + \mu_t + \varepsilon_{it} \qquad (4-1)$$

其中 Y_{it} 代表省份 i 在时间 t 的实际社会商品零售额对数，P_{it} 代表消费保护指标，X_{it} 代表参照已有文献而加入的其他控制变量，包括反映收入增长的实际 GDP 对数，反映生命周期的两类人口抚养比，反映抑制消费不确定性的社会保险参与率，此外还控制了省内城市化率、省内总人口对数、消费累计价格指数。式（4-1）中 δ_i 代表不可观测的省份固定效应，μ_t 表示时间效应，包括年份固定效应和季度固定效应，ε_{it} 代表随机扰动项。这个模型中控制了不可观测的省份和时间固定效应，因此相比于只使用一年横截面数据的回归估计参数更可能得到无偏和一致的估计量。已有文献中提及的一些其他影响因素如基期性别比等能够通过省份固定效应吸收其影响，随着时间企业产品质量等因素变化也能够一定程度被时间固定效应吸收，因此都不在模型中进一步控制。

在使用式（4-1）的方程分析投诉办理率对消费的影响时，虽然控制了众多可观测变量以及不可观测的时间和省份固定效应，仍然可能存在兴趣变量的内生性问题。在式（4-1）中，消费保护的内生性可能来自两个方面：一是 P_{it} 和 Y_{it} 间可能的互为因果，即当消费较多时，有可能由于引致的投诉较多而降低投诉办理率；二是可能的遗漏变量问题，即遗漏同时

与 P_{it} 和 Y_{it} 都相关的变量而导致的 P_{it} 内生性。由于我们控制了双重固定效应和其他代表性变量，本章中第一种内生性来源具有更大的可能性。

处理内生解释变量问题需要寻找合适的工具变量，并进行两阶段最小二乘估计。第一阶段估计方程如下：

$$P_{it} = \gamma Z_{it} + \phi X_{it} + \delta_i + \mu_t + \eta_{it} \tag{4-2}$$

其中 Z 代表选取的工具变量。在本章中，我们首先采用省内每万人消保人员数作为投诉办理率的工具变量。其依据是：每万人消保人员数反映了消费者保护的相对执法力量，可能会直接影响投诉办理率，但消费者并不能直接感受到万人消保人员数这一变量，而是受到消费投诉办理率这一结果影响消费。据调查了解，消保人员由于编制数量受限长期变动缓慢，而人口变动具有外生性，因此万人消保人员数这一变量具有较好的外生性。统计发现，万人消保人员数与投诉办理率间相关系数达到 0.2422（P≪0.01）。除了这个工具变量，我们还使用一个常用的投诉办理率滞后项作为其本身工具变量进行估计。滞后项工具变量由于其发生时间先后顺序而能够较好解决互为因果关系，但是要使用此工具变量要损失较多样本。式（4-2）估计的拟合值作为式（4-1）中解释变量进行第二阶段估计。

另外，为了保证能解决同期的互为因果关系，同时考虑可能的影响滞后性，我们也直接使用滞后的投诉办理率作为解释变量进行式（4-1）的回归估计，并用滞后期的万人消保人员数作为其工具变量进行式（4-2）的估计。这作为后文的一种稳健性分析。

4.4 消费保护影响消费的分析结果

本部分我们报告主要结论。首先，我们使用面板数据固定效应模型估计消费保护对消费影响，报告基本结论。之后，我们通过两个方面进行稳健性检验：第一，我们使用投诉与举报总办理率替代投诉办理率重新估计原方程，观察变量测度稍有变化后的结果稳健性；第二，我们使用上文提到的工具变量方法进行重新估计，以解决潜在的内生性问题。最后，我们考察消费保护对消费影响是否随着时间而变化。

4.4.1　固定效应模型结果

表 4 - 3 报告了固定效应模型估计结果。在表 4 - 3 第 (1) 列中，我们只控制了省份、年度和季度时间固定效应，观察投诉办理率如何影响社会商品零售总额。我们发现投诉办理率高度统计显著正向影响社会商品零售额。第 (2) 列中，我们加入了反映收入的对数实际 GDP、反映人口生命周期的幼年和老年抚养比、反映应对不确定性的社会保险参与率。我们发现投诉办理率仍然显著正向促进消费，但系数有所减小，意味着这些新增变量与投诉办理率有一定相关性。在表 4 - 3 第 (3) 列中，我们进一步加入其他几个可能影响消费的控制变量，发现投诉办理率的显著正向影响仍然保持在 1% 显著性水平下成立，但系数又进一步稍有下降。总体上看，消费投诉办理率与社会商品零售额间弹性大约是 0.053。

表 4 - 3 的第 (4) 列中，我们加入了下文使用的工具变量即万人消保人员数，目的是检查这个变量是否直接影响消费。不直接影响消费是作为工具变量的基本条件。我们发现万人消保人员数的系数是不显著的，并且加入这个变量并不影响兴趣变量的估计显著性。

观察其他控制变量系数，以第 (3) 列为解释依据。我们发现实际收入提高会显著促进消费水平，社会保险的参与会提高消费水平，城市化率提高也会提高消费水平，物价提高会降低实际消费水平，这些都符合理论预期。而在控制这些因素后，幼儿抚养比提高以及人口增加降低实际消费增速，意味着为幼儿储蓄、为未来储蓄动机都可能较强。

表 4 - 3 中 (5) 列报告了直接使用投诉办理率滞后项进行的固定效应模型估计结果，这虽然减少了样本，但能更好控制同期可能的互为因果关系。可以看到，第 (5) 列结果和第 (3) 列结果相比几乎没有发生变化。

表 4 - 3　固定效应模型估计 (被解释变量：Lnsale - 零售总额对数)

变量	(1)	(2)	(3)	(4)	(5)
P_rate	0.110 *** (0.020)	0.066 *** (0.017)	0.053 *** (0.017)	0.052 *** (0.017)	
L. P_rate					0.053 *** (0.020)

续表

变量	（1）	（2）	（3）	（4）	（5）
Lngdp		0.033 *** (0.007)	0.032 *** (0.007)	0.031 *** (0.007)	0.030 *** (0.009)
Junior_ratio		- 0.004 *** (0.0007)	- 0.003 *** (0.0007)	- 0.003 *** (0.001)	- 0.003 *** (0.0008)
Elder_ratio		0.002 ** (0.001)	0.001 (0.001)	0.001 (0.001)	0.001 (0.001)
Insurance		0.002 *** (0.0001)	0.001 *** (0.0002)	0.001 *** (0.0002)	0.001 *** (0.0002)
Lnpop			- 0.153 *** (0.060)	- 0.163 *** (0.062)	- 0.159 ** (0.068)
Urban_rate			0.004 *** (0.001)	0.004 *** (0.001)	0.004 *** (0.001)
CPI			- 0.003 *** (0.001)	- 0.003 *** (0.001)	- 0.005 *** (0.001)
Peo_rate				- 0.023 (0.040)	
年度、季度固定效应	控制	控制	控制	控制	控制
样本量	744	744	744	744	558
R^2	0.990	0.993	0.993	0.993	0.993

注：括号内为稳健标准误，*$p < 0.10$，**$p < 0.05$，***$p < 0.01$。此处 R^2 代表固定效应模型的 within R^2，以后各表相同不再对此解释。L. P_rate 代表 P_rate 的滞后项。

4.4.2　稳健性检验

我们通过两个方面进行稳健性检验，即替代变量方法和工具变量方法。

第一个稳健性检验即替换主要兴趣变量，重新估计的结果如表 4 - 4 所示。由于投诉和举报都涉及消费行为，我们计算二者的加总办理率作为替代单独投诉办理率的新的兴趣变量并重新估计，得到的结果如表 4 - 4 的第（1）~（5）列所示。表 4 - 4 的各列与表 4 - 3 各列一一对应。我们发现，使用加总的办理率仍然得到高度显著的结果，即办理率提高对于消费提高有正向促进作用。

表4-4   替换办理率兴趣变量的固定效应估计
（被解释变量：Lnsale-零售总额对数）

变量	（1）	（2）	（3）	（4）	（5）
T_rate/L. T_rate	0.063 *** (0.014)	0.036 *** (0.012)	0.033 ** (0.012)	0.033 ** (0.012)	0.063 *** (0.020)
其他变量	控制	控制	控制	控制	控制
样本量	744	744	744.00	744	558
R^2	0.990	0.993	0.993	0.993	0.993

注：括号内为稳健标准误，＊p＜0.10，＊＊p＜0.05，＊＊＊p＜0.01。第（1）~（4）列的控制变量与表3中对应。第（5）列变量为 L. T_rate，即总办理率滞后项。

第二个稳健性检验方法是使用工具变量方法重新估计，结果如表4-5所示。表4-5第（1）列我们使用每万人消保人员数这一同期变量作为投诉办理率的工具变量重新估计消费保护对消费影响。每万人消保人员数用来衡量从事消费保护相关工作的相对人力投入情况，图4-3展示了每万人消保人员数的变化趋势，可以看到其随着时间有显著下降趋势（简单回归系数为-0.0000797，在1%显著性水平上显著）。

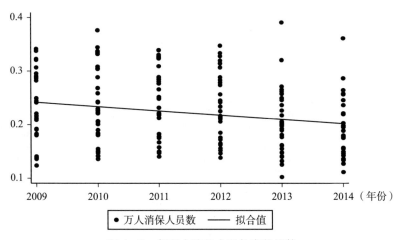

图4-3 每万人消保人员数变化趋势

从表4-5第（1）列估计结果中我们发现每万人消保人员数显著影响投诉办理率，且影响方向符合理论预期。工具变量方法估计的投诉办理率对零售额增长的弹性系数为 0. 121。

在表 4 - 5 第（2）列，我们使用投诉办理率滞后项作为工具变量进行重新分析。表 4 - 5 的第（3）列同时使用每万人消保人员数和滞后投诉办理率作为工具变量进行估计。表 4 - 5 第（4）列使用滞后万人消保人员数为滞后投诉办理率工具变量进行估计。我们发现，各种工具变量估计结果具有较强的一致性：投诉办理率越高即对消费者保护力度越高，社会商品零售总额增速越快。从数值上看，使用工具变量估计结果高于直接使用面板数据固定效应模型估计的表 4 - 3 第（3）列估计结果。但是，使用 Hausman 检验表 4 - 3 第（3）列与表 4 - 5 各列结果系数发现都没有显著差异。以表 4 - 3 第（3）列与表 4 - 5（2）列对比为例，Hausman 检验得到的卡方统计量为 1. 05，对应 p 值接近 1，统计上不显著。这意味着使用工具变量方法估计的结果和基准估计结果没有统计显著差异。

表 4 - 5　　　　　　　　带工具变量的固定效应模型估计

（被解释变量：Lnsale - 零售总额对数）

变量	（1）	（2）	（3）	（4）
P_rate	0. 121 ** (0. 052)	0. 131 *** (0. 050)	0. 077 *** (0. 029)	
L. P_rate				0. 127 ** (0. 058)
其他变量	控制	控制	控制	控制
样本量	744	558	558	558
R^2	0. 993	0. 993	0. 993	0. 993

第一阶段结果

Peo_rate	0. 289 *** (0. 042)		0. 098 *** (0. 032)	
L. Peo_rate				0. 292 *** (0. 101)

变量	(1)	(2)	(3)	(4)
L. P_rate		0.407*** (0.037)	0.688*** (0.262)	
F	46.23	25.08	87.66	40.92
Prob > F	0.00	0.00	0.00	0.00

注：括号内为稳健标准误，*p<0.10，**p<0.05，***p<0.01。第 (1) ~ (3) 列分别代表使用不同工具变量组合的估计结果；第 (4) 列是使用万人消保人员数滞后项作为滞后投诉办理率工具变量估计结果。其他控制变量与表 4 – 3 中第 (3) 列对应。

4.4.3　消费保护影响的时间变动

我们进一步考察是否随着时间变动消费保护对社会商品零售额的影响在变化。在式 (4 – 1) 的基础上，我们加入了各年份与投诉办理率的交叉项 (各季度无差异因此省略季度交叉项)，结果如表 4 – 6 所示。

相比于 2009 年，2010 年投诉办理率的影响没有发生变化。但是，之后各年投诉办理率对社会商品零售总额增长的作用更加显著。这意味着随着时间变化消费保护的价值更加重要。

表 4 – 6　　　　　　　投诉办理率影响随年份变动估计
（被解释变量：Lnsale – 零售总额对数）

项目	Rate_2010	Rate_2011	Rate_2012	Rate_2013	Rate_2014
系数 （标准误）	0.024 (0.059)	0.207*** (0.055)	0.281*** (0.055)	0.308*** (0.053)	0.376*** (0.053)

注：Rate_2010 代表投诉办理率与 2010 年哑变量交叉项，其他类推。投诉办理率与 2009 年交叉项为省略的参照变量。

4.5　讨论和总结

通过上文的理论和实证分析，我们看到在中国消费保护提高对消费增长有统计显著的促进作用。但是，近几年来投诉办理率在下降。本部分我们结合上文的估计说明其经济显著性，并讨论当前投诉办理率下降的可能原因，最后进行简要总结。

4.5.1　经济显著性讨论

结合上文的估计系数，我们按照表4-5第（2）列估计的0.131这一最高估计系数简要说明消费保护这一因素的经济显著性。2009~2014年，全国的加总投诉办理率从97.58%下降到92.62%，年均下降约1%，而社会商品零售额实际值增长率从16.9%下降到10.9%，年均下降1.2%。这样我们可以计算由于投诉办理率下降而能够解释的零售额增速降低的百分比大概为10.91%（0.131×1%/1.2%）。这个数字从相对量上来看不可忽视。

4.5.2　投诉办理率变动趋势及原因

由上文图4-1和图4-2也可以看到，我国消费相关的投诉办理率和投诉举报总办理率有显著下降趋势，这意味着随着消费绝对值增长、相对的消费者保护力度没有跟进。结合表4-5第一阶段回归估计结果，我们知道每万人消保人员数显著正向影响投诉办理率。而由上文图4-3可知每万人消保人员数也在不断下降，此为影响投诉办理率下降的原因之一。我们对原始数据的整理发现，每万人消保人员数下降的主要原因是消保人员数在这些年基本没有增长，甚至部分地区消保人员数量稍微下降，通过调查我们了解到这主要是由于对消保人员编制限制在近年较严，而人口则在不断增长。另一方面，我国的人均收入和消费水平在显著提高，导致的投诉量也在不断增大，而投诉办理率会随投诉量的上升而下降。消保人员数相对下降及消费量提高带来的投诉提高都导致近年投诉办理率有所降低。

4.5.3　经济显著性讨论简要总结及政策含义

消费者消费时获得足够保护对促进消费、倒逼企业产品质量提升乃至提高整个国民消费率和加快产业升级都有一定意义，在当前经济形势下促进消费维持经济发展和繁荣更加重要。由于市场经济制度起步较晚、市场规范度不够以及管理市场经验比较欠缺，很多时候社会上保护企业比保护消费者的意识更强。我国 1994 年才开始施行《消费者权益保护法》，这也一定程度造成了我国消费者保护力度大大落后于发达国家的现状。本研究的分析发现，消费者保护欠缺对我国的低消费有一定的影响。近年来我们明显看到国家加大了对此方面的重视。比如在 2014 年颁布新消费者保护法，扩展了消费者保护内容和力度。这反映了国家在对消费者保护重视程度上的进步，对于营造今后我国健康的消费环境非常重要。

本研究分析还显示，数据覆盖阶段相对的消费者保护力度在下降，表现为投诉办理率及总办理率的下降。每万人消保人员数这一关键指标下降意味着相对执法力度并未随消费量提高而跟进，这不利于消费者保护法规的具体实施。同时，随着人们收入上涨，人们的消费和对应的投诉有可能进一步增加。这些都呼唤政府提高消费者保护程度，制定更完善的法律法规，辅以相应行为助推机制，保持与消费市场同步的消费者保护执行力度。各个地区的投诉量、涉及金额占比、消保人员数和投诉办理率都有一些不同，存在部分不合理现象，比如消费量、投诉量和投诉金额占比较高的华东地区，其消保人员数量相对较低，这使得其投诉办理率相对较低。所以，应该适当在人员编制数量等方面因地制宜调整规模。同时，政府也需要探讨如何向企业推广处理消费者投诉的机制，减轻政府办理的负担。以上这些措施的采取将让我国居民消费更多更好，使我国宏观经济结构更加健康。

第 5 章

平滑收入对消费行为
影响的实验研究[①]

5.1 引　　言

消费是微观经济领域的经典话题，关于消费的影响因素的探讨经历了绝对收入理论、相对收入理论、生命周期理论、持久收入理论的变迁（朱信凯和骆晨，2011）。收入作为消费决策的关键影响因素之一，已经得到了较为广泛和充分的研究。近年来消费决策问题也备受行为经济学家关注，从消费者心理角度出发，研究收入及其以外的影响因素。例如，自我控制、时间贴现、损失规避、公平性和禀赋效应等（Hoch and Loewenstein，1991；Thaler，1981；Bies et al.，1993；Bolton et al.，2003；Novemsky and Kahneman，2018；Kahneman et al.，1991）。而本章探讨的问题是在给定总收入金额不变的条件下，从收入频率的角度上，一次性总付收入和现金流收入对消费者的消费行为和生活满意度等方面的影响。旨在利用收入支付频率相关的行为助推政策，缓解消费者的金钱焦虑、增强消费者的主观福利和健康，这对退休金支付政策和工资支付政策都有一定现实意义。

---

① 本章参考了笔者与 Yu Gao and George Loewenstein 合作的工作论文。

　　传统的生命周期和持久收入理论认为，理性经济人会在一生中平滑其消费，从而达到整个生命周期的效用最大化。然而，班克等（Bank et al.，1998）发现消费者在退休后其消费水平会骤减，并称之为"退休之谜"。这种理论与现实不一致的现象引起了研究者的关注，多国数据表明退休确实会引起消费者支出减少，例如，海德尔和斯蒂芬斯（Haider and Stephens，2007）和阿圭罗等（Aguil et al.，2011）证明了食品消费在退休后是显著下降的。因此，如何保障消费者在退休后的消费水平和主观福利，成为亟待研究的问题。

　　许多国家与政府纷纷出台政策，保障退休居民的养老问题以及消费者福利。大多数的退休保障金是按月发放的。我国于 2009 年推行了新型农村社会养老保险（新农保），基础养老金由中央财政直接支出，每个参保农民在年满六十周岁后就可直接按月领取。张川川和陈斌开（2014）、岳爱等（2013）利用我国数据证明新型农村社会养老保险能够有效降低参保家庭的预防性储蓄、提高消费水平，以及增加主观福利。英国近些年实施的退休金政策是一种新的尝试，英国在 2015 年改革了养老金领取方式，不再强制购买年金，退休员工可选择一次性付款，增加了退休金支取的灵活性（Wiß，2019）。罗伊布等（Loibl et al.，2019）调查发现，更多居民倾向于选择一次性支付养老金，并且罗宾逊和科默福德（Robinson and Comerford，2020）证明了对于退休金一次性支付的偏好是出于对寿命不确定性的考虑。

　　一次性支付和分期支付对消费者的消费行为和健康福利的效果值得探讨。按照以理性假设为基础的传统理论，这两种退休收入的支付频率不影响理性的平滑消费，但行为理论和实验研究显示人们的消费行为不一定符合理性预期，人们对消费的预期和消费时刻的冲动消费或支付痛苦可能形成矛盾，造成人们的过度消费或消费不足（Loewenstein et al.，2003），这可能进一步影响人的幸福感。

　　本研究采用实验的方法，比较一次性总付收入和现金流收入方式下消费者的消费行为、金钱焦虑和幸福感的差异。并在此基础上充分考虑消费者之间的异质性，即消费中的吝啬程度的不同（Rick，Cryder and Loewenstein，2008）。利用 ST－WT 量表将消费者分为"吝啬者""不矛盾者"分别进行比较。本研究的主要贡献在以下几个方面：第一，实验结果检验了不同类型消费者（"吝啬者"和"不矛盾者"）在日常生活中消费行为的不同，检验了 ST – TW 量表的有效性；第二，实验干预有效证明了现金流收入方式对于消费者的影响。消费行为方面，表现在显著增加了穿着类支出。主观情绪方面，有效缓解了消费者的金钱焦虑；第三，本研究在养老金支付方式方面具有重要政策意义。随着我国进入老龄化社会，老年人退休后生活的质量与幸福感成为重要议题。本研究探讨收入的支付方式将在给定收入情况下影响，有助于缓解金钱焦虑，增加人们在经济方面的安全感。

本章其余部分结构如下：5.2 节总结已有研究并评述相关文献；5.3 节介绍了实验设计和实施过程；5.4 节分析了实验结果；5.5 节为结论。

5.2 文 献 综 述

本章主要研究一次性总付收入和现金流收入对消费行为的影响，并且对消费中的不同类型人群（吝啬者和不矛盾者）的消费行为有潜在的差异影响。有关一次性总付收入和现金流收入对消费行为的影响的文献主要集中于退休金年金化选择问题，即退休金以一次性总付或终身年金的方式获取。因此本研究重点关注两个方面，一方面是关于退休金支付方式的研究，另一方面是关于消费者中吝啬者和挥霍者的分布和消费行为差异。

5.2.1 关于现金流收入

研究者关于退休金年金化的热烈探讨早期主要来自于莫迪利亚尼在1985 年发表诺贝尔奖获奖感言时提出的"年金化之谜"。即，除了通过团体保险领取养老金外，年金合同非常少见。面临退休的人，选择将财富年金化的人相对较少。从现象上来看，根据美国政府统计报告（U. S. Government Accountability Office），退休金计划的类型可以影响人们支付方式的选择。确定给付型计划（defined benefit，DB）中过半的参与者选择年金方式支付，而确定缴费型计划（defined contribution，DC）中多数参与者选择一次性付款。并且，1992 ~ 2000 年，有越来越多的退休人员选择将退休金一次性转入个人退休金账户（IRA）。诸多研究讨论了影响年金决策的因素，以解释年金产品需求较低的现象（U. S. Government Accountability Office，2003）。贝希尔等（Beshear et al.，2014）通过调查发现，受访者自我报告的因素中，对晚年收入、支出灵活性和交易对手风险的关注是影响年金决策的最重要的动机。

近年来研究者们所关注的重点，是一次性总付和现金流收入会给消费者带来不同的心理感受，从而影响消费者的决策与偏好。例如，"心理核算"能在一定程度上解释退休金计划参与者的选择。在确定型缴费计划当中，退休人员通常要把他们的退休储蓄账户转入个人退休金账户然后购买年金。在这个购买年金的过程当中，购买者要开一张大支票，才能得到一系列的小支票。消费者会产生放弃账户余额的错觉，进而引发损失厌恶（Benartzi et al.，2011）。其次，格尔茨坦等（Goldstein et al.，2016）发现人们会表现出一种"财富错觉"及其逆转，即在某些情况下一次性总付的钱似乎比现金流支付的钱更充足，或者一次性总付的钱似乎不那么充足。研究结果表明：在低财富水平上，受试者认为一次性收入比月度收入更适合退休生活；而在高财富水平上，受试者认为月度收入比一次性收入更适合退休生活（Goldstein et al.，2016）。此外，布朗等（Brown et al.，2008）对于年金选择时的框架效应研究中发现，如果考虑日后终身消费的消费框架下，更多的消费者会选择年金产品。可见，现金流支付方式更能通过保障消费的方式增加消费者福利。

与此同时，一直以来退休金的储蓄和积累问题研究甚广，在退休后退休金的提取问题被称为"去积累"。"去积累"决策也会直接影响个人福祉，对于这一决策背后动机和心理因素的研究如今也成为一个日益重要的政策性议题（Shu and Shu，2018）。罗温斯坦等（Loewenstein et al.，2003）在生命周期消费模型的框架下中讨论了预测偏差现象，即现实生活中人们实际消费往往比计划的更多（Loewenstein et al.，2003）。因此，预测偏差可能导致储蓄达不到预期。基于这种现象，退休金年金化能够通过提供有保障的收入福利来减少人们对储蓄不足和最终陷入贫困风险的担忧，从而改善人们的福祉。潘尼斯（Panis，2004）发现那些有更高年金化水平的人在退休时更满意，且在整个退休期间都保持着他们的满意度；相比之下，没有终身年金的退休人员的满意度有所下降。同时，Lowenstein 也指出预测偏差可能使某些人产生消费不足问题。本研究在过去研究的基础上，突破退休金问题的框架，利用实验的方法，在更一般的意义上探究两种支付方式对不同消费者的选择行为、幸福感等方面的影响。

5.2.2 消费者类型与消费行为

对消费行为的研究过程中,消费者本身所存在的差异性也应当得到充分关注。例如,消费过程中的情绪反应——支付的痛苦——会直接影响个体的消费行为。据此,瑞克等(Rick et al.,2008)构建了衡量个人在支付痛苦倾向差异的"挥霍—吝啬"(ST - TW)量表并验证了其有效性。吝啬者所感受到的支付带来的痛苦更强烈,会导致消费少于预期;而挥霍者更不能感受到支付带来的痛苦,而导致其消费多于预期。同时,史密斯等(Smith et al.,2018)利用 ST - TW 量表证明了在儿童时期已经能够稳定可靠地报告消费和储蓄时的情感反应。

许多研究者利用 ST - TW 量表分析不同类型消费者的行为差异,例如,"挥霍者"更容易出现强迫性消费的行为(Harnish et al.,2018)、更倾向于超前消费而忽视消费的成本(Thunstrom and Ritten,2019)。因此,在研究消者行为时,消费者类型特征是不可忽视的重要影响因素之一。信用卡消费存在"易钱效应",即由于信用卡中钱来的比辛勤工作要容易,对消费存在刺激作用。翁和林(Wong and Lynn,2017)以餐饮消费为背景考察不同类型消费者的消费行为,发现"挥霍者"确实要比"吝啬者"在晚餐上花费更多。而对受试者进行提示,强调金钱的来源与辛勤工作有关时,两类消费者之间支出的差距被削弱。类似地,现金消费时存在"面额效应",等额的金钱条件下,使用单一大面额(如一张 100 元)表示时,消费的可能性比许多张小面额(如 10 张 10 元)要低。在此基础上,拉格比尔和斯里瓦斯塔瓦(Raghubir and Srivastava,2009)的研究发现,施加自我控制需求(需要储蓄)的情境中,"吝啬者"会更愿意接受大面额的支付,而"挥霍者"的面额选择不受影响。

此外,已经有研究者利用消费时的情绪反应设计助推机制,邓斯特朗等(Thunstrom et al.,2018)研究发现机会成本提醒只能减少"吝啬者"的消费而对其他类型消费者没有影响。因此,这种强调机会成本的助推方式只会减少消费者福利。对于机会成本感知不同的消费者,是否会对收入的现金流形式有不同感知呢?总之,不同消费者在做出消费决策时的情绪和信息处理的过程,具有一定复杂性,仍然需要进一步探究。本研究在一次性总付收入和现金流收入方式对消费者行为影响时，将充分考虑消费者类型差异的因素。

5.3　实验设计和过程

本实验包括两个阶段的田野实验。第一阶段是招募受试者并进行 ST - TW 量表和相关信息的预调查，第二阶段为实验的主要部分，被试将被随机分配在两种不同的支付频率方案中，并持续 10 天填写每日调查。实验于 2015 年 4 月在北京某大学校园进行。

5.3.1　消费者类型的预调查

首先，我们用预调查问卷测量受试者的 ST - TW 量表、消费行为（在校园吃饭的频率、每月津贴、资金资源和频率、财务满意度），并收集了基本的人口统计学变量和接受每日调查的意愿。我们在校园中的不同地点（学生宿舍、食堂、图书馆和报告厅）分发纸质问卷，共收集了 536 份（283 位女性，平均年龄 21 岁）在三天内完成的问卷。

根据预调查 ST - TW 量表的结果，我们将选择 ST - TW 值较低的"吝啬者"和 ST - TW 值在中间水平的"不矛盾者"参与第二阶段的实验。我们预测消费中的吝啬者，更会在消费支付中感受痛苦，因此更能够从流动性收入方式中受益，我们用"不矛盾者"群体作为与之相比较的参照群体。

为了方便后续每日调查问卷的收集，参与预调查的全部受访者均为智能手机用户。其中，愿意参加每日调查的受试者需要提供微信账号，我们将通过微信将后续问卷发送到受试者的手机。此外，愿意并且被随机选中参加每日调查的受试者，会被要求输入以下句子"我保证我每天都会按时回答每日调查"并通过手机中的问卷系统提交。只有通过此种方式做出承诺的受试者，才能够参加每日调查。

5.3.2　收入频率和消费调查

每日调查从 2015 年 4 月 7 日（星期二）开始至 2015 年 4 月 16 日

（星期四），共持续 10 天。共有 135 名学生（51% 为女生）参加了每日调查。参加每日调查的受试者有 69 位是从 ST – TW 标度在 4 ~ 12 之间（吝啬者）随机选择的，其余 66 人是从 ST – TW 标度为 13 ~ 18 之间（不矛盾者）随机选择的。

以上两类受试者会被随机分配到一次性总付实验或者现金流支付实验中。其中，一次性总付实验的受试者在第一天的早晨（7：00 ~ 7：30）在他们的校园卡中收到 200 元，而现金流支付实验的受试者会每天早晨（7：00 ~ 7：30）在校园卡中收到 20 元。付款到账时，关于交易时间和金额的短信会自动发送到接收者的手机。

在每日调查期间，每天下午五点钟我们会向两组受试者发送填写并提交每日调查的邀请，需要受试者通过智能手机在线完成。调查链接从当天下午 5 点到第二天凌晨 2 点开放，如果受试者没有在该时间段提交，我们将把该被试这天的信息记为缺失值。平均每天有 132 人（共 135 人）提交每日调查。

每日调查中，有 6 道测量幸福感的问题和 4 道测量金钱焦虑的问题。同时，调查要求受试者报告自己的消费情况，包括：外出就餐、零食（牛奶、糕点、咖啡、薯片、水果等）、日常用品（化妆品、洗发水等）、衣服鞋子饰品和其他（需注明）。

5.3.3　消费行为数据

我们所关注的问题主要包括以下两个：第一，一次性总付收入者和现金流收入者的消费和感受是否有所不同；第二，吝啬者和不矛盾者的消费和感受是否有所不同。

受试者消费行为可以通过校园卡管理中心的学生卡消费历史数据观察到，而感受是通过每日调查当中自我报告的幸福感和金钱焦虑来衡量的。实验结果与我们的猜想一致，即现金流支付能够缓解受试者的金钱焦虑；同时，实验的效果会受到 ST – TW 量表的影响，ST – TW 量表评分较高的受试者，实验效果较弱（也就是，实验干预对于吝啬者的效果更加明显）。

1. 支出记录

我们获得了连续 30 天的校园卡支出记录：实验前 10 天（3 月 28 日 ~

4 月 6 日），实验期间的 10 天（4 月 7 日 ~ 4 月 16 日），以及实验后的 10 天（4 月 17 日 ~ 4 月 26 日）。支出记录包括每个交易的地点、时间（精确到秒）和金额。

2. 幸福感

该变量从每日问卷调查获得，幸福感可以从两个角度来看待：第一个角度是作为一种情绪（"你昨天快乐吗"），第二个角度是对生活状态的一种评价（"你对你的整个生活满意吗?"）。与预期一致，对整个生活的评价几乎不受 10 天干预的影响。因此，研究当中我们重点关注情绪的差异。根据《世界幸福报告》（2013 年），基于一系列关于当日情绪经历的调查问卷提出了六个问题：

（1）你今天微笑或大笑了吗?
（2）你今天感到过愉快吗?
（3）你今天感到过幸福吗?
（4）你今天感到过担心吗?
（5）你今天感到过悲伤吗?
（6）你今天感到过焦虑吗?

对于每个问题，受试者可以从四个选项中选择：一点也不，一两次，几次，很多次。我们使用前三个问题来构建积极情绪的评分。对于每个问题，受试者通过从 0（一点也不）到 3（很多）这 4 个等级来表示他们是否经历了一种特定的积极情绪。负面情绪的得分也是基于关于负面情绪的三个问题。同样，受试者通过从 3（一点也不）到 0（很多）这 4 个等级来表示他们是否经历了一种特定的负面情绪。因此，无论是积极情绪还是消极情绪，得分越大则表示受试者越快乐。

3. 金钱焦虑

为了衡量受试者对其收入是否充足的评估，我们使用了罗温斯坦、普雷莱茨和韦伯（Loewenstein，Prelec and Weber，1999）提出的金钱焦虑的度量并略有改变。我们要求受试者表示他们是否同意或不同意以下四种说法——按 1 ~ 5 的等级：

（1）"我有足够的钱去做我喜欢的事情"；
（2）"我在决定如何花钱方面遇到了很多困难"；

（3）"我有足够的钱来满足我对食物的需求"；

（4）"我为钱感到焦虑"。

从受试者对这些问题的回答来看，金钱焦虑指数是由问题 2 和问题 4 构建的。分数越高表明人越焦虑。

5.4 结 果 分 析

5.4.1 预调查

实验预调查阶段共收集有效问卷 536 份，问卷询问了受访者的消费行为、ST - TW 量表测试。受试者自我报告的每月支出（不含住房支出）平均值为 1814 元人民币，校园卡中约 36.6%（665 元人民币）被用于在校园吃饭。在校园吃饭的频率是工作日为 0.76，周末为 0.50（1 表示"是"，0 表示"否"）。

由于 ST - TW 评分有 23 个不同的值（范围为 4 ~ 26），参考瑞克、克莱德和罗温斯坦（Rick，Cryder and Loewenstein，2008）的分类：我们将吝啬者定为得分为 4 ~ 11 的消费者，将不矛盾者定为得分为 12 ~ 18 的消费者，将挥霍者定为得分为 19 ~ 26 的消费者。图 5 - 1 展示了 ST - TW 得分的直方图。

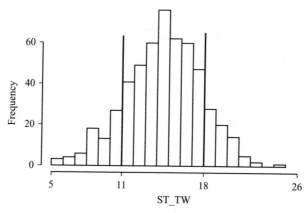

图 5 -1 消费者类型 ST - TW 分值分布

ST - TW 评分的平均值为 15.03 与量表本身均值显著差异（Wilcoxon 检验，p = 0.96）。根据分类，我们的受试者中有 71 个吝啬者（13%），70 个挥霍者（13%），395 个不矛盾者。这与瑞克、克莱德和罗温斯坦（2008）发现的略有不同。他们发现，吝啬者与挥霍者的数量之比为 3∶2，ST - TW 评分的分布显著偏斜（p < 0.001）。当然，他们在文中也提到"吝啬者"是否比"挥霍者"更普遍在很大程度上取决于受试者所来自的人群。

表 5 - 1 列出了支出、性别、财务满意度与 ST - TW 级别之间的关系的检验结果。

表 5 - 1　　　　　　　性别、支出、财务满意度和 ST - TW

项目		吝啬者 N = 71	不矛盾者 N = 395	挥霍者 N = 70
性别（女性 = 1）		0.55	0.52	0.51
每月开支（人民币）		￥1349	￥1830	￥2369
每月卡中消费（人民币）		￥621	￥690	￥640
在校园吃饭的频率（经常 = 1，从不 = 0）	工作日	0.86	0.77	0.62
	周末	0.65	0.50	0.38
财务不确定性 你有多确定在这学期剩下的几个月里保持消费水平？（1 = 很确定，2 = 有点确定，3 有点不确定，4 = 很不确定）		1.35	1.57	1.96
财务充裕性 为了支付令人满意的校园生活的费用，我目前的生活费是：（1 = 非常不足，比我需要的少得多；3 = 足够；5 非常足够，比我需要的多得多）		3.43	3.30	3.07
愿意加入每日调查		95.8%	84.3%	98.6%

从性别角度看，在所有三种类型的受访者中，有 53% 为女性受访者。其中，吝啬者和挥霍者的比例没有显著的性别差异（女性 13.8% 比 13.1%；男性 12.8% 比 12.8%；Pearson's Chi-square 检验，p = 1）。这一现象与 Rick 等（2008）不同，他们发现男性更容易成为吝啬者而不是挥霍者（29% 比 11%）。

从不同类型间比较来看，吝啬者支出低于不矛盾者，不矛盾者支出低于挥霍者（Wilcoxon 检验，两者均为 p = 0.0000）。然而，校园卡的每月支出在三种类型之间没有显著差异（Wilcoxon 检验，三者均为 p > 0.05）。这表明，虽然挥霍者比吝啬者平均每月多花 1020 元，但支出差异并不反映在校园饮食支出上，而是集中在其他领域。而且，无论是工作日还是周末，吝啬者均比不矛盾者在校园吃得更频繁，同时不矛盾者比挥霍者在校园吃得更频繁（Wilcoxon 测试，两者均为 p < 0.001）。考虑到三种类型的受试者在校园卡上的支出没有显著差异，这表明吝啬者的支出低于不矛盾者，不矛盾者的每餐支出低于挥霍者。

也许正是因为挥霍者的月支出最高，吝啬者的月支出最低，自我报告的财务不确定性遵循相反的模式：吝啬者比不矛盾者更确定，他们可以在未来几个月保持消费水平（Wilcoxon 检验，p = 0.02），不矛盾者比挥霍者更确定（Wilcoxon 检验，p < 0.001）。同样，挥霍者比不矛盾者更有可能感到他们的月津贴不足以满足他们的需要（Wilcoxon 检验，p = 0.03），但吝啬者和挥霍者之间的差异虽然方向相同，但并不显著（Wilcoxon 检验，p = 0.34）。

除此之外，一个有趣的现象是，尽管每月支出有巨大差异，但吝啬者和挥霍者在加入每日调查的意愿上没有显著差异（Wilcoxon 检验，p = 0.497），而不矛盾者的加入意愿显著低于其他二者（与挥霍者相比，p = 0.002；与吝啬者相比，p = 0.01）。也许每一组都有不同的动机：挥霍者寻求额外的资金来资助他们更高的支出率，而吝啬者则寻求金钱来缓解他们从花钱中感受到的痛苦。

5.4.2 人们的消费方式不同吗？

我们从预调查受试者库中邀请（几乎）相同数量的吝啬者和不矛盾者受访者参加每日调查。表 5 - 2 中的差异检验无显著性，表明在日常调查中被试样本没有选择偏差。被调查者被随机分配到两个实验设计：一次性总付和现金流支付。因此，实验为 2 × 2 设计。表 5 - 3 显示了每组受试者的人数。

表 5 - 2 选择偏差检验

项目	吝啬者			不矛盾者		
	预调查 N = 121	每日调查 N = 69	差异 (p_value)	预调查 N = 354	每日调查 N = 66	差异 (p_value)
性别（女性 = 1）	0. 46	0. 49	0. 712	0. 48	0. 48	0. 927
支出	¥1438	¥1431	0. 868	¥1862	¥1754	0. 117
卡中消费额	¥633	¥665	0. 351	¥690	¥716	0. 292
财务不确定性	1. 39	1. 29	0. 302	1. 59	1. 74	0. 150
财务充裕性	3. 40	3. 51	0. 450	3. 30	3. 29	0. 946

表 5 - 3 两个实验的受试者人数

项目	吝啬者	不矛盾者
现金流支付实验	38	30
一次性总付实验	31	36

为了观察受试者在使用一次性总付收入和现金流收入进行消费时是否有不同的表现。我们从校园卡记录数据中计算他们的日常支出。图 5 - 2 显示了 30 天的消费历史：包括实验前 10 天（第 1 天 ~ 第 10 天），实验期间 10 天（第 11 天 ~ 第 20 天），以及实验后 10 天（第 21 天 ~ 第 30 天）。

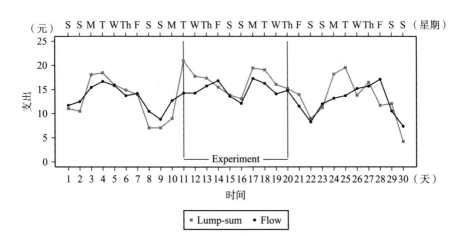

图 5 - 2 30 天的消费历史

支出曲线显示出强烈的工作日效应：在周末，在校园内的支出低于工作日。这一观察与受试者的自我报告的结果是一致的。我们还看到在实验的第一天（第 11 天）受试者在一次性总付实验中的支出有所增加，而在现金流支付实验中增幅不大。并且，在实验过程中，一次性总付实验的支出曲线几乎总是高于现金流支付实验的支出曲线。

表 5 - 4 显示了不同实验的平均支出。据证实，平均而言在实验中一次性总付实验设计中的受试者比现金流支付实验设计中的受试者支出更多（Wilcoxon 双边检验）。

表 5 - 4　　　　　　　　不同实验组的平均（标准误）支出　　　　　　　单位：元

项目	第 1 ~ 10 天	第 11 ~ 20 天实验	第 21 ~ 30 天
现金流支付	13.23 (2.47)	14.95 (1.58)	12.49 (3.17)
一次性总付	12.56 (4.27)	16.80 (2.51)	13.02 (4.50)
差异（p 值）	0.3750	0.0137	0.6953

5.4.3　吝啬者与不矛盾者的消费

为了观察吝啬者和不矛盾者对实验的反应是否不同，我们绘制了在所观察的 30 天内的校园卡消费情况，如图 5 - 3 和图 5 - 4 所示。

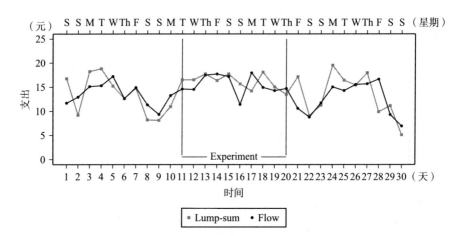

图 5 - 3　吝啬者的消费历史

从图中能够很明显地看出，吝啬者对实验处理没有太大的反应，而一次性总付实验中的不矛盾者在实验的第一天（第 11 天）和下星期一（第 17 天）在实验中有很大的增进作用。我们在图 5 - 2 中观察到的支出差异主要是由实验对不矛盾者的影响驱动的。

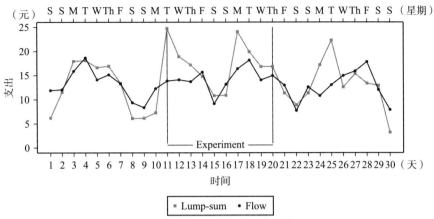

图 5 - 4　不矛盾者的消费历史

支出每天的差异可能是由于校园就餐频率的差异，或/和每顿饭的支出差异（因为一天的支出＝当天在校园吃饭的频率每顿饭的支出）。因此，我们通过检查受试者在早餐时间（5：00～10：59）、午餐时间（11：00～15：59）和晚餐时间（16：00～24：00）的交易记录来计算每个受试者在特定一天在校园就餐的频率。例如，如果一个受试者在早餐和午餐时间而不是在晚餐时间有交易记录，那么那天在校园就餐的频率是 2。然后，每顿饭的花费是通过当天的花费除以频率来计算的。

图 5 - 5 和图 5 - 6 分别显示了吝啬者和不矛盾者在校园中就餐的频率。

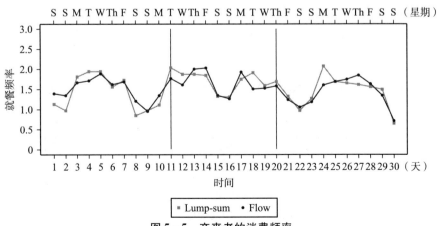

图 5 - 5　吝啬者的消费频率

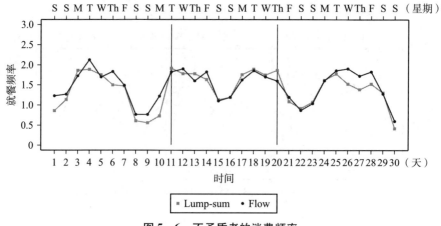

图 5 - 6 不矛盾者的消费频率

从图 5 - 5 和图 5 - 6 我们观察到人们周末在校园里就餐不是很频繁。然而，无法观察到可见的实验影响。

图 5 - 7 和图 5 - 8 给出了每餐支出的曲线。一个值得注意的现象是，在图 5 - 7 中第 15 天和第 16 天有一个高峰，表明吝啬者在周末增加了他们每餐的开支。然而在图 5 - 8 中没有观察到这样的效果。第 11 天的激增仍然很明显，因此第 11 天吝啬者的巨大实验差异可以归因于他们在这一天的每餐支出增加。

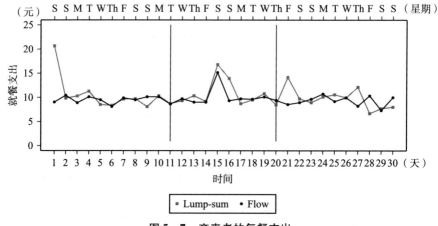

图 5 - 7 吝啬者的每餐支出

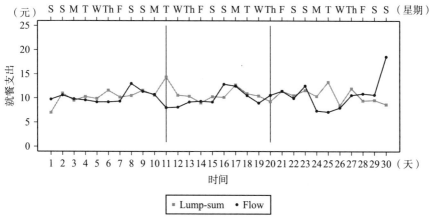

图 5－8　不矛盾者的每餐支出

从消费均值中，我们没有识别支付频率对吝啬者的显著影响。为了控制个体特征进行分析，表 5－5 提供了回归结果。对于每一个受试者，我们都有 30 天的消费历史。因变量是每天的支出（以人民币为单位）。由表 5－5 可以看出，三种模型的系数是相同的。ST－TW 评分与实验期间的交互项和现金流支付与在实验期间的交互项的显著性水平略有不同。男生每天花在食物上的钱比女生多 3.18 元人民币。在星期六和星期日，校园卡的支出减少了。该结果与预调查中的自我报告一致。

表 5－5　　　　　　　　　　　　面板数据的回归结果

项目	模型 1		模型 2		模型 3	
	系数	p 值	系数	p 值	系数	p 值
ST－TW 评分（范围 5～18）	－0.12	0.5809	－0.12	0.3913	－0.12	0.3691
实验设计（现金流支付 = 1）	1.18	0.7687	1.18	0.6073	1.18	0.6043
实验期间（第 11～20 天 = 1）	－4	0.1275	－4	0.2243		
ST－TW×现金流支付	－0.11	0.7239	－0.11	0.5353	－0.11	0.5241
ST－TW×实验期间	0.51 **	0.0069	0.51 *	0.032	0.51 *	0.036
现金流支付×实验期间	7.05 *	0.0463	7.05 ·	0.0771	7.05 ·	0.0751
ST－TW×现金流支付×实验期间	－0.68 *	0.0106	－0.68 *	0.0227	－0.68 *	0.0244
星期二	1.47 ·	0.053	1.47 ·	0.069		

续表

项目	模型 1		模型 2		模型 3	
	系数	p 值	系数	p 值	系数	p 值
星期三	-0.51	0.5028	-0.51	0.5289		
星期四	-0.38	0.6138	-0.38	0.6354		
星期五	-1.03	0.1699	-1.03	0.1972		
星期六	-4.54 ***	0	-4.54 ***	0		
星期天	-5.39 ***	0	-5.39 ***	0		
性别（男性 =1）	3.18 ***	0.0003	3.18 ***	0	3.18 ***	0
（截距）	14.95 ***	0	14.95 ***	0		

注：1. 模型 1 为随机效应模型。模型 2 是个体误差聚类的 OLS 回归。模型 3 是固定效应模型。
2. 显著性标注：*** <0.001；** <0.01；* <0.05；· <0.1。

在实验的 10 天内（实验期间 =1），ST - TW 分数增加一分会导致支出增加 0.51 元人民币。实验（现金流支付 × 实验期间）对日常开支有 7.05 元人民币的巨大影响。然而，ST - TW 分数对现金流支付的实验结果有负面影响（ST - TW × 现金流支付 × 实验期间）。受试者花钱消费难度越小（ST - TW 分数越高），现金流支付的治疗效果越小。

图 5 - 9 显示了在 30 天的消费历史中所有受试者的支出频率直方图。总共 135 名受试者在 30 天内进行了 10049 次交易（平均每人每天 2.48 次）。交易有三个高峰时间：7：00 ~ 8：00，11：00 ~ 12：00，17：00 ~ 18：00。因此，我们将受试者的交易分为三个时间段：我们总结在 11：00 之前发生的交易作为早餐支出，11：00 ~ 16：00 作为午餐支出，在16：00 之后作为晚餐支出。

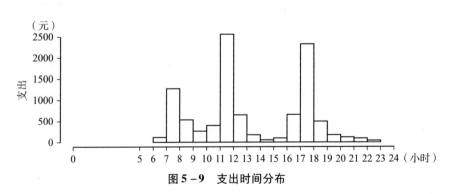

图 5 - 9　支出时间分布

随后，我们分别对早餐、午餐和晚餐进行了相同的面板分析。表 5 - 6 展示了相应的回归分析结果。结果表明，现金流支付频率实验只对早餐和午餐的消费有影响。

表 5 - 6　　　　　　　　早餐、午餐和晚餐消费的回归结果

项目	早餐		午餐		晚餐	
	系数	p 值	系数	p 值	系数	p 值
ST - TW 评分（范围 5 ~ 18）	0.05	0.5253	- 0.12	0.272	- 0.04	0.7309
实验设计（现金流支付 = 1）	2.85 *	0.0393	- 0.44	0.836	- 2.11	0.3426
实验期间（第 11 至 20 天 = 1）	- 1.73	0.0773	- 3.52 *	0.037	1.25	0.4806
ST - TW × 现金流支付	- 0.21 *	0.0401	0.03	0.8406	0.17	0.3074
ST - TW × 实验期间	0.13 ·	0.057	0.34 **	0.0055	0.04	0.7573
现金流支付 × 实验期间	2.18 ·	0.0986	4.98 *	0.0284	- 0.5	0.8332
ST - TW × 现金流支付 × 实验期间	- 0.17 ·	0.0874	- 0.44 *	0.0109	- 0.03	0.8672
星期二	1.04 ***	0.0003	0.76	0.121	- 0.27	0.6021
星期三	0.66 *	0.0196	0.11	0.8193	- 1.26 *	0.0137
星期四	0.59 *	0.0375	0	0.9922	- 1.01 *	0.0474
星期五	0.89 **	0.0015	- 0.32	0.5049	- 1.62 **	0.0014
星期六	- 0.51 ·	0.0556	- 1.18 *	0.0101	- 2.88 ***	0
星期天	- 0.14	0.6087	- 2.04 ***	0	- 3.13 ***	0
性别（男性 = 1）	- 0.05	0.87	1.01 *	0.029	2.63 ***	0
（截距）	1.45	0.1662	6.87 ***	0	6.42 ***	0.0002

注：1. 回归使用随机效应模型。
2. 显著性标注：" *** " < 0.001；" ** " < 0.01；" * " < 0.05；" · " < 0.1。

5.4.4　自我报告的支出

除校园卡消费数据外，我们还在每日调查中询问了其他消费支出。表 5 - 7 显示了在每日调查中自我报告支出的面板回归。我们询问了 5 类：外出就餐，零食，日常用品，穿着和其他。表 5 - 7 报告了前 4 类面板回归系数以其总和。我们观察到在零食、日常用品（化妆品，洗发水等）和

表5-7

每个类别的回归结果

项目	外出就餐		零食		日常用品		穿着		四个类型的总和	
	系数	p值	系数	p值	系数	p值	系数	p值	系数	p值
ST-TW评分（范围5~18）	0.86**	0.0061	0.23·	0.0682	-0.09	0.5243	0.86	0.1766	1.85*	0.0129
实验设计（现金流支付=1）	7.59	0.2166	2.43	0.2538	-0.3	0.916	46.45*	0.0201	56.32*	0.0128
ST-TW × 现金流支付	-0.46	0.346	-0.21	0.1954	-0.02	0.927	-3.26*	0.0305	-3.96*	0.0198
星期二	-1.29	0.5325	0.99	0.3159	0.31	0.8098	1.11	0.756	1.12	0.8159
星期三	0.17	0.928	0.13	0.8806	1.06	0.6308	6.26	0.2034	7.74	0.1919
星期四	0.22	0.9231	-0.1	0.9062	1.75	0.3231	4.71	0.3572	6.77	0.2836
星期五	3.12	0.3332	1.14	0.3353	-0.08	0.9567	8.56	0.3347	12.73	0.1961
星期六	10.96**	0.0037	-0.57	0.5759	0.17	0.8999	-3.17	0.2966	7.4	0.1717
星期天	8.22*	0.0125	-0.28	0.8148	2.16	0.2983	12.77	0.1048	22.86*	0.013
性别（男性=1）	1.08	0.4396	-1.06*	0.0317	-3.12**	0.0043	-13.31***	0.0003	-16.38***	0.0002
（截距）	-3.19	0.4332	3.09·	0.0686	5.21*	0.036	-2.38	0.7829	2.68	0.7939

注：1. 个体误差聚类的 OLS 回归。随机效应模型和固定效应模型给出了相似的结果。
　　2. 显著性标注：" *** " <0.001；" ** " <0.01；" * " <0.05；" · " <0.1。

穿着中男性的花费明显少于女性。结果显示，首先，ST - TW 评分对四个
类型的支出总和有积极的影响。同时，现金流支付的实验干预对穿着支出
和 4 个类型的支出总和有着显著的影响。其次，受试者会在星期天开支更
多。最后，现金流支付实验的效果随着 ST - TW 评分的增加而降低。结果
与我们的理论预测相一致。

5.4.5　人们有不同的感觉吗？

为了研究实验干预对受试者幸福感的影响，我们对幸福感指数进行了
面板回归。由于幸福感指数是从每日调查构建出来的，所以只得到了实验
中 10 天的每日数据，而不像消费历史能够获得 30 天的数据。自变量包括
校园卡的日常支出、性别、实验设计、ST - TW 评分以及 ST - TW 评分与
实验设计之间的交互项。它们对幸福感指数没有任何显著影响（所有系数
均为 $p > 0.3$）。由此可见，实验干预对于受试者的幸福感并没有显著影
响。但是，每日调查中的金钱焦虑指数揭示了一些有意义的发现。表 5 - 8
显示了面板回归结果。回归显示吝啬者（较低的 ST - TW 评分）在一般情
况下有更高的金钱焦虑，现金流支付实验设计可以缓解金钱焦虑。因此，
吝啬者（较低的 ST - TW 评分）能够更多地受益于现金流支付实验设计。
在随机效应模型（模型 2）中，实验干预的效应虽然减弱但是依然存在。
此外，校园卡中的每日支出对金钱焦虑没有影响。

表 5 - 8　　　　　　　　　　　　　金钱焦虑的回归结果

项目	模型 1		模型 2		模型 3	
	系数	p 值	系数	p 值	系数	p 值
卡中消费	- 0.01	0.1398	- 0.01	0.1472	- 0.0087	0.127
ST - TW 评分（范围 5~18）	- 0.08 *	0.034	- 0.07	0.3922	- 0.08 *	0.0319
实验设计（现金流支付 =1）	- 2.84 ***	0	- 2.74·	0.0908	- 2.84 ***	0
ST - TW × 现金流支付	0.25 ***	0	0.24 *	0.0499	0.25 ***	0
星期二	- 0.13	0.6577	- 0.13	0.5139		
星期三	- 0.22	0.4654	- 0.21	0.2796		
星期四	- 0.18	0.5508	- 0.15	0.4355		

项目	模型 1		模型 2		模型 3	
	系数	P 值	系数	p 值	系数	p 值
星期五	− 0. 03	0. 92	− 0. 01	0. 9575		
星期六	0. 1	0. 7928	0. 16	0. 4889		
星期天	0. 09	0. 8087	0. 14	0. 54		
性别（男性 = 1）	0. 14	0. 36	0. 15	0. 6968	0. 14	0. 3571
（截距）	8. 02 ***	0	7. 94 ***	0		

注：1. 模型 1 为个体误差聚类 OLS 模型。模型 2 是随机效应模型。模型 3 是固定效果模型。
2. 显著性标注：" *** " < 0.001；" ** " < 0.01；" * " < 0.05；" · " < 0.1。

5.5　结　　论

　　本章主要研究了一次性总付收入和现金流收入对不同类型消费者（吝啬者和不矛盾者）消费行为的影响。本研究借助 ST – TW 量表将消费者分为吝啬者和不矛盾者，同时设置不同的支付频率作为实验干预，设计了一个 2 × 2 田野实验。与预期结果一致，实验表明，流动收入支付能够有效缓解吝啬者的金钱焦虑，对其他类型的消费者的作用随着 ST – TW 评分的递增而减弱。虽然不同类型的消费者的消费行为存在一定的基础差异，我们的实验结论仍然可以说明，选择年金化的支付方式可以缓解消费者对于收入的焦虑和不安全感，进而增加消费者福祉。但是，其中消费的心理动机和情绪作用的具体机制还有待探索，还存在诸多细节本研究未能揭示。

　　总之，消费者的消费决策过程十分复杂，是理性决策与情绪作用的共同结果。本研究证明了年金化支付方式在增加消费者福利方面是有重要作用的，未来可以据此设计助推政策来增加人们的长期福祉。

第 6 章

相对收入和收入不平等
对消费的影响研究
——基于中国农村的证据①

6.1 引　言

依据传统经济学原理，个人效用水平取决于绝对收入水平和绝对消费水平，然而已有研究证明当人们优于其他人时也会获得正效用。伊斯特林（Easterlin，1974，1995）研究表明在西方国家，尽管人均国民生产总值提高了很多，但平均幸福感却没有发生变化。另外，一些针对发达国家和发展中国家的研究表明，个人相对收入和个人主观幸福感之间存在正相关关系（如 Clark and Oswald，1996；McBride，2001；Luttmer，2005；Clark et al.，2008；Knight et al.，2009；Knight and Gunatilaka，2010）。

将相对收入纳入效用函数中对于分析家庭和个人的消费储蓄决策有重要影响。杜波尔和刘（Dupor and Liu，2003）研究表明，追求社会地位或攀比跟风等想法会提高消费的边际效用，同时会造成负外部性，使其他人

① 本章参考了：Sun，Wenkai and Xianghong，Wang. Do Relative Income and Income Inequality Affect Consumption? Evidence from the Villages of Rural China [J]. The Journal of Development Studies，2013，49（4）.

产生嫉妒和不快乐的心理。弗兰克（Frank，2005）也建议用税收救济方案来减缓消费的外部性。因此，对家庭相对消费的微观分析对于宏观经济学研究和制定促进经济发展、提高社会福利的政策有重要意义。

相对消费水平的研究对于当今中国也有重要意义。现在中国正处于高速经济增长期，低消费水平、高储蓄率与收入差距过大相生相伴（Modigliani and Cao，2004；Kuijs，2005），有学者据此认为低消费的产生原因是收入差距和对社会地位的寻求。金等（Jin et al.，2011）学者研究发现，由省级基尼系数衡量的收入不平等状况会对城镇家庭消费率产生消极影响，然而另一些学者的研究结论与此相反（Dupor and Liu，2003；Frank et al.，2005）。为了增加税收、促进经济发展、增加福利等目的，政府经常会针对消费行为制定公共政策，所以理解相对收入和相对不平等状况对消费的影响尤为重要。

本章使用2003~2006年间的中国农村家庭面板数据，研究社区收入不平等状况以及家庭相对收入状况对消费倾向的影响。我们假设家庭收入在村落中的相对位次越高，家庭消费率越低；且这种差距随着社区收入不平等状况的增大而增大。本章的创新性有如下几点：

第一，大部分针对中国家庭消费和储蓄的研究从宏观数据和生命周期理论入手（如Modigliani and Cao，2004），本研究提供了一个从微观上研究分析中国农村家庭消费模式的新方法。

第二，本研究创新性地使用家庭面板数据，并结合农村特征，便于分析一个社区中的相对消费情况。已有的相对收入研究多使用省级或国家数据（Jin et al.，2011；Ling，2009；Kosicki，1987；Abdel – Ghany et al.，2002），而我们的研究使用乡村社区作为研究单位，能够得到更为细致的收入位次情况，从而获得更多样本量。

第三，我们创新性地研究了相对收入位次和收入不平等状况对消费的影响。我们使用了两种排序方法，既考虑到相对收入名次，又考虑到家庭间的收入差距。我们的研究发现，在给定的绝对收入水平下，家庭消费率与相对收入位次负相关，与村庄的收入不平等情况正相关。

本章的第二部分是相对收入方面的文献综述。第三部分是研究方法阐述，第四部分是数据描述性统计和实证分析，第五部分是分析结果，第六部分是总结。

6.2　文　献　综　述

关于相对收入影响的研究最早可以追溯到维布伦（Veblen，1899）和杜森贝里（Duesenberry，1949），后者研究发现与他人的攀比会导致较高的消费水平，这种现象对于在收入分布中处于底端的家庭尤为突出。之后众多学者的研究致力于将相对收入纳入消费函数中，并探究社会地位攀比对总消费和经济增长的影响（如 Dupor and Liu，2003；Stark，2006；Palley，2010）。通常认为，在既定收入水平下，位次越低的家庭消费率越高。高排位家庭的消费率和低排位家庭消费率之间的差距随着相应家庭收入差距的扩大而扩大；总体消费水平会随着收入不平等的加剧而增大。

有研究表明，在给定的绝对收入水平下，相对收入水平和消费率具有负相关关系。布拉迪和弗里德曼（Brady and Friedman，1947）认为社区中家庭消费水平差异更多取决于相对收入而不是绝对收入。科西奇（Kosicki，1987）和阿卜杜勒－加尼等（Abdel－Ghany et al.，2002）使用省级（州）收入排名数据进行研究，发现在给定绝对收入水平的条件下，相对收入与平均储蓄倾向成反比。这些研究的局限之处在于使用了横截面数据，而不是面板数据；相对位次的比较单位是省（州）级，而不是更精细的社区级别。此外，上述研究在收入排名的衡量上没有考虑家庭之间的收入差距，后续有学者通过使用不同的收入排名方法，同时考虑收入排名和收入差距，考察收入不平等状况弥补了这一局限（如 Stark and Yitzhaki，1988；Deaton，2001；Wildman，2003）。

通常，如果一个家庭发现自己的家庭位次较低，与其他高收入家庭差距很大时，会更倾向于多进行"面子消费"。如果家庭之间的收入水平差距不大，这种现象就不显著，因此高水平的收入不平等状况会加剧家庭之间的攀比，促使同一社区中的居民消费倾向提升。弗兰克等（2005）指出，美国收入不平等程度较高的郡县，房价中位数、个人破产率和离婚风险往往也较高。他们通过模型分析发现高收入者支出的增加会对中等收入者产生间接向上的压力。例如，如果高收入者建造了更大的住房，会改变收入略低的人对于合意住房面积的参照系。斯塔克（Stark，2006）认为，在保持经济总量不变的前提下，基尼系数的增大会助长攀比风气，刺激经济增长。

部分学者使用相对收入理论来解释不平等与消费之间的负相关关系。科尼奥和奥利维尔（Corneo and Olivier，2001）认为，财富水平的离差越大，即不平等程度越大，相对贫穷的人会更缺乏信心追赶相对富有的人，相对富有的人也就无须努力去维护地位，从而所有人积累财富的动机都更弱。金等（Jin et al.，2011）使用中国城镇家庭调查数据研究发现，省级基尼系数越高，城镇家庭消费越低，因为他们要储蓄更多来强化未来的社会地位。这与哈巴（Harbaugh，1996；2004）和托切（Toche，2003）研究结果一致，他们认为由于消费的示范效应，收入的增加会导致更多储蓄。因此，相对收入和不平等状况对消费的影响与研究对象所处的经济发展阶段有关，具体关系有待进一步探究。中国城镇和乡村具有不同的经济发展水平，因此相对收入和不平等对城镇和乡村家庭消费的影响可能是不同的。

还有一些学者研究了人们对于相对收入参照标准的选择问题。根据演化理论，人们往往会选择与自己水平比较相近的人群作为参考标准（Frank，2005），关于主观幸福感的研究证实了这一点。奈特等（Knight et al.，2009）和奈特和古纳提拉卡（Knight and Gunatilaka，2010）在中国乡村进行的一项调查表明，大部分的受访者（68%）会与邻居或村里的朋友比较，以衡量自己的幸福程度。在同一个群体中，消费行为的参考标准与幸福感的参考标准很可能是相同的。

由于乡村居民有较为集中的生活环境和较为紧密的社会关系，在乡村中进行相对消费研究具有便利的条件。布朗等（2011）使用中国偏远村庄的家庭面板普查数据研究发现，中国乡村家庭的消费状况与他们对社会地位的追求密切相关；但是居民们的关注点集中在礼物赠予、丧葬等特定的社会活动上。凌（Ling，2009）的研究表明，收入不平等和相对贫困状况对中国乡村老年人的健康有显著影响。但是尚未有研究直接关注一个村庄内的相对收入位次和家庭消费的关系。

阿卜杜勒-杜尼等（2002）、科西奇等（1987）、金等（2011）学者的研究与我们的研究相近。前两者关注收入排序对消费的影响，后者关注收入不平等对消费的影响。但是以上研究都缺少社区信息，对于相对收入和不平等的衡量停留在省级单位；而人们选择的参照标准往往是同一个社区中的身边人。另外，这些研究或关注相对收入位次，或关注收入不平等，缺少对二者的综合考量。

持久收入理论（Friedman，1956）认为消费支出取决于持久性收入；生命周期理论（Modigliani，1970；Modigliani and Cao，2004）认为人们在不同的生命周期具有不同的消费率，中年时期的储蓄率高于青年和老年。阿尔皮扎尔等（Alpizar et al.，2005）研究指出，绝对收入和相对收入对于消费都有重要影响。帕利（Palley，2010）则综合绝对收入、持久收入和相对收入进行分析，这有助于我们在实证分析中控制关键因素。

6.3　研　究　方　法

我们的研究基于家庭和社区层级、综合考虑了家庭持久性收入、相对收入以及社区收入不平等的影响。我们首先使用帕利（2010）的模型来解释绝对收入、相对收入和收入不平等对消费的影响。帕利（2010）构造了一个相对持久收入模型，其中包含了凯恩斯（Keynes，1936）的绝对收入理论、弗里德曼（1956）的持久收入理论和杜森贝里（1949）的相对收入理论。在模型中，家庭的消费支出由下式决定：

$$C_{it} = c(Y_{it}/Y_t)Y_{it} \quad 0 < c(\cdot) < 1, \ c' < 0 \qquad (6-1)$$

其中边际消费倾向取决于家庭的可支配持久性收入与平均的可支配持久性收入之比（$Y_{i,t}/Y_t$）。模型假设相对收入位次对家庭消费倾向有负向影响。帕利（2010）认为收入不平等会导致高收入家庭和低收入家庭的消费率差距变大，这意味着相对位次对消费的负向影响会随着收入不平等程度的增加而增加。这提示我们在分析中要考虑收入不平等和相对位次的交互影响。

对于由 $Y_{i,t}/Y_t$ 表示的相对位次的影响，已有实证文献通过简单的收入排名和其他测度方法来进行研究（Kosicki，1987；Abdel - Ghany et al.，2002；Stark and Yitzhaki，1988）。斯塔克（2006）依据社会地位寻求理论，在研究中阐述了相对收入排名和收入不平等水平的重要意义。首先考虑一个简易模型，模型中只有两个个体，两种收入分配方式（100，200）和（100，101），个体 1 收入排名较低，且倾向于比个体 2 的消费率更高。此外，个体 1 在第一种分配中会比在第二种分配中付出更多努力来寻求社会地位。

然后增加模型中的个体数，我们假设一个叫作 Kohn 的人家庭持久性收入是 2000，他和 Lohn、John 住在同一个社区中，三人有四种可能的收入配置方式：

A：1500，2000，2500

B：1000，2000，3000

C：2000，2500，3000

D：2000，2900，3000

基于帕利（2010）的理论，我们假设 Kohn 绝对收入为 2000，那么他在 A 和 B 两种配置结构中的收入位次相同；但是 B 配置更加不公平，John 在 B 中拥有 3000 高于 A 中的 2500，这对于 Kohn 造成了更大的消费压力。比较 B 和 C，Kohn 在 C 中位次最低，比在 B 中有更大的支出压力。就 C 和 D 来说，由于 Kohn 在 D 中与另外两位邻居比差距更大，所以他在 D 中有更大的消费激励。综上，Kohn 在四种配置中的消费激励从大到小是 DCBA。

6.3.1　温和家长制的原则相对位次的度量

我们使用两种方法衡量家庭在社区中的相对收入位次。

第一种方法是标准化的排名方式（Rank），科西奇（1987）和阿卜杜勒 - 加尼等（2002）在省级层面上使用过。我们对社区（在我们的研究中使用的单位是村庄）中所有家庭的净年收入进行排序，收入最高的家庭序号最大，然后用每个家庭的序号数除以总家庭数，即最大序号标准化为 1。最终的家庭 Rank 即家庭在社区中的百分位次。科西奇（1987）认为，使用社区单位能够增加排序变量的变化度，优于使用省级单位。例如，在一个社区中，收入 10000 可能对应的第 50 个百分位次，在另一个社区中可能对应第 40 个，这种不同的百分位次更有利于我们的研究。

第二种方法 RD 指标综合考虑了家庭收入的相对位置及其与更高收入家庭之间的绝对收入差距。斯塔克和伊兹哈奇（1988）、斯塔克和泰勒（1991）、迪顿（Deaton，2001）和怀尔德曼（2003）等学者都使用过指标 RD 衡量家庭相对收入位次，不同学者之间略有不同。我们是首次使用 RD 指标来研究消费行为。我们在本研究中使用的是斯塔克和伊兹哈奇（1988）的指标算法，然后用 Deaton 的算法进行了稳健性检验。最终结果发现上述三种指标算法得到的结果一致。

斯塔克和伊兹哈奇（1988）的 RD 指标公式如下：

$$RD^i = \int_{y^i}^{y^h} g[1 - F(x)]dx \qquad (6-2)$$

其中 y^i 是家庭的收入、y^h 是社区的最高收入。为了简化，我们令 $g[1 - F(x)] = 1 - F(x)$。公式（6-2）右侧的积分可以被分解成收入高于该家庭的那些家庭的所占比例乘以超额收入均值。迪顿（2001）的算法是将上述 RD 值除以社区平均收入值。

6.3.2 实证研究方法

我们研究的创新点之一是使用了面板数据，使用如下函数计算家庭消费率：

$$C\_rate_{it} = f(income_{it}, \; rank_{it}, \; gini_{vt}, \; control_{it}, \; year_t, \; h_i) + \varepsilon_{it} \quad (6-3)$$

其中 h_i 表示家庭的固定效应，控制变量包括家庭规模、户主性别和年龄以及年份虚拟变量。我们使用了 Hausman 检验确定了固定效应优于随机效应。C_rate 衡量消费除以持久收入的关系，其中持久收入是通过固定效应模型预测的家庭年度净收入，模型考虑了户主的年龄、性别、受教育程度、健康状况以及家庭的规模和劳动力情况。科西奇（1987）曾使用这个模型预测家庭持久收入和储蓄率。

我们主要关注的变量是家庭实际持久收入、相对收入位次和村庄的不平等状况，在接下来的部分中进行详细分析。控制变量包括具体家庭特征，以能够反映不同生命周期的不同消费特点。

6.4 数据描述性统计

实证研究采用的数据来自中国农业部农村经济研究中心（RCRE）数据库，该调查自 1986 年开始，我们使用的是 2003~2006 年的数据。该调查每年覆盖的家庭样本数为 15000~20000 户，属于样本量较大的面板数据。该调查包含复杂的家庭信息，如年度收入、年度各类消费支出、家庭成员基本特征等。调查包含的乡村数在 2003~2006 年四年间分别是 322、298、233 和 273 户，平均每个乡村包括 63 户家庭。

RCRE 数据库将家庭消费支出分为总支出和 11 个类别的支出，数据来自每天记录的家庭收入和支出情况，更加精确和可信。我们将收入和支出数据使用 2003 年每个省的消费价格指数进行平减，用年度总支出除以年度净收入得到家庭消费率。我们按照上述方法计算了家庭消费率，又计算了六个易引起炫耀性消费类别（住房、教育、服装、餐饮、旅游、耐用品消费）的家庭消费率。我们省略了一些不太容易引起攀比和地位追求的消费类型，这种选取方法得到了一些已有研究的支持（Pollak，1976；Frank，1985，1999；Alpizar et al.，2005）。我们首先使用总量进行研究，然后分类分析。有一些类型的支出比如住房和教育并不是一般意义上的消费品，但是体现了人们对未来的社会地位的寻求，所以我们将这些类型考虑在内。

除了数据库中给出的年度总支出数据 C_rate1，我们使用两种不同的核算方法得到改良的总消费数据。第一，由于住房和耐用品发生一次消费即可以满足较长一段时间的需求，不需要再次消费，因此我们计算出四年的住房和耐用品消费的平均值，将平均值加总在年度支出额上，达到平滑数据流的目的，得到第二种总消费 C_rate2。第二，我们将选取出的六种类型消费进行加总，作为第三种总消费 C_rate3。表 6 - 1 列出了我们在回归分析中使用的各个变量的描述性统计。

金等（2011）在研究中使用了基尼系数研究收入不平等对消费的影响。在使用基尼系数时需要选择一个比较单位，很多研究选择的是省或者州，我们在研究中选择了村庄。

表 6 - 1　　　　　　　　　　　　变量描述性统计

变量	样本量	均值	标准偏差	最小值	最大值
C_rate1	69089	0.76	0.74	0.01	9.99
C_rate2	69089	0.76	0.65	0.01	9.99
C_rate3	69128	0.30	0.54	0.001	9.96
Housing	69368	0.09	0.44	0	9.29
Education	69456	0.08	0.18	0	7.73
Clothing	69340	0.05	0.05	0	2.58
Eating_out	69447	0.04	0.08	0	1.88
Durable	69491	0.03	0.13	0	8.60

变量	样本量	均值	标准偏差	最小值	最大值
Travel	69506	0.002	0.02	0	2.42
Income（Yuan）	69440	15588	25941	－72684	1774229
RD_Deaton	69506	0.28	0.23	0	10.19
RD_Stark	69506	4706.79	7106.21	0	101864.2
Gini	69506	0.28	0.09	0.09	0.71
House_size	69506	4.06	1.57	1	28
Senior_ratio	69506	0.09	0.21	0	1
Junior_ratio	69506	0.14	0.17	0	1

注：C_rate1 等总消费和各类消费是以比率形式。RD_Deaton 和 RD_Stark 分别指迪顿（2001）和斯塔克和伊兹哈奇（1988）计算的 RD 指标。House_size 指家庭成员数，Senior_ratio 和 Junior_ratio 分别指大于 64 岁和小于 16 岁的家庭成员比例。

由于调查样本家庭存在迁出和迁出的情况，数据存在一些损耗。吉尔斯（Giles，2006）和本杰明（Benjamin et al.，2011）研究表明 RCRE 数据库中的数据损耗对于研究收入和消费问题没有显著影响。

6.5　回归结果

6.5.1　年度总支出

表 6 - 2 报告了对 C_rate1 进行固定效应回归的结果。前三列使用了标准化的排名方式，即 Rank 指标衡量相对位次，后两列使用的是 RD 指标。我们控制的变量包括家庭持久收入的对数值、家庭特征、年度虚拟变量等。

表 6 - 2 　　　　　　　　　以 **C_rate1** 衡量总支出的回归分析结果

变量	用 Rank 指标			RD_Deaton	RD_Stark
	(1)	(2)	(3)	(4)	(5)
Ln(income)	-84.65 *** (31.48)	-84.77 *** (31.55)	-82.62 *** (30.77)	-85.40 *** (32.49)	-81.84 *** (30.53)
Ln(income)^2	5.59 *** (2.14)	5.60 *** (2.15)	5.42 *** (2.08)	5.75 ** (2.28)	5.35 *** (2.06)
Rank/RD	-6.99 ** (3.10)	-6.88 ** (3.26)	-5.27 ** (2.52)	11.45 ** (5.55)	2.97 * (1.76)
Gini	21.47 ** (10.65)	21.38 ** (10.67)			
Gini^2	-16.41 * (9.76)	-13.43 * (7.14)			
Gini × Rank	3.81 (9.34)				
Ln_v_m	0.46 * (0.26)	0.46 * (0.26)	0.33 *** (0.33)	0.29 ** (0.12)	0.40 (0.29)
House_size	-1.88 ** (0.79)	-1.89 ** (0.80)	-1.891 ** (0.81)	-2.17 ** (0.94)	-2.01 ** (0.86)
Junior_ratio	2.20 ** (0.94)	2.22 ** (0.95)	2.38 ** (1.03)	2.68 ** (1.19)	2.49 ** (1.09)
Senior_ratio	-0.35 (0.34)	-0.33 (0.33)	-0.34 (0.32)	-0.39 (0.36)	-0.40 (0.36)
Health	1.36 ** (0.53)	1.37 ** (0.55)	1.34 ** (0.54)	1.50 ** (0.60)	1.43 ** (0.57)
Gender	0.45 *** (0.17)	0.45 *** (0.18)	0.49 ** (0.19)	0.58 ** (0.24)	0.51 ** (0.20)
Age	-0.25 ** (0.11)	-0.25 ** (0.11)	-0.26 ** (0.11)	-0.29 ** (0.12)	-0.29 ** (0.12)
Age^2	0.002 ** (0.001)	0.002 ** (0.001)	0.002 ** (0.001)	0.003 ** (0.001)	0.003 ** (0.001)

续表

变量	用 Rank 指标			RD_Deaton	RD_Stark
	（1）	（2）	（3）	（4）	（5）
Year_dum	Yes	Yes	Yes	Yes	Yes
_cons	309.10 *** （112.84）	308.62 *** （112.58）	310.88 *** （114.42）	303.38 *** （110.14）	305.22 *** （111.97）
样本量	69089	69089	69089	69089	69089
R^2	0.43	0.43	0.43	0.43	0.42

注：＊、＊＊ 或 ＊＊＊ 标注的参数分别在 10%、5% 或 1% 水平上显著。括号中表示的标准误差聚类在村庄水平。相对地位在（1）～（3）列中用 Rank 表示，在（4）～（5）列中用 RD 表示。RD_Stark 的单位为万元。

回归结果表明，控制了绝对收入水平和家庭特征之后，相对收入对家庭消费有显著影响，这证实了我们的假设。变量"Rank"在（1）～（3）列中对总消费率有显著的负向影响，这意味着为了与其他收入较高的家庭保持一致，收入排名较低的家庭将总收入中较大的比重用于消费。同时，持久收入对消费率也有显著影响。另外，带有生命周期性质的家庭特征变量也对消费率有显著影响，户主年龄与消费的关系呈 U 型。因此处于两端的家庭，即较年轻和较年老的家庭消费较高，这与生命周期理论是一致的，但是与一些已有研究不同。沙蒙和普拉萨德（Chamon and Prasad，2010）研究发现，中国城市中的年轻人和老年人储蓄更高；他们认为这是由于城市中的年轻家庭面临着更大的住房和教育负担，老年家庭有较大的养老和医疗负担。这表明城市和乡村具有不同特征，乡村中的家庭住房、教育和养老负担小于城市。

从表 6-2 中的（1）（2）列可以看出，由基尼系数代表的乡村收入不平等状况对家庭消费率有正向影响。然而基尼系数和 Rank 的交叉项系数并不显著，表明不平等状况对于相对收入的影响并没有显著的加剧作用。这可能是因为一个村落中的收入不平等反映了家庭收入的不确定性，这可能会提高家庭储蓄意愿，我们使用持久收入计算出的基尼系数可能无法体现这一点。进一步地，包含更多因素的 RD 指标可能会帮助我们确定收入不平等是否会通过相对收入来影响家庭消费。因此我们使用 RD 指标进行进一步的回归分析。

表 6-2 后两列分析使用的是 RD 指标，由于 RD 指标包含相对收入和绝对收入差距，因此我们不再使用基尼系数。结果表明，相对贫困对消费率有显著的正向影响。如预测的一样，使用 RD 指标得到的影响方向与使用 Rank 指标是相反的。因此，人们不仅会考虑自己的收入位次，还会考虑自己与高收入者的收入差距，即收入不平等状况会通过相对收入对家庭消费造成影响。

为了考察回归结果的稳健性，我们在表 6-3 中进行了检验。我们使用了 C_rate2 和 C_rate3，分别与 Rank 指标（表 6-3 前三行）和 Stark 的 RD 指标（表 6-3 后三行）进行回归。使用的控制变量不变，因此没有在表 6-3 中列示。相对收入位次对消费的影响依然显著，这表明回归结果是稳健的。

表 6-3　　　　　　　　以不同指标衡量总支出的回归结果

变量	Rank/RD （'0000 yuan）	Gini	ln（Income）	Lag	R^2	N
C_rate2 （用 Rank）	−7.15 ** （3.42）	21.16 ** （10.57）	−83.56 *** （31.14）		0.44	69089
C_rate3 （用 Rank）	−1.30 * （0.79）	4.03 * （2.45）	−14.05 ** （7.25）		0.22	69128
C_rate1 w/lag[1] （用 Rank）	−1.34 *** （0.32）	12.75 *** （2.49） −14.63 *** [2] （2.79） −1.19 [3] （2.19）	−28.80 *** （3.97）	0.0006 （0.0007）	779.24[4]	25990
C_rate2 （用 RD_Stark）	3.37 * （1.9）		−80.78 *** （30.17）		0.43	69089
C_rate3 （用 RD_Stark）	0.46 *** （0.08）		−13.44 ** （6.5）		0.22	69128
C_rate1 w/lag[1] （用 RD_Stark）	6.90 ** （2.81）		−28.10 *** （3.80）	0.0006 （0.0007）	755.42[d]	25990

注：*、** 或 *** 标注的参数分别在 10%、5% 或 1% 水平上显著。括号中表示的标准误差聚类在村庄水平，除了动态模型用的一般标准误。控制变量在用 Rank 指标时与表 6-2 列（2）相同，在用 RD 指标时与表 6-2 列（5）相同。

①滞后模型用 Arellano and Bond（1991）的 Difference-GMM method 估计。
②Gini^2 的系数。
③Rank×Gini 的系数。
④Wald Chi2 统计量。

6.5.2　各类消费支出

接下来，我们分析了相对收入位次对不同类型的消费的影响，这有助于我们分析是否存在一些消费类型具有更强的地位识别作用。我们在这里仅报告使用斯塔克和伊兹哈奇（1988）的 RD 指标衡量相对收入的回归结果。

表 6 – 4 展示了六种消费类型的分析结果。使用控制变量与上文相同的，表中没有全部列出。数据表明 RD 指标对住房、服装、教育、餐饮的消费率具有显著的正向影响，对旅游有显著的负向影响，对耐用品消费的影响不显著。虽然我们较难区分一种商品是否具有地位显示性，但有学者认为闲暇不具有地位显示性（如 Solnick and Hemenway，1998）。这似乎可以解释相对收入位次与旅游的负相关关系。而教育多被认为是一种投资，反映对未来社会地位的追求，因此与 RD 指标有正相关关系。此外，持久收入对各类商品的消费率大多有负的影响，但是对旅游消费的影响不显著。

表 6 – 4		各类消费支出的回归结果		
变量	RD （0000 yuan）	ln（Income）	R^2	N
Housing	0. 14 *** （0. 05）	− 4. 61 *** （0. 08）	0. 08	69128
Education	0. 041 *** （0. 01）	− 1. 39 *** （0. 02）	0. 09	69128
Clothing	0. 18 *** （0. 02）	− 4. 36 *** （0. 03）	0. 40	69128
Eating_out	0. 11 *** （0. 02）	− 2. 66 *** （0. 03）	0. 14	69128
Durable	0. 02 （0. 01）	− 0. 44 *** （0. 02）	0. 01	69128
Travel	− 0. 0038 ** （0. 0017）	0. 0018 （0. 0027）	0. 0013	69128

注：* 、** 或 *** 标注的参数分别在 10% 、5% 或 1% 水平上显著。括号中表示的标准误差聚类在村庄水平。控制变量与表 6 – 2 列（2）相同。

我们也检验了上述回归结果的稳健性。我们进行了多种方法的检验，包括使用 SUR 方法，得到的结果与表 6 - 4 类似，因此不再列示。

6.5.3 不同群组分析

我们在这一部分中研究了不同年龄群体中相对收入对消费的影响。这有助于我们理解不同年龄阶段对相对位次的关注，以及补充解释生命周期理论中关于消费的年龄差异。我们把研究对象分为三个年龄群体，在表 6 - 5 分行表示。

表 6 - 5　　　　　　　　　　　按照年龄分组的回归分析

被解释变量：平滑的 C_rate 2	Rank	ln（Income）	Gini	R^2	N
Age ＜35	- 0. 02 （0. 36）	- 27. 72 *** （8. 00）	- 1. 12 （0. 92）	0. 69	5057
Age 35 ~ 55	- 0. 48 *** （0. 09）	- 32. 74 *** （9. 37）	2. 51 ** （0. 28）	0. 60	39745
Age ＞55	- 13. 24 ** （5. 85）	- 108. 37 *** （40. 21）	29. 77 ** （14. 05）	0. 50	24287

注：*、** 或 *** 标注的参数分别在 10%、5% 或 1% 水平上显著。括号中表示的标准误差聚类在村庄水平。控制变量与表 6 - 2 列（2）相同。

在分析中使用 Rank 指标，以得到更为直观的比较结果。从表 6 - 3 可以看出，C_rate2 具有更理想的拟合结果，因此在这里使用 C_rate2 作为被解释变量。年龄小于 35 岁的年轻组受相对收入位次的影响最小，他们更多地受到绝对收入的影响，收入不平等仅对 35 岁以上的样本有影响。金等（2011）在研究中得出了与我们相反的结论，导致差异的原因可能是城市样本与乡村样本的差异，也可能是他们使用的研究模型不含对相对收入位次的衡量。上述研究结果有助于我们分析中国不同年龄段的群体的消费、储蓄行为。

6.6 结 论

本章通过实证研究,证实了控制绝对收入后家庭消费支出会受到同一村庄中相对收入位次的影响。我们使用了两种衡量相对位次的指标,发现消费率与收入位次有负相关关系、与相对贫困有正相关,这种影响主要体现在住房、教育、服装、餐饮等方面。此外,我们还发现收入不平等较为严重的村庄具有较高的消费率,这些结论对于宏观分析和政策制定具有重要的意义。根据上述结论,目前中国的高不平等状况和低消费率现象有待进一步的研究分析。对于中国这样一个庞大的经济体,收入不平等可能会导致其他问题进而影响消费,这与单纯研究一个村落是不同的。本研究着眼于家庭消费,后续研究可以进一步深入到社区层面乃至整个经济体层面,以对本研究进行补充。

// 第 7 章

社会比较和相对收入对农民工
家庭消费的影响
——基于 RUMiC 数据的分析①

7.1 引　言

　　本章从社会比较的视角，为中国农民工低消费率提供一个新的解释。同时，中国农民工面临的社会环境，使得我们可以检验社会比较理论的参照系选择的复杂性。

　　近年来，我国居民消费率持续降低和农民工数量不断增长两个现象并存是一个重要经济特征。一方面，国际间的横向比较表明，我国居民消费倾向很低：家庭部门最终消费率远低于世界平均水平②。另一方面，我国农民工数量不断增长：2013 年农民工总量已达 2.69 亿，比上年增加 633 万人③，占新增就业总量的一半左右。随着农业劳动力向非农部门转移，农民工收入份额提高，该群体的储蓄——消费关系变动可能导致家庭部门

　　① 本章参考了王湘红，陈坚. 社会比较和相对收入对农民工家庭消费的影响 [J]. 金融研究，2016（12）.
　　② 资料来源：世界银行（World Development Indicators），http：//databank. worldbank. org/data/views/reports/tableview. aspx.
　　③ 资料来源：《2013 年全国农民工监测调查报告》。

整体储蓄率提高（张勋等，2014）。根据已有研究，农民工消费率比城镇户籍居民和农村居民都低。对农民工群体消费率偏低的原因进行深入探究将有助于理解整个家庭部门的低消费。已有文献主要从不确定性带来的预防性储蓄解释农民工的低消费，但其他解释仍然有待发掘。本章试图引入社会比较和相对收入这一视角来进一步解释农民工消费行为，并考虑农民工特殊背景导致的参照组多样性，填补已有研究空白。

本章使用 2008～2009 Rural－to－Urban Migration in China（RUMiC）数据，覆盖 9 个省和直辖市，该大型调查数据包含农民工、城市居民及农村居民三大群体对象。较大的省份覆盖范围可以避免样本的代表性误差，大样本也使我们得到的参数估计量相对可靠。此外，RUMiC 包含不同群体的丰富信息使得我们能够定义不同的参照组，计算持久性收入、相对指标等关键变量，并控制众多其他影响的因素。

本章剩余部分结构如下：第二部分总结文献中关于农民工家庭消费影响因素的研究，重点关注相对收入的探讨；第三部分介绍本章数据，引入实证模型并说明变量设定；第四部分为实证分析，首先对关键变量进行描述性统计分析，随后分析计量模型的回归结果；第五部分进行总结和讨论。

7.2　相关文献综述

传统的探讨农民工家庭消费的文章主要从两方面入手：验证经典消费理论和分析农民工的特殊社会背景影响。经典消费理论包括收入决定论、生命周期假说和预防性理论。农民工绝对收入水平的较大提升与消费率显著下降并存。而农民工群体整体年龄偏低，青年、中年占比较高，对其消费率低具有解释力。预防性理论则认为：农民工收入中暂时性收入的比重更大，社会和医疗保障水平偏低、未来不确定性较大（张勋等，2014），使农民工储蓄动机增加。其他就农民工的特殊社会背景视角进行的研究包括：制度身份、二元地位结构以及相应的社会公共服务滞后严重制约农民工群体消费水平（Dreger et al.，2015；Chen et al.，2015；张文宏和雷开春，2008）。

从相对收入视角，即参考或比较其他人群决定自身消费，来考虑农民工消费的研究还很少看到。相对收入对个体福利和消费决策有重要影响的理论由杜森贝里（1949）和伊斯特林（1995）等提出并极大地发展，农民工由于特殊的迁移背景，其与不同参照组群体进行比较可能成为家庭消费成因的重要因素。帕利（2010）提出了"相对持久收入"模型，证明了相对于他人的持久收入越低，收入中用于消费支出的占比越高。已有大量实证分析证实了持久收入理论和相对收入假说可以共同解释家庭的各项消费行为（Kosicki，1987；Palley，2010；王湘红等，2012；Sun and Wang，2013）。

收入不平等程度可能通过相对收入机制对消费产生影响。在不平等的社会，人们往往通过看得见的消费互相攀比。弗兰克（2007）指出这种消费品经常被称为位置商品（positional good）。斯塔克（2006）发现 Gini 系数衡量的财富不平等的增加使人们对将来社会地位的追逐更为强烈，从而减少当期消费、促进未来财富积累；金等（2011）的研究指出，收入不平等对家庭消费的负效应也可以通过对将来"地位追逐"动机来理解，即不平等程度增加通过提高较高社会地位群体的进入门槛，迫使家庭减少当期消费以追求未来的社会地位。

已有研究很多使用相对剥夺指标衡量相对收入（Stark and Yitzhaki，1988；Deaton，2001；Sun and Wang，2013），这种指标实际包含了收入的相对排序、收入不平等程度和二者的交叉效应。由于包含内容的复杂性，使得单独使用一个集成的相对收入指标会得到不可预期的结论。在研究相对收入对农民工家庭消费的影响时，还需考虑农民工在社会比较中的参照组选取。一种是个体与其他个体的比较，即外在参照点；另一种是个体与自身过去的比较，即内在参照点（Clark et al.，2008）。

对我国居民的消费研究已有涉及相对收入的影响，但关注相对收入对农民工家庭消费影响的研究处于缺失状态，我国农民工不同潜在参照组对其消费影响的学术研究需要补充。这是本章的最主要贡献。此外，本章使用 RUMiC 数据取样范围较广，且有跟踪信息可以达到代表性和科学识别研究目标的目的。

7.3 数据及研究方法

7.3.1 数据说明

本章使用的 RUMiC 数据由德国 IZA 机构联合澳大利亚国立大学和北

京师范大学共同组织调查。其中，2008 年、2009 年两年的数据于 2013 年 7 月公布。RUMiC 分为三部分：农民工家庭调查（MHS）、农村家庭调查（RHS）和城市家庭调查（UHS）①。MHS 问卷涉及农民工个人和家庭两个层面的信息：个人层面包括家庭构成、成人的教育和工作、子女状况；家庭层面包括社会网络、家庭收入和资产、家庭消费情况、农村老家的情况。相比其他农民工调查数据，RUMiC 同时包括了农民工的现居地、现居地的城市居民情况、农民工的家乡信息以及所在家乡的农村居民情况②。这些信息使得我们可以在研究社会比较行为时考察不同参照组的比较效应。

MHS 样本中，农民工是指具有农业或农村户籍且在非农领域或城镇生活就业的个体，农民工家庭成员则指与户主③共同居住，其收入和支出计入家庭预算的成员。农民工家庭的各项消费是指在城市生活的家庭成员的消费，不包含寄往老家的积蓄。数据取样范围覆盖 9 大省市（直辖市）15 个城市④。2008 年 MHS 个体总样本为 8446（5007 个家庭），2009 年为 9347（5243 个家庭）。由于农民工为流动人口，追踪样本仅有约 2000 个家庭，加之年份跨度短，我们将追踪与非追踪样本混合进行实证检验，初始样本共计两年 17793 农民工个体（10250 个家庭）。我们也将关键变量（家庭收入、消费情况、户主信息等）缺失或明显异常的样本去掉，同时保证户主年龄为 16～70 岁。有效家庭数量为 9706，样本有效利用率达 94.7%。

7.3.2　计量模型及假说

借鉴已有关于相对收入的实证模型（Kosicki，1987；Jin et al.，2011；

---

① 其中，RHS 和 UHS 是按照国家统计局的常规住户调查大样本库抽样选取，MHS 的抽样则是根据课题组自行设计的抽样框进行。在后文分析城镇居民的混合样本时，为了修正 UHS 和 MHS 抽样比例不同的问题，我们通过《中国统计年鉴》（2008 年、2009 年）和《中国人口和就业统计年鉴》（2008 年、2009 年）估算了 MHS 样本所在的 15 个城市中具有城市户籍的居民和流动人口的大致比例，并据此调整了两个样本的权重，计算相应的相对收入指标。后文的回归结果均经过加权处理。

② 经笔者申请的 RUMiC（2008～2009 年）数据中"农民工的家乡"一题答案空缺，因而后续在进行农民工与所在家乡的比较时采用了"农民工估算自己现在若在家乡的收入水平"和"外出务工时间"两个问题代为衡量。从而农民工与农村居民的比较也转化成与自身的比较，即内在参照点的检验。

③ 户主为对于家庭收入的主要贡献者和家庭决策者，如果难以选择，则应指最为熟悉家庭情况的家庭成员。

④ 包括广州、东莞、深圳、郑州、洛阳、合肥、蚌埠、重庆、上海、南京、无锡、杭州、宁波、武汉、成都。

Sun and Wang，2013），我们将经典消费理论因素和群体特殊背景因素共同予以控制，并重点关注不同参照组的各项相对收入指标。对家庭总消费率及分项消费建立计量回归模型如下：

$$C_{it} = f(\text{Income}_{it}，\text{RII}_{it}，\text{Control}_{it}，D_{it}) + \varepsilon_{it} \qquad (7-1)$$

模型中的被解释变量 C_{it} 是基于永久性收入的农民工家庭总消费率和分类消费率。分类包括几大类：食品、衣着、住房、耐用品及日常服务、医疗、交通及通信、教育及文娱。我们不分析农民工的医疗和住房两项消费支出，因为这两项对农民工具有较小的自主选择性。农民工往往是出现工伤等问题才去进行医疗，并不会主动保养；在城市的农民工往往由单位提供住宿，因而住房支出经常是固定的宿舍租金。Income_{it} 为绝对收入水平取对数①，我们加入了绝对收入水平对数及其平方项。RII_{it} 是家庭相对收入指标，是模型中的关键变量，目的是在控制绝对收入水平的基础上探究相对收入对家庭消费行为的影响。相对收入从两个维度衡量，一是集成的相对剥夺（relative deprivation，RD）指数，二是 RD 分解的所在参照组内的收入相对排序和收入 Gini 系数。以上模型中的 Control_{it} 控制家庭及户主的个人特征、社会保障情况以及家庭主观面对的价格水平等，D_{it} 是农民工家庭打工所在省份、年份以及户主年龄阶段的固定效应，ε_{it} 为随机扰动项，模型采取线性回归形式。控制足够多的其他影响因素后，相对收入的变量系数可以认为反映了地位追逐或社会参照模仿等动机。

家庭永久性收入的估算，是计算模型中被解释变量和相对收入指标 RII 的基础。借鉴已有文献（Kosicki，1987；Sun and Wang，2013），本章的家庭永久性收入是由家庭总收入②根据个体及家庭变量③回归估计得出，在此基础上得到各项家庭消费率。这种方法计算的持久收入消除了暂时性收入等因素干扰，并且以此计算的 RII 指标更好地反映相对收入而非风险等其他影响机制。RII 的计算需要排除由家庭规模大小带来的干扰，我们规定家庭中的一个成年人比重为 1，其他成年人均为 0.7，孩子的比重为

---

① MHS 问卷中还提供了家庭持久性消费品（除去拥有的房屋价值）的信息，可以作为家庭财产的衡量。但由于这里的绝对收入水平是家庭月度数据，无法将其与家庭财产进行简单相加得到财富水平（因为财富水平是存量），因而在实证分析中仅将家庭财产作为一项控制变量。但由于其对主要变量的结果无影响，后文未列出。

② 包括劳动所得、股息、红利、各项动产及不动产的收入、转移支付等。

③ 具体包括户主的性别、年龄及其平方、婚否、健康状况（包括身体和心理健康）、教育程度、职业类型、就业公司性质、家庭人数以及家庭中劳动力人数等。

0.5（Jin et al.，2011），求和后得到家庭规模大小，以此得到按家庭规模平均的持久家庭收入。模型（1）中的主要变量定义见表 7 – 1。

表 7 – 1　　　　　　　　　　模型（1）中的主要变量定义

变量名称	含义	选取原因
被解释变量：		
C_rate	年度家庭总消费/12/持久家庭收入	总体家庭消费率
Food_rate	月度家庭食品支出/持久家庭收入	食品消费率
Clothing_rate	月度家庭衣着支出/持久家庭收入	衣着消费率
Housing_rate	月度家庭住房支出/持久家庭收入	住房消费率
Durable&daily_rate	年度家庭耐用品和日常服务支出/12/持久家庭收入	耐用品和日常服务消费率
Medical_rate	年度家庭医疗保健支出/12/持久家庭收入	医疗消费率
Transp&communicate_rate	年度家庭交通和通信支出/12/持久家庭收入	交通和通信消费率
Edu&entertain_rate	年度家庭教育和文娱支出/12/持久家庭收入	教育和文娱消费率
关键解释变量：		
RD_Stark_group i （i = 1，2，3）	RD 指数（Stark，1988）	检验农民工群体内的比较效应 Group1：同一城市内 Group2：同一城市内 & 户主年龄组相同（30 岁以下，30 ~ 45 岁， 45 岁以上）。 Group3：同一城市内 & 户主移动年龄组（上 下浮动 5 岁）
RD_Deaton_group i （i = 1，2，3）	RD 指数（Deaton，2001）	
Rank_group i （i = 1，2，3）	相对排序	
Gini_group i （i = 1，2，3）	农民工群体内 Gini 系数	
RD_Stark_whole	RD 指数（Stark，1988）	检验农民工在城市内的混合比较效应（包括农民工和城市居民，经加权处理）
RD_Stark_whole	RD 指数（Deaton，2001）	
Rank_whole	农民工在城市全体居民中的相对排序	
Gini_whole	城市的 Gini 系数	
Rank_urban	农民工对城市居民的相对排序（将每一个农民工家庭分别和所在城市的城市居民混合得到的排序）	农民工单独对城市居民的比较

变量名称	含义	选取原因
Ratio_to_home	持久家庭收入/估计在家乡工作的家庭收入	检验农民工对农村居民的比较效应
Migration_time	从第一次外出打工到被调查的时间长度	
控制变量：		
Income	持久家庭收入的对数	控制绝对收入水平
Income^2	持久家庭收入对数的平方	
Burden_ratio	家庭人口负担比	检验生命周期假说
Age	户主年龄	
Age^2	户主年龄的平方	
Family_size	农民工家庭人口规模	
Male	户主性别，=1 是男性	
Married	户主婚姻状况，=1 已婚	
# of kids in rural	留守农村的小孩数量	农民工家庭在农村老家的经济负担
# of parents in rural	留守农村的父母数量	
Log（hhmin_urban）	估计的家庭在城市生活最低标准的对数	控制农民工在城市的最低生活成本（主观）
Unemploy_insurance	户主是否有失业保险（=2 由雇主支付；=1 自己支付；=0 没有）	控制农民工在城市的社会保障情况——检验预防性理论
Pension_insurance	户主是否有养老保险（=2 由雇主支付；=1 自己支付；=0 没有）	
Injury_insurance	户主是否有工伤保险（=2 由雇主支付；=1 自己支付；=0 没有）	
Housing_fund	户主是否有住房补贴（=2 由雇主支付；=1 自己支付；=0 没有）	
Whether_to_stay	如果政策允许，户主是否愿意永久留在城市（=1 是；=0 否）	检验留城意愿的影响
哑变量：		
province1 – province8	9 个省份	省份哑变量
age_group1 – age_group4	5 个年龄组（16～26 岁，27～37 岁，38～48 岁，49～59 岁，60～70 岁）	年龄组哑变量
year_dummy	2 个年份	年份哑变量

农民工的迁移背景使得他们有多个潜在参照组。与农民工群体和城市居民对比时，我们使用 RD 指数以及相对收入排序和基尼系数衡量相对收入指标，与农村居民对比时，我们使用外出务工时间和工资比作比较。农民工群体内比较分组方式借鉴了阿卡伊等（2012）。斯塔克和伊兹哈奇（1988）提出的相对剥夺指数如下：

$$RD\_Stark^i = \int_{y^i}^{y^h} g[1 - F(x)]dx \qquad (7-2)$$

其中 y^i 代表当前个体的收入水平，y^h 是参照组内最高收入水平，$g[1 - F(x)]$ 可以简写为 $1 - F(x)$ 而不影响计算结果经济意义。

RD_Deaton^i 是由迪顿（2001）给出的衡量指标，由上述 RD_Stark^i 指标除以群体内的收入均值计算得到。相对排序则相当于经过标准化的收入分布中的百分比位置，收入最高为 1，最低接近 0。本章采用的 Gini 系数计算公式为（Dixon et al.，1987）：

$$Gini = \frac{N+1}{N} - 2\frac{\sum_{i=1}^{i=N}(N+1-i)Y_i}{N\sum_{i=1}^{i=N}Y_i} \qquad (7-3)$$

其中，收入按照非降序排列，即 $Y_i \leqslant Y_{i+1}$，Gini 系数用于衡量参照组内的收入不平等程度。这里的相对排序和 Gini 系数相当于从两个维度将 RD 指数进行分解，即收入的相对位置和收入分布的不平等程度。

根据已有研究，在控制绝对收入或持久收入等因素后，个体消费往往随着相对收入地位下降而上升，这主要是出于地位追逐的动机。对于农民工，不论参照组是哪个群体，我们都可以做出以下待验证假说：①相对收入排序较低的家庭，由于炫耀性消费而消费率会较高。同样根据已有文献，收入不平等程度较高，竞争性的位置商品支出可能更高。但当收入不平等很高时，相对收入对消费的影响可能弱化，因为相对贫困的人群模仿和竞争更难。我们因此提出另外两个假说：②收入不平等较大的地区，会促进位置商品支出，降低消费率；③收入不平等较大时，由于模仿较难，相对收入排序对消费率的影响可能下降。

这三个假说是本章针对农民工群体选择不同参照组对消费影响要进行的主要验证目标。其他变量影响不再一一列出假说。

7.4 实证结果分析

7.4.1 描述性统计分析

我们首先对表 7 - 1 中的被解释变量、相对收入指标、控制变量进行描述统计。从家庭分项开支的角度看,农民工与城市居民的家庭消费结构差异较大①。见表 7 - 2 的第一部分,农民工在住房、耐用品等基本生活需求上的支出比重更高,这符合"恩格尔定律";而教育及文化生活方面的消费比重则显著低于城市居民②。农民工群体的年龄平均较低,受教育程度也较低。社会保障方面,农民工享受各类保险和补贴的占比偏低。

MHS 2008 ~ 2009 调查中包含了农民工家庭留城意愿、外出务工时间、户主特征等(见表 7 - 2 的第二部分)。首先,大多数农民工都在权衡"未来是留在城市还是农村",他们可能会为适应未来的城市生活降低当前消费;"不确定"的农民工对城市和农村老家的比较可能更为敏感,因为他们期待在这种比较中选择适合自己的去向,这一猜测留待在 7.4.3 进行验证。其次,持久家庭收入较低的一组在除住房的各项开支中,消费率明显高于收入较高的一组。

表 7 - 2　　　　　　　　　　　家庭消费结构

样本均值	总体消费率（%）	分类消费率（%）						
		食品	衣着	耐用品及日常服务	交通及通信	教育及文娱	医药	住房
农民工与城市居民的家庭消费结构对比（2008 RUMiC）								
农民工	56.90	23.46	6.95	5.64	5.97	1.86	2.52	10.30
城市居民	63.74	25.58	6.39	4.06	6.39	7.80	3.81	6.13

---

① 由于农村居民问卷(RHS)中没有涉及完整的家庭消费信息,因而无法将农村居民与农民工和城市居民的消费情况进行比较。

② 不可否认,城市居民和农民工家庭虽然都在城市生活,他们面对的各项消费品可能存在质量和价格方面的差别。比如在食品支出方面,城市居民可能更倾向于到超市采购,而农民工则偏好到农贸市场购买价格偏低的食品。然而,UHS 和 MHS 问卷采用了共同的货币单位进行衡量,同时表 7 - 2 的第一部分中计算的是各项支出占各自家庭持久收入的比重,因而两样本具有可比性。

样本均值	总体消费率（%）	分类消费率（%）						
		食品	衣着	耐用品及日常服务	交通及通信	教育及文娱	医药	住房
均值	<	<	=	>	=	<	<	>
p 值	<0.0001	0.0002	0.0593	<0.0001	0.3591	<0.0001	<0.0001	<0.0001

农民工家庭消费率分组描述统计（MHS 2008~2009）

		总体消费率	食品	衣着	耐用品及日常服务	交通及通信	教育及文娱	医药	住房
总样本		62.21	25.62	7.53	6.70	6.17	2.33	2.65	10.15
持久家庭收入	≥1600元/月	60.52	24.92	7.00	6.62	6.14	1.78	2.13	10.54
	<1600元/月	63.94	26.35	8.08	6.77	6.20	2.90	3.18	9.75
留城意愿	不确定	62.41	25.50	7.34	6.64	6.11	2.45	2.71	10.41
	永久留在城市	59.85	26.07	8.52	6.70	6.53	1.54	2.38	9.02
外出务工时间	≥6年	62.73	25.65	6.76	6.15	6.04	2.67	3.16	11.03
	<6年	61.81	25.60	8.13	7.12	6.27	2.07	2.25	9.47
户主年龄	≥28岁	61.08	25.04	6.22	6.14	5.60	3.01	3.07	11.15
	<28岁	63.46	26.27	8.99	7.31	6.80	1.58	2.18	9.04

说明：表7-2中的总体消费率和分类消费率是基于持久家庭收入计算得到的。由于2009年的 UHS 问卷结构发生改变，在表7-2的第一部分，我们仅使用2008年的农民工调查（MHS）和城市居民调查（UHS），家庭样本量分别为4893和2303。其中，均值的比较是 t-test 结果，在1%水平下显著。第二部分是 MHS 2008~2009 数据，总消费率的家庭样本量为9763。其中，持久家庭收入、外出务工时间、户主年龄三项变量的分组依据为 MHS 2008~2009 样本中各变量的中位数。此外，由于城市中的农民工对医疗和住房的支出具有较小的自主选择性，我们在实证部分不分析这两项。

资料来源：2008 RUMiC 数据；MHS 2008~2009 数据。

7.4.2 农民工群体内的收入比较效应对家庭总消费的影响

我们采取多元线性回归模型对农民工家庭总消费率的影响因素进行估价。当进行参照组内比较，即关注农民工群体内部比较时，我们感兴趣的变量为相对收入指标 RII_Migrant。首先选取第一类参照组——范围为同一城市内，对农民工家庭总消费的回归见表7-3，根据另外两种参照组的回归结果与此类似，见稳健性检验。表7-3中的（1）列用 RD 指数度量相对收入对家庭消费率的影响，（2）（3）列将 RD 指数拆分成相对排序和 Gini 系数，（4）列将相对排序进一步划分并与 Gini 系数交叉。

表 7 - 3 农民工家庭消费率（群体内收入比较效应）

变量	被解释变量：家庭总消费率（全样本，参照组1）			
	RD_Stark	Rank & Gini		Middle/Rich
	(1)	(2)	(3)	(4)
RD_Stark	0.000065 *** (0.000015)			
Rank		− 0.115 *** (0.025)	− 0.324 *** (0.115)	
Gini		− 3.294 *** (0.476)	− 4.276 *** (0.695)	− 4.325 *** (0.601)
Rank * Gini			1.943 * (1.035)	
Middle				− 0.203 *** (0.070)
Rich				− 0.228 *** (0.076)
Middle * Gini				1.464 ** (0.620)
Rich * Gini				1.624 ** (0.674)
控制变量，省份、年龄组、年份固定效应	Y	Y	Y	Y
Observations	9706	9706	9706	9706
调整后的 R^2	0.192	0.195	0.196	0.195

注：①*** 、** 、* 分别表示在1%、5%及10%的显著性水平上显著；系数下括号内为标准误，且经过聚类调整，为稳健误差。
②使用 RD_Deaton 指数衡量相对收入的回归结果与 RD_Stark 类似，为简便见，表 7 - 3 及之后的回归结果只报告 RD_Stark。其中表 7 - 3 中的 RD_Deaton 回归系数为0.093，标准误为0.025。

表 7 - 3 控制变量估计结果基本符合理论预期和已有文献结论，如社会保障促进消费（沈坤荣和谢勇，2012）、人口抚养比提高促进消费（李晓嘉和蒋承，2014）等。由于篇幅的限制，此处不列出控制变量结果，只报告关心解释变量系数估计。

相对收入指标 RII_Migrant 可以较好地反映社会比较和相对收入引起的"炫耀性消费"和"地位追逐"动机。（1）列中 RD 指数的系数在1%水平下显著为正，即相对剥夺程度越高的家庭消费率越高，符合炫耀性消费的预期。按照其估计系数，一个 RD 标准差的变动会影响消费率大约 3.03%，这是一个不可忽视的经济影响。RD 指数拆分后的相对排序 Rank 对家庭消费率的影响见（2）（3）列，系数显著为负，说明相对排序越低越能激发家庭的总体消费意向，与当期炫耀性消费的预期一致。

关于 Gini 系数对家庭消费率的影响：农民工群体内的收入不平等程度每上升 0.1，家庭消费率下降约 0.33（或 33%）[①]，在 1% 水平下显著（见（2）列）。收入不平等增加，会减少人们消费——高收入群体不需要"炫富"，而低收入群体也会选择提高储蓄、住房等位置性商品支出，以提高未来社会地位。这和金等（2011）的研究结果一致。同时，由（3）列的边际分析可知：随着相对位置的下降，Gini 系数的负效应会增大（$\frac{\partial C\_Rate}{\partial Gini} = -4.175 + 1.927 Rank < 0$），意味着收入不平等增大对相对收入更低的家庭消费率下降作用更明显，即不平等的扩大会使得低收入者放弃模仿的炫耀性动机。为了更为直观地证实这一影响，我们按相对排序 Rank，将全部家庭等量分为富裕家庭、中等家庭和较低收入家庭，据此定义哑变量 rich = $\begin{cases} =1, & \text{富裕家庭} \\ =0, & \text{其他} \end{cases}$、middle = $\begin{cases} =1, & \text{中等家庭} \\ =0, & \text{其他} \end{cases}$、poor = $\begin{cases} =1, & \text{较低收入家庭} \\ =0, & \text{其他} \end{cases}$，在（4）列回归中加入 middle、rich 以及它们同 Gini 系数的交互项。富裕家庭、中等家庭和较低收入家庭的 Gini 系数负效应分别为 -2.701（= -4.325 + 1.624）、-2.861（= -4.325 + 1.464）和 -4.325，即不平等程度增加时，相对排序最低的家庭总消费率的降低也最为明显，富裕家庭的 Gini 负效应最小，但与中间阶层差别不大。这一结论支持了上述的"地位追逐"动机：在城市中生活的农民工家庭有着强烈的动机积累财富，以提高未来的社会地位，而且这种动机在较低收入的家庭更为明显。未来"地位追逐"动机在一定程度上削弱了当期的炫耀性消费。不过，由于（1）列中 RD 指数的符号为正，说明农民工家庭的"炫耀性消费"动机仅仅被削弱，并未被抵消。

[①]　在回归模型中的家庭消费率单位均以小数表示。

7.4.3 与城市全体居民和农村居民的收入比较对家庭总消费的影响

将模型（1）中农民工家庭的参照对象扩展为所在城市的全体居民——包括其中生活的农民工和城市居民。农民工家庭的相对排序平均有所下降，会缺乏购买力追赶城市的消费水平，因此我们预期其当前的"炫耀性消费"动机被削弱，同时这种落差会进一步加强长期"地位追逐"动机，以增加短期内的储蓄积累。此时，我们在同一城市内按照城市人口和农民工权重定义加权后的相对收入 RII_Whole 中的各项指标，包括Deaton 指标、Stark 指标、相对排序和 Gini 系数，绝对收入水平及其他控制变量不变①。

结果见表 7-4 的（1）~（3）列。RD 指数显著为正，农民工家庭在城市内部依然遵循炫耀性消费的预期。（2）列在对城市全体居民的比较中，相对排序和城市内不平等程度的影响依然为负。为进一步证实变换参照组时相对排序对消费的影响可能变化，在（3）列中加入 Rank_urban 变量，结果显示农民工单独对城市居民的相对收入排序对家庭消费有显著的正向作用，即农民工家庭在城市居民中收入的相对排序越高，其家庭消费率越高，炫耀性消费似乎弱化。究其原因，农民工家庭对城市居民的相对收入过低，提高其相对排序反而有利于提升消费率。

我们在与城市全体居民比较的基础上加入以农村居民为参照的比较，即由 RII_Rural 衡量的内在参照点。此时有效家庭样本减少为 7523。基于社会融合理论，我们预期外出务工时间会促进家庭消费，移民时间越长，农民工融入城市的可能性越大——家庭人口规模增长使得消费的规模效应发挥，同时寄往老家的补贴减少，更多用于城市消费。对于农村的工资比，我们猜测农民工初到城市的身份认同需求和长期的消费习惯可能会在不同阶段对家庭消费产生不同的影响；而"不确定是否留在城市"的农民工，对城市和农村老家的比较应该更为敏感。在（4）（5）列加入农民工对农村居民的比较。外出务工时间对家庭消费率有明显的正向效应，与预期相符；工资比不显著。

---

① 为简便起见，表 7-4 及后续表格只列出主要变量的回归结果

表 7 - 4　扩展参照组后的回归结果

被解释变量：家庭总消费率

变量	全样本					子样本：留城意愿 = "不确定"			
	参照组为城市内			参照组为城市内 + 农村		参照组为城市内		参照组为城市内 + 农村	
	RD_Stark	Rank&Gini	Rank_urban	RD_Stark	Rank&Gini	RD_Stark	Rank&Gini	RD_Stark	Rank&Gini
	(1)	(2)	(3)	(4)	(5)	(6)	(7)	(8)	(9)
RD_Stark	0.00006 *** (0.00002)			0.00008 *** (0.00002)		0.00005 ** (0.00002)		0.00007 *** (0.00002)	
Rank_whole		- 0.094 *** (0.033)			- 0.129 *** (0.037)		- 0.089 ** (0.037)		- 0.123 *** (0.041)
Gini_whole		- 3.813 *** (0.563)			- 4.265 *** (0.666)		- 3.643 *** (0.625)		- 4.076 *** (0.740)
Rank_urban			0.498 * (0.278)						
Migration_time				0.005 *** (0.0007)	0.005 *** (0.0007)			0.006 *** (0.0009)	0.006 *** (0.0009)
Ratio_to_home				- 0.00006 (0.0001)	- 0.00004 (0.0001)			0.00084 *** (0.00029)	0.00083 *** (0.00030)
Migration_time * Ratio_to_home				0.000004 (0.00002)	0.000003 (0.00002)			- 0.00026 *** (0.00007)	- 0.00026 *** (0.00007)
Control variables	Y	Y	Y	Y	Y	Y	Y	Y	Y
Observations	9706	9706	9724	7523	7523	8240	8240	6374	6374
Adjusted R^2	0.191	0.195	0.193	0.199	0.204	0.191	0.195	0.204	0.209

注：***、**、* 分别表示在1%、5%及10%的显著性水平上显著；系数下括号内为标准误，且经过聚类调整，为稳健误差。

在（6）~（9）列选取 MHS 问卷中对于"是否愿意留在城市"不确定的家庭作为子样本重新回归。（6）（7）列检验上述对城市全体居民的比较效应在子样本中是否成立，结果稳健。（8）（9）列加入对于家乡的比较，回归结果证明子样本对农村的比较（内在参照点）显著：外出务工时间仍为正效应；工资比在 1% 水平下显著为正，而两者的交叉项为负。这与卡罗尔等（Carroll et al.，2000）等文献中的"消费平滑"行为并不完全一致，"消费平滑"理论指出，当收入显著增加时，消费者倾向于增加储蓄以使消费相对稳定。而本章的农民工家庭在离开农村来到城市且收入显著增加时，短期内由于新环境的刺激使得平均消费倾向增加，这更由于迫切地渴望身份被认同；不过这种正效应随着外出务工时间的增加而减弱，当外出务工时间超过 3.23 年时，甚至会转变为负效应（见交互项 $\frac{\partial C\_Rate}{\partial Ratio\_to\_home} = 0.00080 - 0.00024 \times Migration\_time$），即在长时间内较大的城乡收入差距将抑制消费。至此，我们证实了"不确定是否留在城市"的农民工家庭确实会同时关注与全体城市居民和农村居民的比较，因为他们有动机在这种对比中明确未来的去向。参照组内与参照组间的比较效应同时对农民工家庭的这一子样本具有极为现实的意义。

7.4.4　相对收入因素对家庭各分项消费的影响

模型（1）的分项消费回归结果见表 7 - 5。仍然选取"不确定"是否留在城市的家庭子样本：（1）（2）列为群体内比较结果，（3）（4）列为参照组是城市全体居民的比较，（5）~（7）列是对农村居民的比较。从各项消费的角度审视回归结果，不同消费类别呈现出不同的社会比较规律。从收入排序这一指标看，低收入群体的模仿动机即炫耀性消费动机存在。首先，衣着消费在各参照组的比较效应都较为显著。其次，食品、耐用品及日常服务、教育及文娱的消费在群体内和城市的比较效应显著，对家乡的比较不明显，证明这类消费更为依赖现时环境。最后，交通及通信的消费对过去的参照更为明显，与现时环境关系不大。从 Gini 系数影响看，不平等扩大对各分项消费有不同程度的负面影响，为未来地位的储蓄或其他位置商品支出可能挤出了当前消费。

表 7 – 5　针对子样本（留城意愿 = "不确定"）的分项消费回归结果

消费类别	Rank (1)	Gini (2)	Rank_whole (3)	Gini_whole (4)	Migration Time (5)	Ratio_to_home (6)	Migration time * ratio_to_home (7)
食品	− 0. 034 *** (0. 013)	− 0. 460 * (0. 250)	− 0. 054 *** (0. 020)	− 1. 207 *** (0. 334)	0. 001 *** (0. 0004)	0. 00008 (0. 00017)	− 0. 00004 (0. 00004)
衣着	− 0. 016 ** (0. 007)	− 0. 421 *** (0. 128)	− 0. 010 (0. 010)	− 0. 750 *** (0. 170)	0. 0007 *** (0. 0002)	0. 0001 * (0. 00009)	− 0. 00004 ** (0. 00002)
耐用品及日常服务	− 0. 018 ** (0. 009)	− 1. 115 *** (0. 169)	0. 003 (0. 012)	− 0. 512 *** (0. 192)	0. 0008 *** (0. 0002)	0. 0001 (0. 00010)	− 0. 00004 * (0. 00002)
交通及通信	0. 002 (0. 006)	− 0. 519 *** (0. 113)	0. 005 (0. 007)	− 0. 202 (0. 115)	0. 0007 *** (0. 0001)	0. 0001 ** (0. 00006)	− 0. 00004 *** (0. 00001)
教育及文娱	0. 005 (0. 005)	− 0. 164 * (0. 096)	0. 020 *** (0. 007)	− 0. 408 *** (0. 120)	0. 0009 *** (0. 0001)	0. 00006 (0. 00006)	− 0. 00002 (0. 00001)

注：*** 、 ** 、 * 分别表示在 1%、5% 及 10% 的显著性水平上显著；系数下括号内为标准误。由于分项消费回归的残差可能相关，这里采用不相关回归（SUR）。

7.4.5　稳健性检验

按另外两种参照组的定义（同一城市内和户主在同一年龄组；同一城市内和户主移动年龄组）生成相对指标 RII_Migrant，其回归结果较为稳健：在农民工群体内部，总消费符合炫耀性消费的预期；将 RD 指数分解后，相对排序对消费的负效应依然证实了炫耀性消费，而参照组内不平等程度对家庭消费的影响则削弱了相对排序的作用，证实了未来"地位追逐"动机的存在。

由于留城意愿可能存在内生性，我们对全样本进行类似于选择性样本处理的方法以纠正这一偏差：用 probit 回归估计出不想永久留在城市的概率[①]；然后将估计出的概率作为新的解释变量重新进行上述多元回归，思路是给定留城概率相同，分析农民工相对收入对消费的影响。关键变量的结果均较为稳健。上述稳健性检验出于篇幅考虑不再列出结果。

---

① 控制变量包括户主特征、家庭特征、绝对收入水平、相对收入水平、留守成员情况、城市福利。

7.5 结 论

本章分析了社会比较和相对收入对农民工家庭的消费率和分类消费结构的影响。研究发现，在控制经典消费理论中预期的因素和农民工群体的特殊背景因素后，相对收入理论对农民工家庭的低消费率形成具有很强的解释力；在多个潜在参照组的检验中，留城意愿不明确的农民工家庭会同时关注与城市和农村居民的收入比较。本章的这些发现即验证了相对收入理论，也为理解农民工消费提供了丰富视角，并且有明确的政策含义：降低群体内收入不平等将对进一步释放消费有利。

// 第 8 章

同伴助推和承诺机制促进
健身的实验研究

8.1 引 言

近些年来，行为经济学研究越来越多地强调如何用助推机制帮助人们减少行为偏误、优化行为决策，而健康行为是其中一个重要研究焦点。在快节奏生活压力下，我国国民总体锻炼不足，健康也存在诸多问题。如调查研究表明，高达 32.6% 的大学生平时完全不参加健身活动①；针对以上国民健康状况困境，中共中央、国务院制定了《"健康中国 2030" 规划纲要》，明确提出健康中国战略。实施健康中国战略、提升国民健康状况的首要基础就是从引导个人锻炼行为入手，通过引导公民个体行为培育良好的生活习惯和锻炼习惯。

行为实验经济学研究表明缺乏锻炼等损害健康的行为与拖延症密不可分（Sirois et al.，2003），而拖延症产生的主要原因是自我控制问题（Self-control，Ariely and Wertenbroch，2002），即由于时间偏好的不一致性，个体倾向于获得即时收益而回避即时成本，而锻炼是一种有即时成本和延时收益的投资品，所以个体的消费不足。因此想要提高健康水平和养

---

① 资料来源：云团数据调研平台，由云团研究（Cloud Research）于 2018 年发布的《大学生健身调查报告》。

成良好的健身行为习惯，首先需要解决自我控制问题。自我控制问题有多种解决机制，承诺机制合约是其中较为有效的一种（Giné et al.，2010）。承诺机制是指通过事前订立合约形成承诺，剔除掉较差的选择，用更小的选择集来对行为产生约束作用，例如健身房会员卡便是一种可形成自我承诺的合约（DellaVigna and Malmendier，2006）。再者，自我控制问题的解决机制还包括金钱激励（Charnes and Gneezy，2009）、制订时间计划（Ariely and Wertenbroch，2002）等。除此之外，同伴效应对解决健身行为中的自我控制问题也有重要的潜力，尤其是近年来随着新媒体的兴起，越来越多人喜欢将自己的健身行为分享到社交平台，同伴之间的陪伴分享、督促鼓励，或是竞争比拼，都会对健身行为产生影响。研究显示，由于社会比较、社会压力、社会支持等原因，同伴效应会影响人们的健身行为（Plante et al.，2010；Gellert，2011）。然而，关于健身行为中的自我控制问题研究多是针对其中一种行为偏误设计解决机制，缺少多种机制的叠加和对比分析；特别是对同伴效应的忽视，使得以往对各类机制的研究多侧重在个人层面，缺少同伴互相作用的机制研究。国内有关锻炼的研究以问卷调查方法为主（孙锡杰，2013；冉建，2010；向渝，2005），实验方法应用较少，而问卷方法由于其局限性并不能够完全替代实验研究。

本章采用实地实验研究跑步锻炼的激励机制，用当下流行的某健身app 收集跑步实验数据。本章的重要创新是侧重同伴约束、承诺机制等几种不同行为激励机制的效应对比。我们参照卡尔等（Kaur et al.，2015）在劳动力供给研究中使用关于工资承诺机制的实验设计，创新性地将劳动合约模式应用到健身机制中，制定具有不同奖励规则的跑步激励合约，并创新性地将个人约束的机制扩展到同伴约束合约中，考察跑步行为中的自我控制问题及其激励机制对跑步表现的影响。我们的实验重点通过设计同伴约束、个人约束等承诺机制对拖延行为减少奖励，以激励按时锻炼，并通过提供不同合约的自由选择来研究人们对自我控制问题的认识和对承诺机制的需求。

实验发现，外设的激励和约束机制有助于提高跑步表现、降低拖延行为；被试者在自由选择机制时能主动订立有约束和承诺的合约，即使该合约对理性人的效用是劣势的，而且选择偏好同伴约束机制的较多；同伴约束的激励机制在同伴二人是熟人和陌生人的不同条件下作用效果有所差异，对同伴二人是熟人的被试者促进效果更大。以上发现对于健身行为的相关研究具有重要补充意义，对通过助推机制提高我国居民健身参与度也提供了借鉴，特别是在新媒体新经济环境下，线上平台机制的设置的研究对健康经济的推广有重要意义。

本章其余部分安排是：8.2 节文献回顾，总结梳理已有研究并指出其中不足；8.3 节说明具体实验设计和理论假设；8.4 节详细描述实验数据和分析结果；8.5 节是结论部分，分析总结本研究获得的主要结论。

8.2 文献回顾

本章主要研究健身行为中涉及的自我控制问题这一行为偏误，进而考察多种机制对该行为偏误的约束作用。行为经济学领域关于自我控制问题产生原因的理论研究诸多，有学者认为自我控制是决策者的生理与认知资源的定价机制，而将自我控制所需的生理与认知资源理解为决策者维持某种结构所付出的代价（蒋军锋和屈霞，2016）；也有学者从个体偏好的时间不一致性进行解释，即决策者在不同的时点有不同的时间折现率。德拉维格纳等（DellaVigna et al.，2009）认为，人们在不同时点上进行决策时未来行为的折现率是不同的，当对遥远的将来进行决策时，折现率相对平缓，人们通常会计划在将来进行健身等有益身体健康的行为；而当遥远的将来变近时，收益的折现率变陡，人们倾向于参与享乐、放纵饮食，放弃辛苦的锻炼健身；因此，自我控制本质是一类时间偏好不一致的问题，即人们对现在和未来时间线上的收益与损失的权衡问题。

自我控制问题具有多种解决机制，已有研究涉及金钱激励、时间期限、承诺机制、同伴效应等。查尔内斯和格尼兹（Charnes and Gneezy，2009）通过实验检验了金钱激励机制对于促进健身参与的有效性。艾瑞里和沃顿布罗赫（Ariely and Wertenbroch，2002）通过实验研究了设置期限对克服拖延症的效果，时间期限与自然状态相比能够有效改善被试者的任务表现，但由被试者自行设立的时间期限往往不是最优设置，外生给定的时间计划能够最有效地提高行为表现。贝希尔斯等（Beshears et al.，2017）招募企业的员工进行了实验，结果表明由企业制定的金钱激励方案能够能提升员工的锻炼行为，但是不同类型的方案作用不同，在给予奖励的时间段设定上更为灵活的方案作用效果更显著，在实验期结束后能够促进员工形成良好的健身习惯。我们的研究主要涉及承诺机制和同伴效应，因此我们下面从这两方面进行文献梳理。

8.2.1 承诺机制

承上文所述，自我控制问题的深层次原因是不同时间点上决策的不一致性，因此在早期的时间点上，人们可以设置承诺机制对未来行为形成有效的助推。为自己将来的行为设定一个任务目标的自我承诺机制（self-commitment），一般以自筹资金承诺机制（self-funded commitment）的形式出现，承诺人交出一部分保证金，如果没有达到预设的任务目标，承诺人将必须损失一部分资金。关于承诺机制的研究多集中于消费环境、工作环境、和健康环境中，例如阿沙夫等（Ashraf et al.，2006）针对个人储蓄行为的研究、卡尔等（2015）关于如何提升工人绩效的研究。健康方面的承诺机制研究以戒除不良嗜好为行为目标的研究居多，例如吉内斯等（2010）检验了自筹保证金承诺合约在戒烟行为中的作用。实验者设计了一种预付保证金承诺产品，以损失保证金的潜在风险激励被试者戒烟。结果表明，实验组中有11%的被试者选择订立合约，且实验组的戒烟成功率比对照组高出3%；长期跟踪研究表明合约具有长期的习惯效应。在健身行为方面，罗伊尔等（2015）以企业员工为被试者，设计实验研究了单一金钱激励机制和金钱激励叠加自筹资金承诺机制的不同作用效果。结果表明，单一金钱激励在短期内有效，但在激励期结束后作用甚微；在四周金钱激励期结束后自愿支付一定保证金订立长期承诺合约的被试者，其锻炼行为在长期内显著优于单一金钱激励的被试者，这表明金钱激励叠加承诺合约的双重机制对于健身习惯的养成具有长期提升作用。

卡尔等（2015）进行了关于工作行为的自我承诺机制研究，该实验利用了工人进行录入文字的工作，设置了两种合同：线性支付合同和设定工作目标的劣势支付合同。线性支付合同规定每个被试者的每个准确输入的字段都能够获得计件工资 b。在劣势合同中被试者事先选定或被给定一个工作量目标，如果被试者达到预先选定的目标，那么能够获得计件工资 b，但如果没有达到目标，则每个有效输入只能获得 b/2 的计件工资。可见劣势合同对理性决策者来说是没有任何优越性的。实验结果表明，当具有自由选择权时，36%的时点上被试工人会选择加入劣势合约，主动选择一个工作量目标。此外，研究还表明具有选择自由的被试工人工作表现好于按照普通线性支付合同支付计件工资的工人。这表明在工作环境中自我控制问题是客观存在的，且工人有意愿主动给自己施加一个目标激励，以克服自我控制问题。虽然该研究针对的是工作场所中的自我控制问题，但其实验设计方法对健身行为中的自我控制问题研究具有较强的借鉴意义。

8.2.2　同伴效应

同伴效应是指由于社会比较和社会压力，人们的行为会受到其周围人行为的影响（Plante et al.，2010）。同伴效应的发挥来自两种途径。第一个是社会压力，健身活动参与者的行为会受到周围伙伴表现的影响，同伴之间的竞争会提升参赛者表现（Plante et al.，2010）。第二个途径是社会干预和他人显性或隐性的监督和要求。研究表明，来自周围同伴之间的社会支持能够促进锻炼行为（Gellert et al.，2011）。盖勒特等（2011）对德国老年人进行了健身实验，将被试者分成三组，分别是有亲密伴侣且一起参与实验、有亲密伴侣但只有一方参与实验、没有亲密伴侣只有本人参与实验。实验在分组后发送健身干预材料，于四周后评估被试者锻炼情况及亲密关系的影响。结果显示，与亲密伴侣一起参加实验的被试者表现最好，优于另外两组被试者。盖勒特等（Gellert et al.，2011）认为，其亲密伴侣没有参与实验的被试者表现不佳，可能是因为受到了来自亲密伴侣的误导或不匹配的支持，从而感受到被控制、压力或过度保护，而不是感受到其亲密伴侣的正面鼓励（Van Dam et al.，2005）。

国内对同伴效应的研究主要采用问卷调查方法（孙锡杰，2013；冉建，2010；向渝，2005），运用 SFQS 量表和自编群众体育活动量表等测量工具，研究体育活动中同伴间的运动友谊质量对个体参与体育活动的影响。结果表明，社区群众体育活动友谊质量具有性别差异和年龄差异，运动中的同伴关系影响到锻炼者对体育活动的参与程度和锻炼效果，良好的同伴友谊为健身者提供了学习和交流的平台，能够促使彼此间体育技能水平的提高，有利于同伴养成良好的体育锻炼习惯，是促进锻炼者参与体育活动的一个重要因素。

综上，在自我控制问题及其解决机制的研究中，针对日常健身锻炼行为的实验研究目前较为缺乏，承诺合约机制方面多是工作场合或商业营销研究，对健身行为关注较少；同伴效应对健身的研究以竞争环境和同伴参与的影响为主，且主要依靠问卷调查方式，实验研究较少。此外，健身行为中的同伴效应叠加承诺机制的研究目前还处于空白，里察卢（Riitsalu，2018）研究了个人财务管理行为中的同伴建议和事前设置目标叠加作用的效果，被试者在预设自我财务管控目标时能够与同伴交流并得到同伴的建议，结果发现大多数被试者能够从同伴的建议中获得更多信息并改变自我认知。此结论在健身行为中是否成立还需要进一步的研究论证。

因此，我们从自我控制问题及其不同约束机制的角度入手研究健身行为，设计多个实验组分别研究不同约束机制并进行机制作用对比，一方面检验激励机制对健身中的行为偏误的影响，另一方面对比不同机制的约束作用，以期对已有研究形成补充。我们在实验设计中除了引入基本金钱激励并保证参与度外，还将以往研究的自我承诺机制和同伴效应相结合形成同伴承诺合约，将个人为单位订立承诺扩展到以同伴二人为单位共同订立承诺。

8.3 实验设计和理论假说

8.3.1 实验设计和实验流程

我们的实验通过设计跑步激励的方式来考察不同激励如何影响被试的跑步表现。激励设计参考了卡尔等（2015）的劳动力供给实验，他们巧妙设计了两种不同工资支付机制，其中线性合约即传统使用的计件工资，报酬与工作量成正比；劣势合约则事先给定或自我承诺一个每日工作量目标，对产出低于该承诺目标的工人实行惩罚性低工资标准，但对于多产出没有更高工资率。对于没有自我控制问题的理性经济人来说，有承诺的合约相对于没有承诺约束的是相对劣势的合约。因此，他们的实验主要是通过机制设定或个人承诺每日产量目标来解决劳动中的自我控制问题并提高工作产出。

对于锻炼实验，我们设计了适用于跑步行为的基础线性激励机制和劣势激励机制。被试者每周基于本周跑步量获得一定收入，这也是保证实参与度的有效方法。而我们的机制设计在于鼓励被试在每周的前段开始进行跑步锻炼，以形成良好习惯和良性循环，避免拖延行为。若将锻炼拖延到周末才开始进行，则在周末闲暇这类休闲品的比较中更容易选择即时享乐。而在工作日里锻炼与学习工作相比，其即时成本也相对没那么高了。因此，我们实验设计的机制如图 8 - 1 所示，基础线性机制是对跑步行为进行线性奖励标准，每次跑步给予奖励 b 元，即图 8 - 1 的实线斜率为 b；劣势激励机制实行对拖延行为的惩罚，即若规定时间内达标则跑步奖励标准为 b 元/次，若没达到约束要求则奖励标准降低为 c 元/次（c 元 < b 元），即图 8 - 1 的虚线在未达标部分的斜率为 c，在达标部分的斜率为 b。在此基础上我们引入同伴约束机制，将劣势激励机制细分成以个人行动为单位的劣势激励和以同伴二人整体为单位的劣势激励；此外，我们设置了自由选择机制，允许被试者在上述三个机制中进行自由选择，以考察被试者对自我控制问题的自我认知，以及对不同激励机制的偏好。如果个人完全理性而不存在自我控制问题，或者个人极端幼稚而意识不到自我控制问题的存在，就不会选择第二种和第三种机制，因为这两种机制具有目标约束因而具有损失收入的风险，相对于基础线性激励机制而言是一种劣势机制。

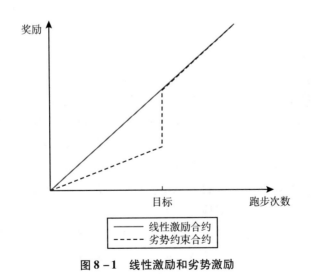

图 8 - 1　线性激励和劣势激励

　　根据上述设计，我们共形成四个实验组，分别是基础线性激励作为控制组，个人约束、同伴约束和自由选择都作为处理组。四种合约内容分别如下：

（1）基础线性激励合约（简称线性激励合约）。考虑到传统金钱激励的有效性（Charness and Gneezy，2009；Royer et al.，2015），实验中所有合约均使用金钱激励作为基础激励机制，具体奖励规则为一周内每次有效打卡①均可获得奖励 16 元。

（2）个人约束劣势合约（简称个人约束合约）。我们主要参照卡尔等（2015）的实验设计引入拖延惩罚机制形成劣势合约，在没有拖延的情况下与线性激励合约的单次奖励相同，在拖延跑步的情况下降低单次奖励。具体地，一周内如果个人在周四之前（含周四）有进行打卡，则该周所有打卡按照 16 元/次进行奖励，如果周四之后才有打卡，则该周按照 10 元/次进行奖励。

（3）同伴约束劣势合约（简称同伴约束合约）。考虑到同伴之间的相互作用对锻炼行为的影响（Plante et al.，2010；Gellert et al.，2011），实验中我们将劣势合约叠加同伴效应形成同伴约束合约，将奖励与同伴双方拖延情况挂钩。具体为，以两人为单位，如果一周内同伴两人都在周六之前（含周六）进行打卡，则该周两人所有打卡按照 16 元/次进行奖励，如果有一人在周六之前（含周六）没有打卡，则该周两人都按照 10 元/次进行奖励。考虑到这种规则设计可能潜在增加了与同伴相互督促协调的时间与成本，根据灵活时间安排原则（Beshears et al.，2017）我们将拖延行为认定的时间节点从个人约束规则的周四放宽至周六。但这也有可能影响个人约束合约与同伴约束合约的可比性，所以我们只能得出保守的结论。

（4）自由选择合约。进一步地，我们叠加事前承诺机制形成自由选择合约，即允许被试从线性激励合约、个人约束合约和同伴约束合约三种合约中选择，以检验关于自我控制问题的认识以及解决效果，当被试者选择线性基础合约时即放弃订立自我承诺，选择个人约束合约时即形成自我承诺，选择同伴约束合约时对应建立同伴承诺。

为了考察同伴约束的激励作用，我们实验还设计了陌生人配对与熟人配对两种分组方式，以检验熟人效应产生的社会激励差异。其中，熟人配

---

① 有效打卡：配速不低于 10min/km，时间不少于 20min，记为一次有效打卡；当天重复多次跑步记为一次。

对是指在实验开展前两人即为朋友关系并相互熟识，且一起参与我们的跑步实验。陌生人配对是指在实验开始后随机与另一名同学进行配对，且以同性别优先配对的原则。其中，熟人配对符合现实中与熟识的同伴一起参与运动一起激励彼此的场景，而陌生人配对则避免了参与实验的样本选择性偏误，保证实验结果的可靠性。且考虑到熟人同伴中绝大多数是同性同伴一起参与，我们在陌生人配对中优先在同性别内进行随机匹配，以符合现实场景。

　　根据实验研究需要，我们需要将全部被试者进行两两配对，形成同伴二人小组参与实验。所以一类样本是单人参加实验的被试者（简称 S 类），之后以同性别优先的原则进行两两随机配对。另一类是带熟识的同伴一起参加实验的被试者（简称 P 类），同伴二人均需要准确填报本人和其同伴的基本信息，两人填报的信息一致则视为有效被试者。如表 8 - 1 所示，实验为期四周。我们将 264 名参与者即 50 对熟人同伴和 82 对陌生人同伴随机分成四个小组，每个组有 33 对同伴，各 12（或 13）对熟人同伴和 21（或 20）对陌生人同伴。每周我们将每组被试者随机分配到一种奖励合约中，自由选择组的被试者在一周开始前的周日同伴两人商量选择该周的奖励方式是线性激励合约、个人约束合约还是同伴约束合约。由于实验周期和样本限制，我们没有穷尽全部轮替可能，但在有限周次中进行的轮替仍具有其必要性，一方面能够在四种实验规则的对比分析中控制个体固定效应，另一方面尽可能规避同一实验规则在同一组别中延续多周产生的时间效应、学习效应对实验结果的干扰。

表 8 - 1　　　　　　　　　　　　实验分组与四周合约处理

组别	第一周	第二周	第三周	第四周
1 组	自由选择合约	同伴约束合约	个人约束合约	线性激励合约
2 组	线性激励合约	自由选择合约	同伴约束合约	个人约束合约
3 组	个人约束合约	线性激励合约	自由选择合约	同伴约束合约
4 组	同伴约束合约	个人约束合约	线性激励合约	自由选择合约

注：每个实验组都包含了熟人同伴和陌生人同伴。

　　我们的实验在 2018 年 5 月中旬至 6 月中旬中国人民大学校园内开展，

实验样本为校内大学生。实验使用了某运动健身 app "悦跑圈"① 进行跑步数据记录，被试者在每次跑步都必须使用 app 进行记录才能获得相应奖励。我们还使用微信公众号 "课研助手"② 线上进行实验通知、问卷调查及发放奖励。为了减少时间效应和被试策略性选择对实验合约处理的影响，我们在实验结束后随机抽取一周作为真实的奖励，该周对应的跑步奖励合约和被试打卡行为作为支付依据。此外，为了提高问卷回收率，被试每次回答问卷可以获得 5 元左右的参与报酬。最终被试平均每人获得 67.58 元，其中打卡奖励平均为 15.86 元。

8.3.2　理论假说

在本实验设计和已有研究基础上，我们提出几个与跑步行为相关的自我控制问题及其激励机制的假说，为下文的实验结果分析提供方向。

首先，横向对比几个不同合约的激励机制，卡尔等（2015）的实验结果表明，加入劣势工资合约的工人工作表现优于基础线性工资合约中的工人，即带有提前设定目标和失败惩罚的劣势合约能够激励工人提高工作量。由此得到假说 1。

假说 1：给定约束的劣势合约相比于线性合约能够提高跑步表现。

进一步地，我们考虑到跑步作为一种健身锻炼行为与工作环境中的工作行为有所区别，首先工作行为具有时间上的强制性和行为上的被监督性，因此拖延行为相对不明显，而跑步行为不具有上述特点，因此拖延是跑步行为中的一个重要特征（Sirois et al., 2003）。我们认为劣势合约具有给定的时间期限和惩罚机制（Ariely and Wertenbroch, 2002），因此与线性激励合约相比能够有效改善被试者的拖延行为。由此我们提出假说 2。

假说 2：给定时间约束的劣势合约能够有效改善被试者的拖延行为。

就我们重点关注的同伴效应来看，已有研究表明同伴效应的作用效果与同伴双方的关系性质具有相关性。孙锡杰（2013）、冉建（2010）、向

---

① 该 app 是一款记录跑步数据（包括跑步次数、时间、距离、用时、身体指标等）的运动 app，被试者在手机上下载软件并注册，每次运动时打开程序记录并上传跑步数据，实验者从后台进行数据收集。

② 该公众号可以在微信上发布问卷和进行消息推送，被试者关注公众号后实验者可以从后台收集数据。

渝（2005）等许多学者分别通过问卷调查发现同伴的友谊质量对于体育运动中的行为表现和参与度有显著影响。在本研究中我们的被试者以两人为一组，分别有陌生人同伴和熟人同伴两种类型，陌生人同伴是实验前互不相识的陌生人，熟人同伴则是被试者自行邀请一起参与实验的朋友，两种类型的被试者其同伴熟悉度、交流频率和友谊质量具有明显差异，从而产生的社会压力、支持和规范效应也有差异，由此提出假说3。

假说3：同伴约束合约对于熟人同伴的跑步表现有更强的正向激励作用。

关于被试对机制的选择问题，根据艾瑞里和沃顿布罗赫（Ariely and Wertenbroch，2002）、卡尔等（2015）的研究结论，人们能够意识到自我控制问题的存在并主动选择约束机制以激励自己克服自我控制问题。在我们实验中设置的自由选择组允许被试者从线性激励合约和劣势合约中进行选择，按照时间一致性的完全理性人假设，线性激励合约是被试者的占优选择，但是如果被试者的偏好是时间不一致的且自己也意识到这一问题，则会倾向于选择劣势合约以约束未来的行为决策、解决自我控制问题。但是根据艾瑞里和沃顿布罗赫（2002）对拖延症与时间期限的研究结论，被试者自行制定的时间计划与给定的时间计划相比往往不是最优的，无法实现最优的行为表现。由此得到假说4和假说5。

假说4：自由选择合约中有一定比例的被试者能够主动选择劣势合约。

假说5：自由选择合约中的被试者不一定能够选出最优合约。这意味着，自由选择组的跑步表现可能不是最好的。

8.4　实验结果

8.4.1　个人约束的

考虑到长达一个月的实验中样本流失问题，我们认为在整个实验期间没打过卡的为无效样本，有 69 名，而由于匹配存在，我们以一对同伴为单位进行筛选和剔除，同伴二人皆在实验期间产生过跑步数据的视为有效样本，最终形成 150 名有效样本，共 75 对同伴，其中熟人同伴 29 对，陌生人同伴 46 对。为保证此次剔除不会对实验结果造成干扰，我们首先进行了样本数据的基本特征分析。我们在实验开始前通过问卷收集了被试的锻炼与健康情况信息，在表 8 - 2 中使用检验对比有效样本与剔除样本的实验前基本特征，结果显示两类样本在性别、同伴类型、每周锻炼次数、身体健康、情绪状况等指标上没有显著差异，而在日常是否以跑步作为体育锻炼上有显著差异（卡方检验 $p = 0.089$），这表明我们的剔除只是去掉那些不以跑步作为锻炼方式而选择其他锻炼的个体，所以样本筛选对最终分析结果的影响较小。

表 8 - 2　　　　　　　　　　　有效样本和剔除样本的比较

变量	有效样本（n = 150）	剔除样本（n = 114）	总样本（n = 264）	p 值
是否女性	0.633	0.667	0.648	(0.574)
是否熟人同伴	0.387	0.368	0.379	(0.762)
每周锻炼次数	2.338	2.269	2.309	0.596
日常锻炼是否有跑步	0.713	0.614	0.670	(0.089)
跑步公里范围	1.460	1.327	1.403	0.176
心情抑郁沮丧程度	2.907	2.965	2.932	0.657
身体健康状况	3.220	3.096	3.167	0.307

注：p 值为 Wilcoxon 符号秩和检验，带括号的 p 值为卡方检验。

考虑到不同个体的跑步速度、单次跑步强度、跑步频率不同，我们选取的被解释变量包括一周跑步次数、一周跑步总距离（公里）、一周跑步总时间（分钟）指标，以便较为全面地考察被试者跑步行为特征。各个合约中的基本跑步表现如表 8 - 3 所示。首先，根据上一部分中的总样本跑步指标均值统计和配对样本 Wilcoxon 符号秩和检验可以发现，对于 150 名有效样本，个人约束合约下的跑步表现在"跑步次数"（$p = 0.089$）、"跑步总时间"（$p = 0.092$）指标上显著优于线性激励合约。这与假说 1 的预测基本一致。

表 8 - 3　　　　　　　　　　　跑步表现的衡量指标选取

变量	统计	各处理合约				
		线性激励	个人约束	同伴约束	自由选择	总计
	N	150	150	150	150	600
跑步次数	mean sd	1. 233 (1. 656)	1. 407 (1. 836)	1. 247 (1. 787)	1. 180 (1. 631)	1. 267 (1. 727)
跑步总距离	mean sd	4. 595 (7. 885)	5. 450 (9. 055)	4. 785 (8. 167)	4. 814 (8. 676)	4. 911 (8. 443)
跑步总时间	mean sd	33. 10 (53. 77)	38. 23 (59. 80)	40. 66 (91. 43)	33. 81 (58. 66)	36. 45 (67. 48)

我们通过使用面板回归方法进一步研究假说 1 关于两个约束合约的影响。我们分别选取了一周跑步次数、一周跑步总距离、一周跑步总时间作为衡量跑步表现的被解释变量，以两两合约作为二元解释变量以进行成对比较，并控制个体和时间的固定效应，以及一周内与同伴交流次数、参与其他运动的种类、睡眠和情绪变量。结果如表 8 - 4 所示，每一格数值对应的是所在行的合约与所在列的合约之间的边际效应与稳健标准误，其中所在列的合约作为基准组。表 8 - 4 第（1）（4）和（7）列结果表明与线性激励合约相比，个人约束合约（第一行）显著促进了跑步行为，增加了跑步次数和延长了跑步距离；而同伴约束合约（第二行）和自由选择合约（第三行）则没有显著差异。而第（2）（5）和（8）列结果表明与个人约束合约相比，同伴约束合约和自由选择合约在跑步次数和跑步距离上的激励显著降低。由此假说 1 得到验证，个人约束合约相比于其他合约能提高跑步表现。

表 8 - 4　　　　　　　　　　各合约的成对比较回归

基准组	一周跑步次数			一周跑步总距离			一周跑步总时间		
	线性激励	个人约束	同伴约束	线性激励	个人约束	同伴约束	线性激励	个人约束	同伴约束
	（1）	（2）	（3）	（4）	（5）	（6）	（7）	（8）	（9）
个人 约束	0. 195 * (0. 116)		1. 210 * (0. 668)				6. 210 (3. 939)		
同伴 约束	0. 00354 (0. 163)	- 0. 315 ** (0. 138)		0. 224 (0. 655)	- 1. 431 ** (0. 706)		12. 28 (12. 13)	5. 638 (14. 58)	

基准组	一周跑步次数			一周跑步总距离			一周跑步总时间		
	线性激励	个人约束	同伴约束	线性激励	个人约束	同伴约束	线性激励	个人约束	同伴约束
	(1)	(2)	(3)	(4)	(5)	(6)	(7)	(8)	(9)
自由选择	-0.0865	-0.347**	-0.121	0.402	-1.174	-0.0358	1.959	-6.443	-11.24
	(0.152)	(0.143)	(0.128)	(0.887)	(0.985)	(0.670)	(6.187)	(6.472)	(8.094)

注：每一格数值对应的是所在行合约与所在列合约的二元处理变量的边际效应，括号内报告的是稳健性标准差。每个回归都控制了个体和周次的固定效应，以及一周内与同伴交流次数、参与其他运动的种类、睡眠和情绪变量①。*、**、*** 分别表示在 10%、5% 和 1% 水平上显著。

为了更好地检验假说 2，分析比较不同合约下的拖延行为，我们对一周内每天的跑步表现进行固定效应回归估计。通过表 8-5 可以更加清晰直观地对比出线性激励合约和个人约束合约下的拖延行为差异，其中第 (1)~(7) 列分别对应于周一至周日的跑步表现；而被解释变量在 A、B、C 部分分别为跑步次数、跑步距离和跑步时间；关键解释变量是线性激励合约和个人约束合约的二元变量。结果表明，相对于线性激励，要求周四前打卡的个人约束合约显著提高了周三和周日的跑步表现，这表明约束合约下被试者的跑步拖延行为得到明显改善，且形成正向激励，进一步增加在周末的跑步次数。上述结论验证了实验理论假说 2，即约束合约能改善被试者拖延行为，从而增加锻炼。

表 8-5　　　　　　　个人约束合约对每天跑步表现的回归估计

星期	周一	周二	周三	周四	周五	周六	周日
	A. 跑步次数						
	(1)	(2)	(3)	(4)	(5)	(6)	(7)
个人约束	0.0107	0.0267	0.0868*	0.0242	-0.0566	0.0222	0.0812*
	(0.0478)	(0.0506)	(0.0477)	(0.0578)	(0.0532)	(0.0392)	(0.0489)
	B. 跑步距离						
	(1)	(2)	(3)	(4)	(5)	(6)	(7)
个人约束	0.189	0.0872	0.546**	0.0722	0.101	-0.0557	0.270
	(0.311)	(0.314)	(0.232)	(0.280)	(0.318)	(0.256)	(0.274)

---

① 我们在一周结束后用问卷调查被试者该周情况，包括跟同伴就运动锻炼方面的话题联络沟通次数、除了跑步外还参与了其他哪些运动种类、睡眠不好的发生频率、感到很愉快的发生频率。

星期	周一	周二	周三	周四	周五	周六	周日
	C. 跑步时间						
	(1)	(2)	(3)	(4)	(5)	(6)	(7)
个人约束	0.975 (1.790)	−0.0542 (2.112)	3.158** (1.459)	0.264 (1.649)	0.493 (1.972)	−0.0992 (1.420)	1.474 (1.625)
Observations	234	234	234	234	234	234	234

注：每一格数值对应的是相对于线性合约，个人约束合约对每天跑步表现的边际效应，括号内报告的是稳健性标准差。每个回归都控制了个体和周次的固定效应，以及一周内与同伴交流次数、参与其他运动的种类、睡眠和情绪变量。*、**、*** 分别表示在10%、5%和1%水平上显著。

8.4.2　同伴约束与同伴效应

从表 8 - 4 的回归分析可以发现，同伴约束合约似乎并没有优于线性激励合约，但考虑到样本中包含了本身已经相熟的同伴和陌生人随机配对的情况，这可能导致同伴约束产生不同的效果。为了进一步分析不同合约机制的作用效果是否与被试者熟悉程度即同伴类型相关，我们将所有有效样本分为熟人样本和陌生人样本分别进行了跑步指标的均值统计和配对样本 Wilcoxon 符号秩和检验，结果见表 8 - 6。对于熟人同伴，同伴约束合约下的跑步表现显著最优，其中在跑步次数上显著高于线性激励合约（p = 0.069）和自由选择合约（p = 0.026），在跑步距离上显著多于线性激励合约（p = 0.022）和自由选择合约（p = 0.043），在跑步时间上也显著长于线性激励合约（p = 0.072）、个人约束合约（p = 0.098）和自由选择合约（p = 0.011）。而对于陌生人同伴，同伴约束合约则没有表现出有效激励作用，其中在跑步次数上显著少于线性激励合约（p = 0.077），在跑步总距离上显著少于个人约束合约（p = 0.063）。因此与同伴的熟识程度不同，表现最优的合约类型也会有所差异，同伴约束主要在熟人同伴中发挥激励作用，这一结果与实验的理论假说 3 相一致。

表 8－6 不同同伴在各合约下跑步表现的统计

变量	统计	各处理合约				
		线性激励	个人约束	同伴约束	自由选择	总计
		熟人同伴样本				
	N	58	58	58	58	232
跑步次数	mean Sd	1.293 (1.717)	1.552 (1.749)	1.603 (1.910)	1.207 (1.683)	1.414 (1.763)
跑步总距离	mean Sd	3.771 (4.868)	5.165 (6.708)	5.101 (6.542)	4.304 (7.522)	4.585 (6.466)
跑步总时间	mean Sd	30.241 (41.139)	37.558 (45.995)	39.576 (50.187)	31.666 (55.410)	34.760 (48.312)
		陌生人同伴样本				
	N	92	92	92	92	368
跑步次数	mean Sd	1.196 (1.626)	1.315 (1.892)	1.022 (1.677)	1.163 (1.605)	1.174 (1.700)
跑步总距离	mean Sd	5.114 (9.287)	5.630 (10.295)	4.585 (9.072)	5.135 (9.356)	5.116 (9.483)
跑步总时间	mean Sd	34.909 (60.545)	38.655 (67.299)	41.338 (110.035)	35.168 (60.874)	37.517 (77.201)

为了进一步分析不同同伴类型在各个合约下的拖延行为,我们以跑步次数为例,绘制了在一周逐天的累积跑步次数的均值情况,如图 8－2 所示。对于熟人同伴来说,相比于线性激励合约,个人约束和同伴约束的逐天累积跑步次数都要明显增加,从而减少了拖延行为,促进被试更多进行跑步锻炼活动。而对于陌生人同伴而言,只有个人约束下的跑步曲线一直在线性激励合约的上方,所以只有个人约束能有效减少拖延行为。因此,这也进一步验证了假说 2,即两种约束合约都能改善拖延习惯并激励锻炼,但同伴约束的合约主要对熟人同伴发挥效果。

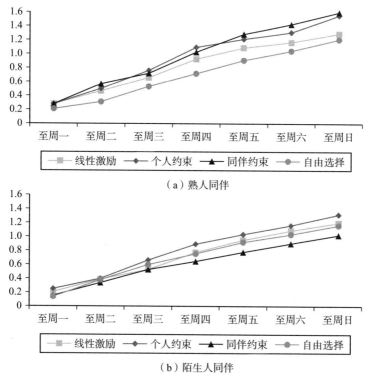

（a）熟人同伴

（b）陌生人同伴

图 8 - 2　不同同伴在各合约下的一周各天累积跑步次数

8.4.3　自由选择合约的分析

为了检验被试者是否能够意识到自我控制问题的存在，我们对其在自由选择合约下的决策进行描述性统计，结果如表 8 - 7 所示，在有效样本中共有 33.90% 的被试选择劣势合约，其中 11.86% 选择个人约束合约，22.03% 选择同伴约束合约。Wilcoxon 符号秩和检验结果显示选择个人约束合约（p = 0.000）或同伴约束合约（p = 0.000）的比例显著为正，且选择同伴约束合约的比例显著高于选择个人约束合约的比例（p = 0.058）。

表 8 - 7　　　　　　　　　主动制定约束机制的需求分析

初始类型	自由选择			总计
	线性激励	个人约束	同伴约束	
弱锻炼习惯	53（67.09%）	7（8.86%）	19（24.05%）	79（100.00%）
强锻炼习惯	25（64.10%）	7（17.95%）	7（17.95%）	39（100.00%）
总样本	78（66.10%）	14（11.86%）	26（22.03%）	118（100.00%）

此外考虑到对合约的选择及其结果受到被试以前的锻炼习惯影响很大，我们将样本分为过去就有较强锻炼习惯和较弱习惯的个体进行分别检验。划分标准为在实验开始前问卷中涉及的三个初始禀赋问题："每周平均锻炼几次（30分钟记一次）""日常的体育锻炼形式是否包含跑步""每次跑步一般跑多少公里"，其中对于第一和第三个问题的回答均分为 0～4 量表，对第二个问题的回答为 0～1 量表，从而对三种情况的加总分值范围在 0～9。因此我们将有效样本划分为分数在 5 以上的为有强锻炼习惯的个体，剩下的为弱锻炼习惯的个体。结果表 8 - 7 卡方检验也表明选择与初始类型没有显著相关性（$p = 0.318$）。这表明无论本身是否有较强的锻炼习惯，这些被试都意识到跑步中存在的自我控制问题并认为使用有约束的劣势合约具有有效性。有一定比例的被试者主动选择约束合约，这与我们的理论假说 4 相符合。

我们对自由选择合约下不同选择对被试者跑步表现的影响进行了 OLS 回归分析，以选择线性激励的个体为基准组，研究分别选择个人约束和同伴约束的个体的差异，结果如下表 8 - 8 所示。当锻炼习惯较弱时，选择约束的个体会比选择线性激励的个体的跑步表现显著变差，这可能表明选择约束的个体即使能够意识到自我控制问题，但问题可能更严峻，从而在自由选择下的跑步表现仍不是很理想。相比之下，当本身锻炼习惯比较强时，不同的合约选择对于跑步表现没有显著差异，可见个体可能都选择比较适合自己的激励方式。

表 8 - 8　　　　　　自由选择合约下不同选择对跑步表现的回归估计

变量	弱锻炼习惯的样本			强锻炼习惯的样本		
	一周跑步次数	一周跑步总距离	一周跑步总时间	一周跑步次数	一周跑步总距离	一周跑步总时间
	(1)	(2)	(3)	(4)	(5)	(6)
选择个人约束	-0.984 *** (0.369)	-3.020 ** (1.406)	-27.32 *** (10.24)	0.140 (0.984)	2.358 (5.071)	26.11 (39.50)
选择同伴约束	-0.316 (0.390)	-2.296 (1.502)	-18.23 * (10.71)	-0.0133 (0.778)	1.894 (5.074)	8.492 (33.12)
Constant	1.140 (0.788)	7.645 * (4.174)	47.14 * (26.70)	3.204 (2.063)	7.298 (14.49)	59.87 (111.9)
Observations	69	69	69	34	34	34
R^2	0.248	0.238	0.254	0.239	0.213	0.201

　　注：每列回归为 OLS 估计，括号内报告的是个体聚类的稳健性标准差。每个回归都控制了周次，以及一周内与同伴交流次数、参与其他运动的种类、睡眠和情绪变量。* 、** 、*** 分别表示在 10% 、5% 和 1% 水平上显著。

　　为了研究不同选择的跑步表现差异是由本身初始锻炼禀赋导致的还是由选择导致的，我们分不同初始锻炼类型来将自由选择合约与其他合约进行比较，分别对不同的跑步指标进行与表 8 - 4 类似的各合约成对回归比较估计。结果如表 8 - 9 所示，其中 A、B 部分分别是对弱、强锻炼习惯的样本进行回归。对于较弱锻炼习惯的个体而言，自由选择合约的跑步表现显著弱于线性激励合约的，可见他们并不能选择出最优的合约并激励自己锻炼。而对于较强锻炼习惯的个体而言，自由选择合约的跑步表现则显著强于线性激励合约的，可见他们对自身的自我控制问题有足够的了解并能选择出相应的约束合约来激励自己提升锻炼。不过值得注意的是，即使是过去有较强锻炼的个体，自由选择合约的促进作用也是不如个人约束合约的，因此自由选择只能比无约束的优一些，但依然比外界强制约束的表现要差一些。因此在进行自由选择时往往无法选出对提升跑步表现作用最优的选项，从而验证了理论假说 5。这与艾瑞里和沃顿布罗赫（2002）的研究结论相符。但卡尔等（2015）进行的实验表明，在工作环境中自选合约和工作量的自我承诺合约能够提升工人绩效，我们的结论与之相反，即在健身行为中的自由选择大多数时候并不能提升跑步行为，这种区别可能是由于工作行为和健身行为本身性质不同，健身行为具有更强的可选择性和可拖延性，且不能够即时见效，更多的收益来自未来健康状况的提升，这些特征为人们的自我认知和自我选择造成了更多障碍。这一结果在现实中具有较为重要的应用意义，促进健身的助推机制设计可以针对性地对不同类型的个体施以激励作用。

表 8 – 9　　　　　　对不同初始特征样本的各合约成对比较回归

项目	一周跑步次数			一周跑步总距离			一周跑步总时间		
基准组	线性激励	个人约束	同伴约束	线性激励	个人约束	同伴约束	线性激励	个人约束	同伴约束
A. 弱锻炼习惯的样本									
	(1)	(2)	(3)	(4)	(5)	(6)	(7)	(8)	(9)
个人约束	0.0241 (0.119)			– 0.0314 (0.493)			– 1.522 (3.322)		
同伴约束	– 0.105 (0.227)	– 0.250 (0.154)		– 0.521 (0.722)	– 0.713 (0.501)		– 3.146 (5.483)	– 3.942 (3.483)	
自由选择	– 0.285 * (0.171)	– 0.291 (0.181)	– 0.179 (0.183)	– 0.990 (0.798)	– 1.060 (0.770)	– 0.454 (0.658)	– 8.787 (5.598)	– 6.474 (5.026)	– 5.791 (4.870)
B. 强锻炼习惯的样本									
	(1)	(2)	(3)	(4)	(5)	(6)	(7)	(8)	(9)
个人约束	0.781 *** (0.218)			5.418 *** (1.634)			32.82 *** (9.494)		
同伴约束	0.0900 (0.202)	– 0.555 ** (0.267)		0.888 (1.042)	– 4.100 ** (1.655)		28.16 (22.60)	2.162 (26.31)	
自由选择	0.472 * (0.240)	– 0.522 * (0.278)	0.258 (0.238)	2.187 (1.350)	– 2.913 (2.054)	0.818 (1.390)	19.91 * (10.55)	– 13.45 (14.09)	12.06 (10.97)

注：每一格数值对应的是所在行合约与所在列合约的二元处理变量的边际效应，括号内报告的是稳健性标准差。每个回归都控制了个体和周次的固定效应，以及一周内与同伴交流次数、参与其他运动的种类、睡眠和情绪变量。* 、 ** 、 *** 分别表示在 10%、5% 和 1% 水平上显著。

8.5　研究结论

本章以跑步行为为例，设计并检验了多项解决自我控制问题的机制的有效性。通过各组实验规则设置，总体来说行为激励机制有助于提高跑步表现、降低拖延行为。就我们重点考察的同伴效应和承诺机制来看，同伴效应的发挥主要与同伴之间的熟悉程度相关。在承诺机制方面，通过设置自由选择组，我们发现有超过 1/3 的被试者能够意识到自身存在的自我控制问题，并主动订立具有不同约束规则的承诺合约，通过相应约束规则解决自我控制问题，而且人们对同伴承诺合约的需求更高。从自由选择的结果分析，总体来看跑步习惯较弱的选择者在订立承诺合约时无法从不同约束规则中选出最能提升自身跑步表现的选项来激励自己进行锻炼，然而跑步习惯较强的被试者却能够充分了解自己的自我控制问题，成功选择最有利于提升行为表现的约束规则，从而有效提升自己的锻炼水平。

本实验设计也存在一定的局限性。首先是实验周期有限，由于受到学生暑期放假的影响，我们的实验只持续了四周，没能够完全排列组合穷尽所有的轮替可能性。其次，在自由选择合约中，同伴二人的选择在私下讨论进行，商讨过程我们无法控制。尽管存在一定的局限性，本研究也取得了一定的成果，相关结论对促进全民健身、养成良好锻炼习惯具有启发意义。第一，在自由选择的机制中，对约束机制的需求不少，特别是对同伴承诺的机制需求较多，这意味着，在各种与健身锻炼相关的媒介中，例如在线下的健身房、大学里的学生锻炼机制、线上的相关 app、跑步群等，可以采取类似的个人约束或同伴约束的合约，以解决普遍存在的自我控制问题，实现更好的健身锻炼效果。第二，不同约束机制的优化如何实施值得进一步的研究，特别是对于包含同伴约束的机制的研究和应用目前都存在不足，健身机构、学校、企业等组织可以为同伴协同健身探索更多的助推机制。

// 第 9 章

"双十一" 网购促销机制影响消费行为的问卷实验研究

9.1 引　言

近几年，电商平台的购物节促销活动逐渐成为全民参与的消费盛宴，其中以 2009 年开始的"双十一"狂欢购物节与 2010 年开始的 618 购物节为代表。根据中商产业研究院《2018 年"双十一"网购大数据分析报告》，2018 年"双十一"购物节全网零售额 3143 亿元，同比增长 25.8%。随着电商购物节活动的不断完善与成熟化，一方面，各大电商平台为了吸引消费者推出了层出不穷的促销机制，除了传统的直接折扣与满减优惠，还包括限时促销、预售和退换货宽松政策等，在 2018 年的"天猫双十一"中更是出现了购物节当日不可退换商品这一引起热议的退换政策；另一方面，消费者参与购物节优惠的热情越来越高涨，以学生为代表的低收入群体往往通过各大电商平台的"双十一"活动来购买心仪的商品或是大量囤积物美价廉的生活必需品。多样化的促销机制、多种退换货机制的在一定程度上影响着消费者决策与行为。

目前国内已有不少学者指出研究电商集中促销的重要性。武峰（2014）提出"双十一"购物节不但刺激了消费者的网购热情，而且能改变消费者的消费习惯。习明明（2016）通过研究大学生的"双十一"网购调研数据，发现在"双十一"购物节中存在着消费者行为的从众效应，具体地，室友参与"双十一"的情况会使得受访学生的参与率显著提高，并且不曾有过网购的学生在同龄人压力的作用下会改变意愿，甚至比曾有网购的学生参与概率更高。毕俊杰（2017）认为以"双十一"为代表的集中促销已经成为网购时代中电商谋求发展的重要策略，而促销中也逐渐出现不规范交易、同质化价格战和反悔性退货等越来越多问题。

为了研究电商促销活动中不同的促销机制对于消费行为的影响差异性以及助推政策的影响，本章基于文献回顾进行问卷调查，通过描述性分析与对横截面数据的实证回归，主要关注并解释三个问题："双十一"促销活动的参与情况与体验、不同促销机制下消费行为的差异性和以退换货政策为例的助推政策对消费的影响。研究结果表明，不同的促销机制对消费者的最高心理折扣率有显著影响，由高到低分别为直接打折、满减、预售和限时促销；另外，满减机制比直接打折更能促进提升消费额与消费数量。时间压力、心理账户和互惠原则等理论能够一定程度解释以上结果。数据还表明，退换货政策作为消费的助推政策能够影响消费者选择，宽松的退换货政策能够刺激消费。本章通过实验与调查着重探究了购物节中两个影响消费行为的重要因素，有直接的制度与政策意义。

本章9.1节和9.2节部分为引言与文献回顾，主要阐释了研究背景、研究"双十一"购物节的现实与理论意义以及国内外现有关于促销机制与助推政策的文献梳理回顾。9.3节主要解释了本章所发放问卷的详细编写思路与数据简述，基于问卷在9.4节中给出了消费者于"双十一"参与情况的矩阵量表分析。9.4节中本章通过对问卷实验1数据的实证回归，研究了限时促销、预售、满减优惠与直接打折对消费者所能接受的最高折扣率之间的关系并根据文献参考解释其原因，同时分析了满减优惠与直接打折对实际消费行为的影响，并探究了促销机制对消费质量可能存在的激励作用。9.5节为问卷实验2的结果分析，在统计"双十一"期间退换货比例与满意程度的基础上，对宝莉（Berry，1995）与肖俊极（2012）的消费者保障计划信号机制作用的模型进行修改，作为问卷数据OLS回归的基础，从而研究退换货政策对消费者心理价位的影响。9.6节为结论与未来展望。

9.2 文献回顾

国内外对于商家促销机制与退换货政策已有一部分不同角度的研究。

在国内有关电商促销机制的研究中，研究方向主要集中于促销和助推机制对消费的影响。肖俊极（2012）通过分析淘宝网交易数据，将电商采用的信号机制分为声誉、消费者保障计划、保修服务以及信息披露，结果表明消费者保障计划中的"七天无理由退换"计划可以作为鉴别商家的有效信号，缓解一定的信息不对称情况。卢长宝（2013）提出在虚假促销活动中，消费者购买决策中的时间压力与决策自信程度呈现显著的正相关，而过度自信对购买意愿有显著的影响，具体地，促销中的时间压力比个人时间约束更容易引起消费中的过度自信，从而引起冲动消费。王湘红（2015）认为温和家长主义的助推政策能够通过优化消费决策和退换货政策，更能有效达到促进消费的目的。退换货政策作为助推政策方法之一，能够为消费者的决策设置冷静期，允许人们延期冷静后重新作出决策，有助于保障消费者福利，从而增加购买意愿提高消费水平。谢琦（2018）通过分析 2016 年天猫"双十一"的销售数据，提出消费者对于高价商品的折扣力度更为敏感，折扣力度的边际效应随商品使用期的增长而递增。

在国外有关电商促销机制的研究中，研究聚焦于消费者关注的重点信息和促销手段影响的差异性。奥特梅尔（Ortmeyer，1991）通过研究商店销售数据，发现商店会给商品确定一个相对较高的原价，并立即对这些商品进行打折促销，并且在商品信息上永久保留原价和折后价格的展示，这种促销形式通过提高消费者的心理价位提高消费。戴维斯（2005）通过实验，给每位消费者分配 5 美元的初始财富，可以选择在不同的价格和促销机制下购买同一商品，最终发现在捆绑促销机制下消费者愿意接受的价格比直接打折更高，从而提出捆绑促销相对于折扣和优惠券的机制更能够促进消费。塞勒（Thaler，2008）认为温和家长主义的助推机制在人们有限理性的前提下，结合行为经济学的理论，能够用温和的方式影响人们的选择和动机，从而优化人们的选择并提高总体社会福利。米尔克曼（Milkman，2009）通过统计一家线上商场在新年期间的销售数据，发现优惠券的使用会提高每位用户的总消费额,并且改变消费行为,促使消费者购买计划外的商品。真纳约利(Gennaioli,2010)研究指出消费者在决策时会过多强调他们所聚焦的信息,而不是理性地将所有可获得信息集进行均衡考虑。黑斯廷斯(Hastings,2013)通过统计加油站三种档次的汽油销售数据发现,当不同档次的商品以相同比例进行提价时,家庭对于最低档次商品的需求会上升。博达洛(Bordalo,2013)基于显著性模型指出误导性促销的两种表现形式:同类商品同步促销时,不同质量的商品之间的质量差距比价格差距更为显著,因此消费者更愿意选择高质量的商品;在购买无显著差异的商品时,误导性的促销可能使消费者专注于价格更低的商品。张(Zhang,2019)通过阿里巴巴平台上的随机实验研究特定促销机制在长期和短期内对消费行为的影响,认为在短期内促销能提高相关商品的销售量,在长期内促销会提高顾客对于电商平台的参与度,消费者每天浏览和加入购物车的商品数量增加,但倾向于用更低的价格购买商品。前述促销活动的影响在第 6 个月时仍存在,而在第 12 个月时已经消失。

9.3 问卷实验设计与数据收集

本章所设计的问卷主要希望研究"双十一"促销机制与退换货政策对于消费行为的影响,尤其是引起非理性消费的现象。

问卷中各个部分的设计过程为:第一,关于消费者"双十一"参与情况的题项根据本章总结的电商平台具体促销机制和促销商品种类等编订,用以测量"双十一"购物节中个人具体的消费情况与活动认知,从而研究个人网购习惯与促销活动参与热情的影响。通过随机发放的方式,被试所得到的促销机制问题有所不同,实现了问卷实验的设计。第二,研究退换货宽松程度价格弹性的问卷题目是演绎现有理论成果所得的,退换货政策作为助推政策之一,提供人们决策的冷静期,足够的退换货时间能够解除消费者的后顾之忧,增加购买意愿,据此本章设计题项以测量个人对电商"双十一"退换货服务的了解与满意度。具体地,根据本杰明等(2011)所设计的研究利率与返还日期关系的问卷实验而设计。第三,消费行为题项的设计借鉴了现有研究成果,博达洛(2013)提出当同类商品进行同步促销时，不同质量的商品之间的质量差距比价格差距更为显著，因此消费者更倾向于选择高质量的商品；戴维斯和米尔纳（2005）通过实验证明，同一商品在不同的促销机制下消费者愿意接受的价格不同，即不同促销机制对于消费者选择存在区别，据此设计包含满减、直接折扣、限时促销和预售的题项，以研究消费者厌恶损失的心理、时间压力和心理价位等因素的影响差异性，并在此基础上探究实际消费中促销机制对行为的影响。另外，也包括了不同促销机制对消费者福利影响的题项。第四，获取参与者基本信息，以研究个人特质对消费行为的影响。

本章的问卷发放时间为春节假期，调查对象利用微信随机选取，在网络调查前详细告知了问卷的填写方式与注意事项，整个调查持续一周，共收回调查问卷 403 份，其中有效问卷数量为 401 份。

9.4 "双十一" 促销活动参与情况

在本章所回收的样本中，参与"双十一"购物节的占 89.78%，其中参与人数最多的促销机制为优惠券、满减满折活动与预售活动，分别占样本总量的 62.59%、62.34% 和 45.39%，多数消费者认为直接打折与满减优惠相对更能够提升消费者福利；样本中消费最多的商品种类前三位分别为服装类、日化家清类和化妆护肤品。在参与"双十一"购物节的消费者中，超过半数的消费者认为最终获得了 5~9 折的平均折扣，而只有 10% 的消费者认为获得了高于 5 折的平均折扣比例。

本章问卷中通过矩阵量表测量了消费者对于"双十一"促销规则的观点，打分规则为 1~5 分，赞同程度逐渐递增；可从表 9-1 的结果看出，消费者认为"双十一"的丰富促销活动能够带来一定程度的优惠，对促销期间商家的服务态度较为满意，并且认为"双十一"购物节能够通过促销扩大消费者的商品选择范围，但也存在着促销规则复杂化的趋势，容易引起消费行为非理性；另外，"双十一"购物节中也存在商品质量不能得到保障的问题，需要引起电商平台的重视与监督。

表9-1   促销规则的矩阵量

观点/分值	1	2	3	平均分
"双十一"丰富的促销活动，能给消费者带来很大程度上的优惠	18（4.49%）	49（12.22%）	151（37.66%）	3.39
我对于"双十一"期间商家服务态度非常满意	18（4.49%）	52（12.97%）	151（37.66%）	3.36
"双十一"的促销规则太过复杂	16（3.99%）	26（6.48%）	93（23.19%）	3.94
"双十一"活动会增加不理性的消费	9（2.24%）	21（5.24%）	95（23.69%）	3.96
"双十一"活动能够促进商品质量提升	58（14.46%）	100（24.94%）	167（41.65%）	2.71
"双十一"活动造成商品质量下降	21（5.24%）	57（14.21%）	171（42.64%）	3.25
"双十一"能扩大消费者对消费品种的体验	14（3.49%）	44（10.97%）	146（36.41%）	3.46
小计	154（5.49%）	349（12.43%）	974（34.7%）	3.44

观点/分值	4	5	平均分
"双十一"丰富的促销活动，能给消费者带来很大程度上的优惠	126（31.42%）	57（14.21%）	3.39
我对于"双十一"期间商家服务态度非常满意	129（32.17%）	51（12.72%）	3.36
"双十一"的促销规则太过复杂	98（24.44%）	168（41.9%）	3.94
"双十一"活动会增加不理性的消费	127（31.67%）	149（37.16%）	3.96
"双十一"活动能够促进商品质量提升	52（12.97%）	24（5.99%）	2.71
"双十一"活动造成商品质量下降	106（26.43%）	46（11.47%）	3.25
"双十一"能扩大消费者对消费品种的体验	138（34.41%）	59（14.71%）	3.46
小计	776（27.65%）	554（19.74%）	3.44

9.5 实验1：不同促销机制下的消费者行为

9.5.1 设计过程与变量描述性统计

为了研究购物节中不同类型的促销机制下消费者选择与行为的差异，

首先，本章设计调查问卷中的第 13 题，根据预先调查中所获知的电商在"双十一"期间最主要的四种促销机制，即预售（11 月 11 日前预付 10 ~ 50 元不等的订金，活动当天再付剩余部分，无须抢购）、限时促销、满减优惠与直接打折，通过问卷星的设置，对每位参与者随机给出以上四种情景之一，在控制商品类型与商品原价的基础上要求填写在所提供情景下所能够接受的最高折后价格，从而计算不同促销机制下消费者所能接受的最高折扣率，以获知不同促销机制对消费者心理预期的影响。其次，现有研究中已有国内外学者提出，同类商品价格的同比例变化会影响消费者的消费质量选择，例如商品的同步涨价会使消费质量下降；进一步地，本章为了研究不同促销机制对于消费质量的影响差异性，设计了调查问卷中的第 14、15 题，分别为参与者展示两类均包含八种不同价位选择的相似商品，控制两类商品的原价与实际折扣，并且分别运用满减和直接打折的机制，为参与者模拟两种机制下的购物情景。具体地，参与者在两种情景下分别选择所希望购买的商品组合，通过统计最终总价格与商品数量来进行测量。另外，本章还通过矩阵量表测量上述四种促销机制对于消费者福利的影响，具体地，参与者对每种促销机制进行 1 ~ 5 分的评分，1 分为损害消费者福利，3 分为不影响，5 分为提升消费者福利。

上述问卷设计 13 题具体内容如下：

第 13 题为随机分配四种情景之一给问卷填写者。

情景一：假设您想要购买原价为 400 元的牛仔裤，其促销方式为预付定金 20 元，在"双十一"当天付尾款，无须抢购。情景二：假设您想要购买原价为 400 元的牛仔裤，其促销方式为优惠券，可以使用满 400 - 50 的购物津贴，并且可以叠加店铺满 199 - 10、满 299 - 30、满 399 - 50 的优惠券。情景三：假设您想要购买原价为 400 元的牛仔裤，其促销方式为打折促销，该店铺 1 件 9 折、2 件 8 折、3 件 7 折。情景四：假设您想要购买原价为 400 元的牛仔裤，其促销方式为限时促销，11 月 11 日零点前 15 分钟下单可获得优惠价。

请根据情景假设，填写您能接受的商品最高折后价格。

问卷中第 14、15 题的具体内容详见附录。

利用调查问卷第 13 题获得的支付意愿数据，本章首先进行了描述性统计进行初步分析。表 9 - 2 为研究四种促销机制影响最高接受价格的描述性统计结果，可以看出消费者对于不同促销机制下的商品价格预期具有差异性。具体地，在直接打折时消费者愿意接受的最终价格更高，满减机制次之，预售机制再次，而限时促销由于需要考虑到时间成本等因素，消费者接受的折后价格最低，因而直接打折比前述三种促销机制更能刺激消费者购买商品。为了进一步说明消费者选择的差异性，表 9 - 3 为四种促销机制下价格接受水平差异的 T 检验，可以看出检验结果均为显著的，即不同促销机制对于消费者愿意接受的最高价格的影响总体上具有显著的差异性。

表 9 - 2 促销机制与消费意愿的描述性统计

促销机制	观测值	均值	标准差	最小值	最大值
预售	90	226. 1222	99. 93468	49	400
满减	92	247. 5435	102. 3726	49	400
直接打折	92	268. 5326	102. 3455	45	400
限时促销	85	205. 9765	93. 39279	45	400

表 9 - 3 促销机制与消费意愿 T 检验

检验差/假设	检验差小于 0	检验差等于 0	检验差大于 0
预售均值 - 满减均值	0. 0774	0. 1549	0. 9226
满减均值 - 打折均值	0. 0830	0. 1660	0. 9170
预售均值 - 限时促销均值	0. 9151	0. 1698	0. 0849
满减均值 - 限时促销均值	0. 9974	0. 0053	0. 0026
预售均值 - 打折均值	0. 0026	0. 0052	0. 9974
打折均值 - 限时促销均值	1. 0000	0. 0000	0. 0000

图 9 - 1 和表 9 - 4 分别展示了促销机制对不同价格商品的选择和消费额。首先，根据问卷中第 14、第 15 题的结果，50% 以上消费者在满减机制下选择了价格最高的三种商品，而仅 40% 左右消费者在直接打折机制下选择价格最高的三种商品。

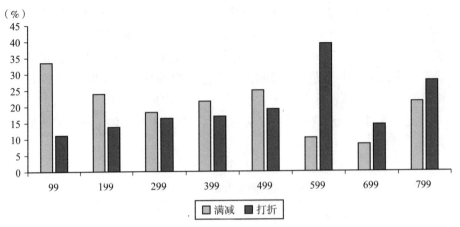

图 9 – 1   两种促销机制下不同价格商品选择的百分比

表 9 – 4   促销机制与消费质量的描述性统计

促销机制	观测值	均值	标准差	最小值	最大值
满减	401	809.8803	731.0865	99	5190
直接打折	401	639.7681	731.4605	99	4291

其次，表 9 – 4 为问卷中第 14、15 题所得的最终消费额的描述性统计，根据结果可以看出，消费者在满减机制下的总消费金额更高。表 9 – 5 为促销机制影响消费质量差异的 T 检验。综合上述结果，在两种促销机制中，满减相比直接打折能够显著提升消费者选择商品的质量。

表 9 – 5   促销机制与消费质量 T 检验

检验差/假设	检验差小于 0	检验差等于 0	检验差大于 0
满减均值 – 打折均值	0.9995	0.0010	0.0005

表 9 – 6 为不同促销机制与消费者福利的矩阵量表，根据结果可以看出，在预售机制下，44.89% 的参与者认为消费者福利没有明显变化；在限时抢购机制下，33.42% 的参与者认为福利有一定的改善；在满减优惠机制下，有 42.39% 的参与者选择了福利得到一定改善；48.13% 的参与者认为直接打折使消费者福利得到实际的改善。用比较的观点来看，促销机

制按照改善消费者福利的程度排序为直接打折、满减、限时促销与预售。

表 9 – 6　　　　　　　　　　促销机制与消费者福利矩阵量

促销机制/ 分值	1	2	3	4	5	平均分
预售	24（5.99%）	49（12.22%）	180（44.89%）	106（26.43%）	42（10.47%）	3.23
限时抢购	23（5.74%）	42（10.47%）	129（32.17%）	134（33.42%）	73（18.2%）	3.48
满减优惠	5（1.25%）	18（4.49%）	122（30.42%）	170（42.39%）	86（21.45%）	3.78
直接打折	3（0.75%）	15（3.74%）	69（17.21%）	121（30.17%）	193（48.13%）	4.21

9.5.2　实证模型

实验 1 主要的研究不同促销机制对消费者行为的影响差异性，本章将其分为两个方向进行问卷设置：第 13 题研究不同促销机制对消费者心理价格的影响，第 14、15 题研究不同促销机制对消费质量的影响。本章运用两次 OLS 模型对问卷获取的横截面数据进行回归分析。

首先，为了分别测量预售、限时促销、满减与直接打折四种促销机制对心理折扣率的影响，本章设置了三个代表促销机制的虚拟变量，以直接打折这一传统促销形式作为参照点，研究其余三种促销情景对消费者心理接受最高折扣率的影响。本章的回归模型如下：

$$Y = \beta_1 \times booking + \beta_2 \times coupon + \beta_3 \times timelimit$$
$$+ \beta_4 \times female + \beta_5 \times age + \alpha \times u + cons + \varepsilon$$

其中解释变量包括一组代表促销机制的虚拟变量，具体地，booking、coupon、timelimit 分别为代表预售、满减和限时促销的虚拟变量，female 为性别虚拟变量，u 为其他影响因素，如收入水平、消费意愿等，ε 表示随机误差项。回归数据为问卷回收所得，将数据进行处理去除极值后得到有效答案 371 份。

其次，为了研究满减和直接折扣这两种促销机制对于消费质量的影响，本章分别以参与者的总消费额与购买同类商品的数量作为被解释变量，并控制参与者性别、年龄与其他变量，本章的回归模型如下：

$$Y_i = \beta_1 \times female + \beta_2 \times age + \alpha \times u + cons_i + \varepsilon$$

其中 i 表示促销机制，female 为性别虚拟变量，ε 表示随机误差项，回归数据为问卷回收所得，数据处理并去除极值后得到有效答案 396 份。

9.5.3　实验结果

表 9 - 7 的基准回归结果显示，对于不同促销机制的作用而言，预售、满减和限时促销相比直接折扣会显著降低消费者所能接受的最高心理折扣率。限时促销比直接打折降低了 17.3% 的心理折扣率，这说明在时间压力作用下参与者希望能获得更低的折扣，然而已有研究表明，在真实面临时间压力促销的情况下，消费者行为往往会偏离心理预期而做出非理性的决策，且在金钱激励下偏离程度更显著。阿米尼拉等（Aminilari et al., 2005）通过在时间压力下具有金钱刺激的实验，发现在金钱激励下参与者的决策速度更快，但是决策结果与理性的偏离程度更大，且参与者的信息搜集能力有显著下降。吴等（Wu et al., 2010）提出并证实由于消费者缺乏充足的思考时间，在时间压力下的促销会显著影响冲动购买的行为。满减优惠比直接打折降低了 7.3% 的心理折扣率，说明直接打折相比满减更能够刺激消费者的购买意愿，但也有研究显示消费者行为与心理预期存在偏差，米尔克曼等（2009）通过商场线上数据的实证研究发现，例如优惠券这一类的意外之财会增加消费者的最终购买额，并且促使其购买计划外的商品，这种现象可以用心理账户的理论来解释。预售比直接打折降低了 11.3% 的心理折扣率，这种优惠方式便于商家事先确定库存与商品折扣价，能为消费者节约时间成本。本章由于问卷篇幅限制，没有深入研究预售机制对于消费者行为的影响，未来的研究可以深入探讨预售这一当前被电商大规模使用的促销机制是否会刺激冲动消费、实际中参与预售的反悔率与预售机制对消费者福利的影响。

表 9 - 7　　　　　　　　　促销机制对消费者接受最高价格的影响

变量	(1)	(2)
	最高心理折扣率	最高心理价格
是否预售	-0.113 ** (0.038)	-45.019 ** (15.300)
是否满减	-0.073 * (0.038)	-29.380 * (15.109)

变量	(1)	(2)
	最高心理折扣率	最高心理价格
是否限时	− 0. 173 *** (0. 038)	− 69. 055 *** (15. 360)
性别	− 0. 034 (0. 028)	− 13. 486 (11. 342)
年龄	− 0. 003 ** (0. 001)	− 1. 154 ** (0. 563)
constant	0. 778 *** (0. 056)	311. 130 *** (22. 365)
N	371	371
p	0. 0001	0. 0001

注: * 、 ** 、 *** 分别代表在 10% 、5% 和 1% 水平下显著。

在研究消费者心理预期折扣率的基础上,本章探索了满减与打折两种促销机制对实际消费额和购买量的影响差异性。表 9 - 8 的回归结果显示,在满减的促销机制下消费者的购买总额与购买商品数量比直接打折更多,能够更显著地刺激消费者提升其消费金额与购物数量,从而促进消费质量提升。而在促销机制不同时,本章控制的性别与年龄对消费额与购买量的影响没有显著的差异性。

表 9 - 8   **促销机制对消费者接受最高价格的影响**

变量	(1)			(2)		
	同类商品消费额			同类商品购买量		
	满减	直接打折	Difference, 满减 − 打折	满减	直接打折	Difference, 满减 − 打折
性别	35. 655 (75. 979)	− 9. 043 (75. 702)	44. 697 (59. 239)	− 0. 065 (0. 162)	− 0. 003 (0. 157)	− 0. 062 (0. 206)
年龄	12. 662 *** (3. 749)	14. 367 *** (3. 735)	− 1. 705 (2. 874)	− 0. 002 (0. 008)	0. 032 *** (0. 008)	− 0. 034 *** (0. 010)
constant	408. 5634 *** (136. 526)	211. 498 * (136. 028)	197. 065 (104. 650)	1. 688 *** (0. 292)	0. 662 ** (0. 281)	1. 026 *** (0. 371)

变量	(1)			(2)		
	同类商品消费额			同类商品购买量		
	满减	直接打折	Difference,满减－打折	满减	直接打折	Difference,满减－打折
N	396	396	396	396	396	396
p	0.0035	0.0004	0.5518	0.911	0.0002	0.0039

注：＊、＊＊、＊＊＊分别代表在10%、5%和1%水平下显著。

上述结果现有一定行为经济学与心理学方面的理论解释：一个主要解释为心理账户的选择，心理账户理论下消费者会提前形成预算从而对行为起到约束作用，这一理论预测当人们收到类似于优惠券、满减优惠的额外收获时，其心理账户也会受到一定的影响，往往趋向于改变原本计划而购买额外的商品（Milkman，2009）；另一个解释为互惠心理的影响，在实验中的具体表现为，被试者在其测试结果影响对象为曾经给予自己帮助的人时，会付出更大努力完成任务（Goranson et al.，1966），因而消费者在收到优惠券，即网站给予其的利好政策时，也可能出于互惠原则选择花更多的钱购物。

综上所述，首先，不同的促销机制下消费者能接受的商品最高折扣率有显著区别。具体地，心理预期折扣率由高到低分别为直接打折、满减、预售和限时促销。其次，为了研究心理预期与消费者行为之间是否具有一致性，本章通过模拟真实消费环境，发现满减机制下的消费额与消费商品数量均有提升，从而满减比直接打折更能促进消费质量的提升；然而由于问卷获取的数据具有局限性，这一结论仍较为粗略，未来的研究可以运用实验与问卷结合的形式，利用更为丰富的数据进一步探究多种促销机制对消费质量的影响差异性，从而提供更为精准的政策与平台建议。

9.6　实验2：退换货政策价格弹性

9.6.1　设计过程

随着电商平台的发展与普及，越来越多网上商城采用针对不同使用者与不同商品推出不同退换货政策的方式作为消费的助推。例如,服饰官方店铺选择七天无理由退换、电脑等数码产品可一个月无理由退换保修等。本研究希望研究消费者在购物节中对退换货政策的实际体验,以及退换货政策宽松程度对购买意愿的影响。

首先,本章通过第 8~10 题了解参与者在购物节中的退换货比例与成功概率,并设计第 11 题的矩阵量表,通过同意程度 1~5 分制打分以测量参与者对退换货政策的态度。在本章回收的调查样本中,37.41% 的消费者认为自身对于"双十一"商品的退换货政策了解,而 20.45% 的消费者认为自身不了解,基于此背景,50.37% 的消费者在"双十一"商品到货后进行退换,成功率为 93.07%。表 9 - 9 则为测量消费者对于"双十一"退换货政策观点的矩阵量表,可以看出 41.65% 的消费者认为商家的无理由退换货时间适中,提供了一定的冷静期以重新考虑消费决策;36.41%的消费者对于退换过程中商家承担了一部分成本的观点持中立意见;另外,由于双十一期间物流压力骤然增强,商家对于"双十一"商品的退换货处理效率并未得到提升,易影响综合消费体验。

表 9 - 9 退换货政策的矩阵量

观点/分值	1	2	3	平均分
商家对于"双十一"商品的退换货处理效率更高	32(7.98%)	91(22.69%)	157(39.15%)	3
商家规定的无理由退换货时间很充裕	14(3.49%)	56(13.97%)	167(41.65%)	3.33
在退换货过程中商家承担了他们责任中的一部分成本(如邮费等)	29(7.23%)	54(13.47%)	146(36.41%)	3.29
小计	75(6.23%)	201(16.71%)	470(39.07%)	3.2

观点/分值	4	5	平均分
商家对于"双十一"商品的退换货处理效率更高	88(21.95%)	33(8.23%)	3
商家规定的无理由退换货时间很充裕	112(27.93%)	52(12.97%)	3.33
在退换货过程中商家承担了他们责任中的一部分成本(如邮费等)	117(29.18%)	55(13.72%)	3.29
小计	317(26.35%)	140(11.64%)	3.2

其次，本研究设计第 11 题的实验测量退换货政策与价格弹性，具体地，在问卷题目中我们给出了两种可供比较的商品 a 和 b，在给出商品 a 价格与商品 a、b 的退换货政策的情况下，要求参与者填写所能接受的 b 的最高价格，其中 a 为标价 49 元的休闲裤，而 b 分别为 7 天无理由退换、15 天无理由退换、30 天无理由退换、60 天无理由退换和无限期无理由退换，每个参与者将填写以上五种情况下的最高心理预期价；同时控制商品种类等变量。最终获得有效数据 338 条，通过表 9 - 10 和表 9 - 11 展示其描述性统计结果。可以看出，越宽松的退换货政策下消费者所能接受的商品价格越高，且在 t 检验下基本呈现出显著性。为了进一步研究退换货政策与价格的弹性关系，本章将在修改现有模型的基础上进行 OLS 回归。

表 9 - 10　　　　　退换货政策下所能接受最高价格的描述性统计

退换货期限	观测值	均值	标准差	最小值	最大值
7 天无理由	338	91. 136	117. 835	45	1000
15 天无理由	338	112. 793	217. 224	40	3000
30 天无理由	338	147. 811	394. 851	30	5000
60 天无理由	338	195. 811	668. 194	20	8000
无限期无理由	338	325. 749	1276. 508	10	10000

表 9 - 11　　　　　退换货政策下所能接受最高价格的 t 检验

检验差/假设	检验差小于 0	检验差等于 0	检验差大于 0
7 天 ~ 15 天	0. 054	0. 108	0. 946
15 天 ~ 30 天	0. 077	0. 154	0. 923
30 天 ~ 60 天	0. 128	0. 256	0. 872
60 天 ~ 无限期	0. 049	0. 098	0. 951

9.6.2　实证模型

实验 2 目的在于测量退换货政策的价格弹性，主要应用贝里等（Berry et al.，1995）提出的离散选择需求模型和肖俊极等（2012）建立的信号需求模型对数据进行分析。

根据肖俊极等（2012），退换货政策作为电商消费者保障计划的重要部分，能够作为产品质量的信号，有效缓解互联网购物平台中信息不对称而导致市场低效率的问题，结合差异产品的伯特兰德竞争模型，得到简化后的消费者效用函数为：

$$u_{ij} = \beta' X_j + \delta_i \times I_j - \alpha_i \times P_{ij} + \xi_j + \varepsilon_{ij}$$

其中 i 表示不同消费者，j 表示不同产品，X_j 为卖家特征，I_j 为 j 商品是否参与七天无理由退换计划的虚拟变量，P_j 为 j 商品价格，ξ_j 为不可观测到的卖家特征，ε_{ij} 表示随机干扰项。在本研究的问卷中，已经假定所有情况下的消费者效用相等，并且控制商品种类 j，因此可以将上式作差得到：

$$0 = \delta_1 \times \Delta I_1 + \delta_2 \times \Delta I_2 - \alpha_i \times \Delta P_{ij} + \varepsilon_i$$

为了具体地测量退换期限，将变量 I 扩展为 I_1 和 I_2，I_1 为表示是否为无限期退换的虚拟变量，I_2 表示以天为单位的退换货期限。对上式进行积分，并加入测量消费者特征的变量得：

$$u_i = \beta_1 \times female_i + \beta_2 \times age_i + \beta_3 \times stu_i + \alpha_1 \times I_1 + \alpha_2 \times I_2 + \varepsilon_i$$

其中 female 为性别的虚拟变量，age 为年龄变量，stu 为测量是否学生的虚拟变量。

9.6.3 实验结果

表 9 - 12 为不同退换货政策与参与者特征对最高接受价格的回归结果。在问卷给定无差异商品为 49 元且不可退换的休闲裤的情况下，退换货期限能显著影响消费者的最高接受价格。首先，在有限制期的政策中，退换日期增长一天能使消费者的最高接受价格提高 1.942 元；其次，无限期的退换货政策下消费者的最高接受价格比不可退换情况提高了约 234 元。

表 9 - 12　　　　　退换货政策对最高接受价格的影响

变量	（1）
	最高接受价格
是否无限期	234.235 ***
	(48.414)
退换日期	1.942 **
	(0.910)

变量	（1）
	最高接受价格
是否女性	35.767 （34.036）
年龄	0.668 （1.719）
是否学生	34.673 （40.654）
cons	27.743 （73.840）
N	1690
p	0.000

注：＊、＊＊、＊＊＊分别代表在10％、5％和1％水平下显著。

综上所述，退换货政策作为电商平台重要的信号机制与助推政策，不仅能够刺激消费，而且具有提升消费质量的作用。另外，本章在研究过程中还存在一定问题值得深入探讨，主要为一下两方面：首先，本章应用的是基于传统模型修改而得到的线性模型，然而现实中随着可退换期限的增长，消费者接受最高价格的幅度往往随之增长，其形态究竟是指数级、次方形式或是其他形式，还需要进一步探究；其次，由于问卷限制，本研究的商品仅为无差异的休闲裤，退换货政策的价格弹性在不同类别的商品中，尤其是数码产品、家具等长期使用的商品中如何影响与表现，仍需要继续研究。

9.7 研究结论

根据文献回顾与问卷数据的实证分析，本章以2018年电商"双十一"购物节为研究目标，详细探究了不同促销机制对消费者心理价位与消费行为的影响，以及退换货政策及期限长短对消费者心理价格的影响机制，并且给出了实验结果的科学解释，得出以下结果。

首先，促销机制对消费者的最高心理价格与最高心理折扣率有显著的影响，以直接打折为基准组回归后的数据显示，满减、预售和限时促销机制分别会显著降低 7.3%、11.3% 和 17.3% 的最高心理折扣率，在现有的文献中主要通过时间压力引起的过度自信、决策效率低下与心理账户理论对此进行解释。

其次，促销机制能影响消费者的购买金额。具体地，满减机制比直接打折情景下同类商品消费额能显著提高 197.07 元，消费数量提高 1.026 件，因此本文认为满减机制更能促进消费升级，这一结果也符合现有文献中心理账户理论与互惠理论对消费者行为的预测。

最后，在相关文献指出退换货政策为有效的信号机制的基础上，本研究得到，在商品为无差别休闲裤的情景下，无限期的退换货政策比不可退换的情景下消费者愿意接受的最高商品价格提高了约 234 元，而退换货日期每增长一日能使其接受价格提高约 2 元。

综上所述，以"双十一"购物节为例的促销活动在一定程度上能够扩大消费者对于商品的选择范围，增加消费者福利以及促进消费质量的提升。而退换货政策作为重要的助推政策，在消费者的商品选择中占越来越高的比重，能够提升消费者福利及综合消费体验。

本研究虽然在现有文献基础上，基于问卷数据得出了促销机制、退换货政策与消费意愿和消费行为的关系，但在使用模型与实证分析层面还存在一定的局限性，由于问卷设置的局限性，未能完整展示四种促销机制所影响的消费者心理折扣率与实际消费行为之间的一致性，在未来可以通过模拟不同购物情境下的实验设计深入研究消费选择的差异。通过问卷的实地实验环境控制性逊于实验室环境，被试者由于不受时间压力、实验环境压力等激励，其参与态度和实验理解程度可能有一些局限，从而影响实验结果的显著性。在未来的研究中可以通过实验室环境，或是在发放问卷时控制被试人群、调整激励手段进行。相关研究的开展对于网购平台的机制设计和国家的消费政策有重要意义。

附录　"双十一"消费者问卷

1. 在"双十一"促销期间您参与了哪些促销活动？（多选）

a. 预售/订金

b. 产品组合销售

c. 满减满折活动

d. 整点限时低价秒杀活动

e. "双十一"津贴/红包/优惠券

f. 京东白条分期免息购物

g. 以上都没参加

2. 在您的体验中，以下哪种促销活动能够给您带来真实的价格上的优惠？（多选）

a. 预售/订金

b. 产品组合销售

c. 满减满折活动

d. 整点限时低价秒杀活动

e. "双十一"津贴/红包/优惠券

f. 京东白条分期免息购物

g. 其他

3. 依据您的体验，在本次"双十一"购物节中，您最终获得的平均折扣比例为：

a. 高于 3 折

b. 3～5 折

c. 5～7 折

d. 7～9 折

e. 低于 9 折

f. 不关注

4. 您在"双十一"期间在以下电商平台上的消费金额约为（消费金额包括退换货的商品金额，没有消费请填 0）：

a. 淘宝

b. 京东

c. 苏宁

d. 拼多多

e. 其他

5. 您在"双十一"期间的线下消费额度大约为：

a. 0

b. 0~1000 元（不包括 0）

c. 1000~2000 元

d. 2000~5000 元

e. 5000~10000 元

f. 10000~30000 元

g. 30000 元以上

6. 请将您在"双十一"促销时期购买的商品类型按照消费金额排序：

a. 日化家清（纸品/个护等）

b. 食品饮料

c. 化妆品 or 护肤品

d. 服饰、鞋子

e. 数码产品及家电（相机/电脑/家用电器）

f. 医药健康产品

g. 健身用品 td

h. 轻奢品或奢侈品

i. 其他

7. 对于以下"双十一"活动的促销规则的一些观点，请根据您的体验请进行打分（1~5 分，1 分为非常不赞成，5 分为完全赞成）：

a. "双十一"丰富的促销活动，能给消费者带来很大程度上的优惠

b. 我对于"双十一"期间商家服务态度非常满意

c. "双十一"的促销规则太过复杂

d. "双十一"活动会增加不理性的消费

e. "双十一"活动能够促进商品质量提升

f. "双十一"活动造成商品质量下降

g. "双十一"能扩大消费者对消费品种的体验

8. 您在下单之前对于"双十一"促销的退换货规则，尤其是预售商品的退换货政策是否了解？（1~5 分，1 分为完全不了解，5 分为非常了解）

9. 您在"双十一"期间于京东平台上的消费总金额中，价格大约占多少比例的商品进行了退货？

a. 80%~100%

b. 60%~80%

c. 40%~60%

d. 20% ~ 40%

e. 0% ~ 20% （不包含 0）

f. 0%

10. 根据上题，您在"双十一"期间退换商品是否成功？

a. 成功，且退换期限为：

b. 不成功，退换期限为：

11. 下面问题是关于"双十一"商品退换货政策的情景，请您在此情景下对每个问题进行打分（1~5 分，1 分非常不同意，5 分非常同意）：

a. 商家对于"双十一"商品的退换货处理效率更高

b. 商家规定的无理由退换货时间很充裕

c. 在退换货过程中商家承担了他们责任中的一部分成本（如邮费等）

12. 在"双十一"期间若您想要购买一条运动裤，可以选择的商品有 a 和 b 两种。其中，商品 a 的价格为 49 元，且不可退换；请在以下几种情况下，分别填写您愿意消费的商品 b 的最高价格。（例如，填写 x 元即当 b 的价格高于 x 时，您更愿意选择价格为 49 元且不可退换的商品 a）

a. 商品 b 可 7 天无理由退换：

b. 商品 b 可 15 天无理由退换：

c. 商品 b 可 30 天无理由退换：

d. 商品 b 可 60 天无理由退换：

e. 商品 b 可无限期无理由退换：

13. 请根据以下的情景假设，填写您能接受的休闲裤的最高折后价格：

情景一：假设您想要购买原价为 400 元的牛仔裤，其促销方式为预付定金 20 元，在"双十一"当天付尾款，无须抢购；

情景二：假设您想要购买原价为 400 元的牛仔裤，其促销方式为优惠券，可以使用满 400－50 的购物津贴，并且可以叠加店铺满 199－10、满 299－30、满 399－50 的优惠券；

情景三：假设您想要购买原价为 400 元的牛仔裤，其促销方式为打折促销，该店铺 1 件 9 折、2 件 8 折、3 件 7 折；

情景四：假设您想要购买原价为 400 元的牛仔裤，其促销方式为限时促销，11 月 11 日零点前 15 分钟下单可获得优惠价；

以上四种促销情景在问卷中随机分配给填写者。

14. 假如您在"双十一"期间计划购买行李箱，并且已抢到满 199 减

60 元、299 减 100、满 399 减 150、满 499 减 210、满 599 减 300 的多张不可叠加的优惠券，您会以怎样的组合形式购买以下商品？（提示：最终显示的总价是商品原价，括号内为商品原价）

    a. 美旅 AmericanTourister 拉杆箱 25 英寸，原价 799 元

    b. 美旅 AmericanTourister 旅行箱 20 英寸，原价 699 元

    c. 爱华仕 oiwas 拉杆箱 20 英寸，原价 599 元

    d. 瑞动 Swissmobility 拉杆箱 24 英寸，原价 499 元

    e. 外交官 diplomat 拉杆箱 19 英寸，原价 399 元

    f. 小米旅行箱 20 英寸，原价 299 元

    g. 卡帝乐鳄鱼行李箱 24 英寸，原价 199 元

    h. 黑沙拉杆箱 20/24 英寸，原价 99.90 元

15. 假如您在"双十一"期间计划购买休闲上衣，其中所有休闲上衣类的商品均打七折，您会以怎样的组合形式购买以下商品？（商品价格与最终总计显示的价格均为原价）

    a. 南极人休闲外套男女同款，原价 99 元

    b. 伯希和（Pelliot）休闲外套男女同款，原价 199 元

    c. 风谜 FOOXMET 休闲外套男女款，原价 299 元

    d. 七匹狼户外休闲外套男女款，原价 399 元

    e. 哥伦比亚休闲外套男女同款，原价 499 元

    f. 萨洛蒙（Salomon）户外休闲外套男女同款，原价 599 元

    g. 凯乐石（KAILAS）户外休闲外套男女款，原价 699 元

    h. Jack wolfskin 狼爪户外休闲外套男女款，原价 799 元

16. 在您的体验中，以下几种"双十一"的促销方式对于提高消费者福利的作用如何？（1～5 分，1 分为严重损害了消费者福利，3 分为不影响消费者福利，5 分为大大提升了消费者福利）

    a. 预售商品

    b. 整点抢购（如"双十一"零点后的前 20 分钟有大幅度的优惠）

    c. 满减优惠

    d. 直接打折

17. 您的性别：

    a. 男

    b. 女

18. 您的年龄为：

19. 您每月的可支配收入为：

a. 1000 元及以下

b. 1001～3000 元

c. 3001～5000 元

d. 5001～7000 元

e. 7001～9000 元

f. 9001～11000 元

g. 11001～13000 元

h. 13001～15000 元

i. 15000 元以上

20. 您平均每月的消费支出金额约为：

a. 1000 元及以下

b. 1001～3000 元

c. 3001～5000 元

d. 5001～7000 元

e. 7001～9000 元

f. 9001～11000 元

g. 11001～13000 元

h. 13001～15000 元

i. 15000 元以上

21. 您目前从事的职业：

22. 您所在的省份为：

第 10 章

互联网普及如何影响居民消费

——来自中国家庭追踪调查的证据①

10.1 引　言

2019 年政府工作报告指出，未来需要"加快在各行业各领域推进'互联网 +'""加强互联网内容建设，丰富人民群众精神文化生活"。互联网的使用已对居民生活的各个方面产生了潜移默化的影响。据 2019 年 3 月中国互联网络信息中心（CNNIC）发布的第 47 次《中国互联网络发展状况统计报告》显示，截至 2020 年 12 月，中国总计网民数量达 9.89 亿人，互联网普及率超过全球 55% 的平均水平，达到了 70.4%，人均每周上网时间达到 27.6 小时。超过半数的中国居民能够使用互联网，且在网络上投入了不可忽视的时间精力。已有研究显示，互联网的普及能够影响经济增长、国际贸易、价格竞争，以及改变居民的就业方式、消费决策和时间安排。

在城镇化与乡村同步发展、因地制宜的背景下，互联网通过催生出的一系列电子商务平台和信息交互传播作用，对居民消费产生了显著影响：①互联网作为重要的信息传播渠道，具有将消费者偏好和企业产品信息在

①　本章合作者为周澜。

供给需求双方传递的作用，通过丰富居民的选择空间刺激消费增长。②互联网的发展直接催生了电子商务的出现和迅速发展，并推动了物流行业、支付行业的变革。截至 2020 年底，中国网上购物人数占上网人数的 79.1%。③"互联网＋"的发展推动了交通、餐饮、医疗等传统行业的变革，并催生出"共享经济""绿色经济"等新型消费模式。互联网对于居民消费习惯与消费结构具有根本性的影响，而当前文献中对于该问题的微观实证分析仍较为缺乏。自 2008 年金融危机以来，消费驱动型的增长模式已经成为中国经济转型的重要目标。杜丹清（2017）从当前研究的梳理结果提出，消费升级动力的研究应进一步关注需求侧消费内容与消费方式的变革和供给侧产品创新。现有的研究主要关注互联网对劳动力市场、社会中宏观因素等方面的影响，较少聚焦于互联网对居民家庭消费影响及影响途径。因此，本章旨在从微观视角研究互联网使用对中国居民家庭消费量和消费结构的影响，希望能较好识别互联网的逐步普及对于居民消费变动和具体渠道的真正作用。

本研究利用中国家庭追踪调查（CFPS）数据库中 2014 年和 2016 年的面板数据研究上述问题。首先，参考现有文献，以家庭是否使用互联网为核心自变量，以是否乡村样本、乡村与城市距离作为关键变量，研究互联网对于消费提振作用的城乡异质性。其次，本研究引入交叉项、平方项探讨乡村样本中与城市距离不同的家庭使用互联网后总消费与人均消费的变化，并通过分别讨论三种消费类型检验其稳健性。在计量方法上，本研究使用了含工具变量的面板数据随机效应模型回归作为基准模型，并使用交互项模型研究互联网的具体影响渠道。最后，本章重点对网络使用影响居民消费的直接途径进行了现有理论的实证检验，并简要分析了间接途径作用。其中，直接途径包括网络的信息渠道效应和消费环境效应；间接渠道包括网络对居民就业率的促进效应、对收入的提高效应和对居民精神状况的影响。

本章主要分为六个部分，10.1 节为引言，介绍本章研究意义及主要研究内容；10.2 节为文献综述；10.3 节为数据处理与模型构建，对所使用的数据、变量和计量估计方法进行了介绍；10.4 节列示主体回归结果；10.5 节为影响途径讨论，分直接和间接途径对互联网影响家庭消费的机制进行了实证检验；10.6 节为结论与政策建议。

10.2 文 献 综 述

现有研究表明，互联网在宏观层面的经济影响主要表现在经济增长率、金融模式的信息化与对外贸易门槛降低（Cronin，1998；Choi et al.，2002；Choi and Yi，2009；宫晓林，2013；韩会朝，2019）；互联网在微观层面的经济影响则构成了改变家庭消费和投资决策的重要间接因素，主要研究内容包括家庭投资消费决策、家庭经济与就业状况以及居民福利。家庭投资方面，博根（Bogan，2008）使用家庭面板数据研究表明，互联网通过降低信息和交易成本使得居民的股票投资参与率显著增高；梁和郭（Liang and Guo，2015）则针对中国 CHFS 样本，从加强居民社会互动的角度提出互联网对于居民风险资产投资率的提升作用。周广肃和梁琪（2018）运用中国家庭追踪调查面板数据验证了互联网使用对家庭风险性金融投资行为的促进作用，并指出其影响途径为降低交易成本与增强社会互动。家庭经济与就业状况方面，刘晓倩和韩青（2018）使用 CFPS 2014 年的微观数据和内生转换模型回归发现，互联网使用明显提高了居民的年收入，但同时也会扩大居民间的收入差距。周广肃和樊纲（2018）发现互联网使用因具有对家庭信息可得性和融资成本的正向作用，能够显著提升家庭的创业概率。居民福利方面，格罗斯等（Gross et. al.，2002）研究指出可以获得即时通信消息的青年学生焦虑感和孤独感更强；夏培拉等（Shapira et al.，2007）则针对老年人进行研究，提出互联网的培训活动会增加他们的幸福感，而罗曼（Lohmann，2015）则认为互联网会通过降低居民对收入的满意度降低居民幸福感。周广肃和孙浦阳（2017）使用中国家庭实证数据分析，证实了在中国语境下互联网使用可以使居民的幸福概率提升 2.1%，同时降低收入对幸福感的影响。

基于此，国内外文献对家庭收入、资产规模与社会保障等如何影响家庭消费已有丰富的研究。家庭收入方面，桑德（Sand，2002）对挪威1976~1997 年 200 余户农户的收入消费数据进行估计提出，相比于农业工作，农户在非农业工作中能获得显著更高的边际消费倾向。温涛等（2013）则使用中国数据的实证研究发现家庭经营性收入对农民的分项消费支出影响最大。家庭资产方面，张大永和曹红（2012）使用中国家庭金融微观调查数据，认为是否拥有住房、房屋价值和金融资产规模等对家庭消费均有显著影响，其中房地产具有更高的财富效应且对消费的影响更显著。李涛和陈斌开（2014）进一步检验了家庭资产和住房资产对居民消费的异质性影响，发现家庭住房资产对居民消费没有促进作用。社会保障方面，白重恩等（2012）证实了新农合对家庭非医疗支出类消费的增加作用达5.6个百分点。岳爱等（2013）通过随机抽样的试点实地调查数据的实证研究指出，新农保政策显著降低参保农户家庭的日常费用支出并提振农村居民的消费。马光荣和周广肃（2014）则基于 CFPS 2010 年和 2012 年的数据，运用面板数据双向固定效应模型研究发现，新农保政策显著降低了家庭成员均为 60 岁以上的老年参保家庭的储蓄率，但对 60 岁以下参保家庭的储蓄率影响不显著。

聚焦至本章最直观的研究目标——互联网对居民家庭消费的影响——目前的研究主要集中于宏观分析与微观层面的农村家庭，且对影响途径的探讨不足。王鹏飞（2014）使用 2002~2013 年宏观数据建立 VAR 模型，发现网络使用对居民消费的促进作用。方福前和邢炜（2015）将各省电商规模与居民消费的数据建立一般均衡模型得出两者之间的 U 型关系。林罕（2019）进一步通过微观实证分析提出互联网普及率及网上支付渗透率的提升可显著提高居民的消费倾向。另外，刘媛媛（2016）、江小涓（2017）、周楠（2018）等也从理论出发对互联网影响居民消费的机制进行了总结和梳理，主要包括居民主观消费心理、客观消费环境等方面，但未给出相关实证分析。在主要关注农村消费的研究中，刘湖和张家平（2016）认为互联网促进农村居民消费结构由传统向发展型、享受型转变的促进作用，但其研究方法仅为面板数据回归，仍存在未解决的内生性问题；祝仲坤（2017）则利用工具变量方法以解决农村微观数据中的内生性问题，并引入倾向得分匹配法对结果的稳健型进行检验。贺达和顾江（2018）进一步对农村样本按年龄、收入等标准进行分类，检验互联网对于不同特征群体的异质性作用。张永丽和徐腊梅（2019）运用甘肃省农户调查数据发现互联网使用对贫困地区农户家庭消费水平与消费结构的积极影响，并从降低教育成本角度对其影响途径加以解释。针对所有城乡样本的研究中，杨光等（2018）使用 CFPS 2010 年和 2014 年微观调查数据研究互联网对居民家庭消费的影响，但对于结果的稳健性、影响原因仍缺乏深入的探讨。

本章试图构建一个更具有说服力的变量分析框架，并关注互联网对消费者社会互动与社会学习方式的改变、空间距离的克服等方面，探讨互联网对于居民消费的影响途径。消费者的社会学习方面，蔡等（Cai et al.，2009）定义社会学习为个体之间直接的信息沟通与学习效应从而进行消费决策，并证明其是驱动产品消费行为变化的重要机制。社会互动是社会学习的主要途径。郭士祺和梁平汉（2014）提出互联网使用和社会互动作为信息渠道对居民家庭的股市参与起到共同作用，且两者作用具有替代性。李丁（2019）通过微观层面的实证研究提出，提高社会互动对于家庭金融市场参与的积极性具有正向作用。方娴和金刚（2020）提出通过社会学习，消费者之间高效顺畅的信息沟通能够显著刺激高质量产品的消费增长，而低质量的服务产品可能逐渐被市场所淘汰，从而得到消费结构的改善。信息通信建设与道路、物流基础设施建设也是本研究所关注的重要变量，与居民的互联网使用与消费方式密切相关。国内研究中，刘生龙和周绍杰（2011）证明了道路、通信与自来水三大基础建设对于中国农村居民收入的正向影响，许竹青等（2013）则着眼于手机短信的农业服务信息，提出农业信息建设过程中高效市场信息的重要性。近几年来随着阿里巴巴、京东等电子商务平台的迅速发展与下沉市场渗透，更多研究开始着眼于信息通信建设中电商平台对于消费者与农村卖方的影响。孙浦阳等（2017）通过对淘宝交易的月度微观价格数据分析，发现消费者在电子商务平台中的搜寻行为与消费价格之间存在显著的关系，但其相关性的正负具有产品的差异性。曾亿武等（2018）通过问卷数据分析，发现参与电商活动能显著提高农业收入的利润率与销量，但加剧了农村内部的收入不平等。李琪等（2019）提出电商发展对农民增收具有显著的积极作用，同时也具有显著的空间外部性作用。唐跃桓等（2020）指出电商对于农村增收影响的重要渠道是信息通信建设，并且具有地区的异质性。国外研究中，达斯（Das，2014）指出信息通信建设，尤其是手机的使用，能够为农民获取市场信息建立高效的沟通渠道，从而实现农业增收；然而扎伊尔等（Zaello et al.，2014）也认为并未有证据能够证明信息通信建设能够通过促进农产品市场参与者沟通交流、提升信任程度而促进农民收入提高。

综上所属，当前文献研究主要存在两大可深入拓展之处：首先，已有文献主要选用工具变量方法解决部分内生性，并且通过参数与非参数方法依据家庭基础情况与经济状况对样本进行匹配从而控制样本的选择性问题，未考虑社区消费环境的影响；其次，对于互联网影响途径的实证与理论解释仍集中在家庭收入、居民创收等间接因素，忽略了互联网作为新兴信息渠道对消费行为的重要作用。基于上述研究之缺失，本研究试图在以下三个方面产生边际贡献：①运用含工具变量的面板回归，加入村委（居委）层面的消费环境变量从而实现更精确的样本匹配，以进一步解决居民社会互动与个人信息渠道偏好因素引起的内生性问题。具体地，构建社会互动变量、选用村委（居委）2014 年是否具备手机信号塔和邮政物流服务，以及居住地与最近城镇的距离作为新增控制变量，用以控制信息渠道和社会互动方式对结果相关性的影响。②本章通过加入新增控制变量与是否使用互联网这一核心被解释变量的交互项，关注互联网通过信息渠道与消费环境改变家庭消费的直接作用。结果表明，首先，互联网能够通过居住地通邮与居民所在地理位置的异质性所导致的消费环境对家庭消费产生不同的影响，仅有居住地通邮的样本在使用互联网后家庭消费与线下消费受到明显的提振作用，而互联网对于农村家庭消费的提振作用随着家庭与城镇距离增加呈现正 U 型曲线的形态；其次，互联网与社会互动之间存在显著的替代作用，而与手机信号之间的结果不显著可能是因为两者协同促进与替代性的两方向作用同时存在。因此本章提出应进一步引导居民进行互联网的信息选择，并加强网络无效信息的筛选与监管。③互联网使用能够改变居民的消费结构，使得生存型消费转向享受型与发展型消费。本研究上述发现对互联网时代中国提升居民消费水平、促进农村下沉市场消费潜力的释放具有一定的政策指导意义。

10.3　理论、变量构建和数据

10.3.1　理论假设

基于居民使用互联网的特点，本章主要研究的因变量为微观层面的家庭总消费、线下消费与消费结构。互联网对于居民家庭消费的影响途径可以分为直接途径与间接途径。间接影响途径是指互联网通过提高居民收入、就业水平与家庭资产情况等从而影响消费行为。具体地说：①随着网络的不断发展完善，各类工作中介及招聘信息分享平台不断涌现，降低了居民的工作寻找成本。互联网市场信息的高效流通鼓励居民创业创新，不断提升居民非农就业的概率（马俊龙和宁光杰，2017），其拓宽社交和信息渠道的作用也增加了居民的创业活动参与率（周洋和华语音，2017）。同时，互联网可以通过加速人力资本的积累、促进金融发展和产业升级对区域创新产生间接的积极影响（韩先锋等，2019）。除此以外，随着互联网平台的发展而产生的各类新兴职业也为劳动力提供了更多选择，例如时下热门的网络直播、短视频制作与各类淘宝村、配送员等职业。在国外研究中，高斯和菲利普斯（Goss and Phillips，2002）运用 OLS 方法发现互联网使人们的收入回报率提高，纳瓦罗（Navarro，2010）则运用拉丁美洲国家的数据和倾向得分匹配方法得出了同样的结论。②互联网的使用对于个人情绪中的焦虑、孤独感和幸福感影响的研究也为一个重要话题。格罗斯等（Gross et al.，2002）认为即时通信的迅速发展会提高青年学生的焦虑感和孤独感，同时罗曼（2015）也发现了互联网通过降低居民收入的满意度从而对居民幸福感产生了显著的降低效应。而消费作为一种排遣压力的手段经常被大众使用。国内研究中，周广肃和孙浦阳（2017）使用中国家庭实证数据分析证明互联网使用能够提升居民的幸福概率，这与国外学者的研究结论是不一致的。

直接影响途径主要体现在消费环境变化与信息渠道改变，下面分别对这两个方面进行阐述。

（1）消费环境变化。互联网创造了全新的消费方式：据中国互联网络信息中心（CNNIC）统计，截至 2020 年底，网络购物用户规模达 7.1 亿，年增长 16.4%。以阿里巴巴、京东为代表的各大电商巨头竞争激烈。互联网使用中开创的网购与外卖模式有效解决了消费过程中的阻碍，为消费者提供了几乎随时随地都保持畅通的消费渠道。在传统的消费研究中，距离大型集市、商场或综合体的距离与交通工具获取的便利性也是纳入考虑的关键因素，尤其对于农村居民而言，交通的不便性成为消费转型升级的关键阻碍。考虑到不同特征的群体内部可能由于偏好外部性而产生品类消费中的溢出效应，人们会通过学习身边接触的群体或具有相同特征群体的消费行为调整自身的决策：一方面，相对而言城市的人口密度比乡村更高，而人口集中、市场的扩大会增加消费者之间的直接交流机会，从而通过产生偏好外部性来刺激消费（Waldfogel et al.，1999）。具体表现在城市居民的消费更在意商品的符号价值，而农村居民则更注重其实用性（石明明和刘向东，2015）。另一方面，由于生产方式的异质性，城市居民的生活资料往往需要进入市场购买，但农村居民的许多生活必需品为自给自足的模式，因此城市的消费倾向更高（Tabuchi et al.，2000）。网购平台与配套物流系统的发展使得消费者可以随时随地购买商品，有效释放了消费潜能。外卖平台的产生对于城市居民，尤其是工作繁忙、时间分配更为紧张的消费者而言，不仅能通过挤出其劳动时间增加收入，而且能使一定范围内的市场更为畅通，打通了供需之间的传递渠道，进一步刺激消费。另外，网络应用中的消费者点评、互动提问等反馈机制也为社会学习提供了高效直接的平台。然而，近年来农村居民向城镇迁移的浪潮可能对人群特质产生一定的影响。农村居民往往由于生活便利性、劳动市场需求更大与渴望生活品质提升等原因搬至城镇，因此可能导致样本的自选择性。

互联网对消费影响存在距离异质性。与当地商业中心距离不同的家庭消费行为存在差异，尤其在互联网对消费的作用下。首先，与商业中心距离更近的家庭更容易收到消费行为的溢出效应影响。商业中心与周边居民的经济、人际互动和社会活动等方面均存在着更为紧密的联系。商业中心周边家庭不仅可以从便捷的交通环境受益，而且更可能对商业中心人群消费行为产生模仿效应。其次，距离不同的社区中基础设施状况参差不齐，尤其是物流、通信等与互联网发展密切相关的行业。互联网使用下，商业中心周边居民可以享受地理优势带来的高效交通网络，具备网购、外卖等新型消费模式的可得性。本研究由于数据的可得性，在这一部分中将城镇视为商业中心，并只对于农村样本进行分析。

基于上述分析，本研究给出以下假说。

假说1：在控制家庭与社区变量的情况下，互联网使用能够提升居民家庭总消费和线下消费，并使家庭消费结构由生存型转向发展型与享受型消费。

假说2：互联网对消费的影响在居民所在社区通邮的情况下更为显著。

假说3：在互联网作用下，距离最近城镇更近的农村家庭总消费增长幅度更大。

（2）信息渠道改变。互联网通过影响社会互动与消费者社会学习改变消费行为：互联网的即时信息流通机制影响消费习惯。互联网不仅拓宽了厂商将产品信息传至消费者的渠道，而且为所有用户创造了超越时间与空间约束性的消费互动平台，形成以信息源为导向的具有高速互动效率的网络社交群体。具体地，用户可以通过互联网直接对消费品的品质进行交流互动，也即社会学习（Cai et al.，2009）；通过观察社交群体、网络平台中其他个体的消费行为对商品质量进行间接判断，也即观察学习；依据社会网络中商品消费个体数量的变化而调整个人效用，也即社会网络外部性。其中，社会学习被现有文献证明是驱动产品消费行为变化的重要机制，消费者之间高效顺畅的信息沟通能够显著刺激高质量产品的消费增长，而低质量的服务产品可能逐渐被市场所淘汰（方娴和金刚，2020）。互联网为高效的消费者信息互动搭建了有效平台，从而通过发展信息渠道、影响消费方式与市场环境促进居民消费（张永丽和徐腊梅，2019），对居民的创业活动也产生正向影响（周洋和华语音，2017）。

互联网通过信息通信建设影响居民消费：本章选用村委（居委）手机信号建设情况构建自变量。一方面，手机上网的普及仍是当前中国互联网发展的重要目标之一，原因在于其不仅能够促进互联网电子商务对居民消费的刺激作用，推动网络零售业务与数字消费向下沉市场渗透（第 46 次《中国互联网络发展状况统计报告》），而且是农村居民提高非农就业率，利用电商平台自主创业甚至形成村级集体产业的重要途径（唐跃桓等，2020）。另一方面，手机上网为居民带来的便利可能导致时间与精力分配的碎片化以及娱乐方式的单一化，手机用户可能更倾向于使用手机进行线上学习、工作和娱乐，这一因素可能会减弱村委（居委）的手机信号建设对于居民家庭消费的影响。

基于上述分析，本章给出以下假说：

假说 4：互联网通过改变居民的社会互动方式并拓宽信息渠道、增加居民的线上互动刺激家庭消费的提高。

假说 5：手机信号建设完善的社区中互联网使用更为自由化，更有助于提高居民的家庭消费，然而这一效应可能会受到其他网络信息的挤出影响。

10.3.2　数据选取与模型设定

（1）数据与变量选取：本章使用中国家庭追踪调查（Chinese Family Panel Stuies，CFPS）数据进行分析。CFPS 是由北京大学中国社会科学调查中心实施全国性、综合性的社会跟踪调查，以 2010 年为基期跟踪收集个人、家庭、社会三个层面的数据，旨在反映中国社会、经济、人口和健康的变迁。其中，基期调查数据包含全国 25 个省 14960 户家庭、33600 名成人和 8990 名少儿的面访数据。本章使用中国家庭追踪调查数据研究互联网对家庭消费影响主要出于两方面的原因：一方面，CFPS 调查中包含个人情况问卷、家庭情况问卷与村委（居委）情况问卷，有助于我们从这三个层面对变量进行选取和控制，筛选出核心变量；另一方面，CFPS 选择以 2010 年为基期开展跟踪调查的形式，有利于我们在相关性分析中进行内生性探讨和反事实推演，对结论的因果关系产生更深入的认知。

首先，为测度家庭互联网使用情况，本章参考杨光等（2018）依据问卷家庭代码整理后的结果设定家庭是否上网作为核心自变量，主要通过成人问卷中的"您是否上网①"这一问题得出，并将其设定为虚拟变量。表 10－1 展示了其描述性统计结果。我们发现，家庭入网比例由 2014 年的 44.01% 上升至 2016 年的 59.12%，样本家庭的互联网使用率在两年之内得到了超 15% 的提升。

表 10－1   家庭网络使用情况与信息通信建设

自变量	取值	2014 年		2016 年	
		样本个数（家）	频率（%）	样本个数（家）	频率（%）
互联网使用	否	3416	55.9908	2494	40.8785
	是	2685	44.0092	3607	59.1215
	总计	6101	100	6101	100
是否通邮	否	1322	21.6686	1322	21.6686
	是	4779	78.3314	4779	78.3314
	总计	6101	100	6101	100
手机信号建设	否	754	12.3586	754	12.3586
	是	5347	87.6414	5347	87.6414
	总计	6101	100	6101	100
手机使用	否	849	14.5377	672	11.3514
	是	4991	85.4623	5248	88.6486
	总计	5840	100	5920	100

---

① 此处"上网"指通过电话线、局域网、无线网等方式接入互联网的行为。

其次，本章使用三类因变量测度家庭消费情况。一是以家庭问卷中的家庭总消费金额作为因变量。二是以家庭线下消费金额作为因变量，即家庭问卷中的家庭总消费金额与网购支出之差，从而测度网络线下支付行为与线上消费对消费行为的整体影响。为了解决数据方差过大的问题，本研究参考陈斌开等（2010）对于户籍制度影响城乡居民消费的研究，对上述被解释变量均进行了对数化处理。三是参考国家统计局标准将居民消费分为生存型消费、享受型消费和发展型消费，并依据鲁曼（Luhrmann，2005）使用 QUAIDS 模型定义三大类消费分项占居民总消费支出的百分比作为被解释变量。

最后，在控制变量的选取上，本章参考祝仲坤（2017）、贺达和顾江（2018）以及张永丽和徐腊梅（2019），主要选取了个人和家庭两个层面的控制变量，并在此基础上加入用以衡量信息渠道与消费环境变化的控制变量。具体地：①个人层面包括户主的性别、年龄、学历、婚姻状况、健康情况、工作情况等；家庭层面包括城乡、家庭规模、少儿占比、老人占比、家庭收入和家庭资产、家庭金融资产以及家庭受政府保险情况。这些因素均能从直接或间接渠道与关键变量产生联系，例如健康情况越好的家庭越倾向于转向享受型消费和发展型消费，个人工作情况可能与互联网使用和家庭消费同时具有相关性，互联网为家庭提供更高速的信息服务的同时也为社会创造了更多职业选择。另外，由于互联网与家庭的商业保险购买和投资行为均存在相关性，因此本章选择家庭金融资产变量与购买政府保险情况进行控制。②为了衡量互联网带来的消费环境变化，一方面，本章选用问卷中的"村委（居委）是否通邮"作为居民所在社区物流建设的自变量，从表 10 - 1 展示的结果可知，2014 年与 2016 年社区通邮的家庭占总样本数的 78.33% 左右；另一方面基于数据可得性，加入农村家庭所在村委与最近城镇的距离以控制样本线下消费的便利程度，并在回归中将其单位设置为 10 公里。信息渠道与消费环境的变化既是导致回归结果产生内生性的部分原因，也是互联网对家庭消费行为产生影响的重要途径，因此需要在控制相关变量的前提下对其因果关系进行深入探讨。③信息渠道在本章中为社会互动、手机信号建设与手机使用。手机信号建设完善与使用手机的家庭分别占总样本的 87.64% 与 85.46%，但由于消费习惯的社会学习特性，家庭的手机使用可能存在村委（居委）层面的溢出效应。对于社会互动因素的控制，本章参考郭士祺和梁平汉（2014）、李丁等（2019），选取家庭礼金支出、外出就餐支出、通信支出与交通支出4个运用迭代主因子法进行因子分析，从而得到社会互动综合指标。表10-2为因子分析的方差贡献率结果，选取前两个因子进行社会互动的衡量；同时通过表10-3的KMO检验，可知用以衡量的四个变量符合因子分析的要求。

表10-2 因子分析结果

因子	特征值	方差贡献率	累计贡献率
Factor1	3.3678	0.9590	0.9590
Factor2	0.1440	0.0410	1
Factor3	0.0002	0.0001	1.0001
Factor4	-0.0003	-0.0001	1

表10-3 因子分析 KMO 检验结果和旋转后的因子载荷

项目	KMO 检验结果	Factor1	Factor2
礼金指出	0.7218	0.4767	0.7848
外出就餐支出	0.9565	0.6789	0.4537
通信支出	0.6467	0.7144	0.6933
交通支出	0.6849	0.8889	0.4698
全样本	0.7255		

（2）模型设定：本章使用的数据为2014年与2016年以家庭为单位的面板数据，由于 CFPS 数据库中的样本为全国家庭抽样调查，且农村样本占50%以上，为了估计结果更符合全国家庭的总体特征，选用基本方法为含工具变量的面板数据随机效应模型，并对数据进行了 Hauseman 检验。首先，基于以下基准回归方程进行研究：

$$C = \alpha + \beta_1 \times Int + \delta_1 X_1 + \delta_2 X_2 + Year + \varepsilon \qquad (10-1)$$

被解释变量 C 在不同的研究情境下分别为家庭总消费金额对数、家庭线下消费对数与三大类消费占总消费之百分比。自变量中，核心变量 Int 为根据问卷衡量是否有家庭成员上网的 0 或 1 虚拟变量；X_1 表示户主层面的控制变量，包括户主性别、年龄、教育水平、婚姻状况、健康水平以及是否工作（包括农业工作和非农工作）；X_2 表示家庭层面的控制变量，包括家庭规模、少儿比重、老人比重、家庭收入以及家庭总资产。另外，我们也选取家庭所在省作为控制变量，以控制不同省份城镇规模、消费水平等层面的影响。为了控制我们选取 Year 为年份虚拟变量，以控制年份信息；回归分析中我们将误差项聚类在家庭层面。

　　互联网使用情况与家庭消费之间可能存在潜在的内生性问题。一方面，在现有变量的控制下家庭使用互联网的情况与家庭消费仍可能受到同一个因素的影响。例如，距离城市更近的农村地区因其地理优势，不仅经济相对更发达、互联网的基础设施更为完善，而且具有更便利的交通与物流网络，从而使其同时具有互联网使用人群基数大和家庭消费相对更高的特征。另一方面，无法排除反向因果的可能性，也即高消费的家庭更倾向于选择安装使用互联网。为了在一定程度上解决上述内生性问题，本章采用以下两种方法：①本章选用工具变量方法来缓解潜在的内生性问题（祝仲坤，2017）。参考现有文献，本章选取了 2014 年和 2016 年《中国统计年鉴》中的各省互联网普及率作为互联网使用情况的工具变量重新进行回归估计。选择该变量的原因首先为，家庭是否接入互联网的决策与地区互联网设施的普及程度和利用程度有关，地区互联网普及率越高，家庭接入互联网的概率越大，两者之间存在相关性；其次，地区互联网普及率与每个家庭的消费状况并无直接关联，两者满足外生性；另外，还需检验工具变量是否弱工具变量，使用互联网普及率对家庭是否上网进行回归表明，省级互联网普及率的回归系数在 1% 水平下显著，因此拒绝工具变量为弱工具变量的假设。以上分析与检验表明，我们能够使用"各省互联网普及率"作为工具变量，对可能具有内生性的数据进行更为准确的因果分析。②在原有的控制变量中加入村委（居委）层面的变量以控制社区环境影响，如式（10 - 2）所示，新增项 Chan 包含社会互动综合变量、村委（居委）手机信号与物流建设情况、家庭手机使用，在对于农村家庭样本的讨论中还包括与最近城镇的距离：

$$C = \alpha + \beta_1 \times Int + \delta_1 X_1 + \delta_2 X_2 + \delta_i \times \sum_{i=3}^{6} Chans + Year + \varepsilon$$

$$(10 - 2)$$

　　在利用以上两种方式控制内生性后，为了进一步研究互联网对居民家庭消费作用的直接途径，本章参照拉詹和津加莱斯（1998）的研究引入核心自变量和新增控制变量 Chans 的交互项：

$$C = \alpha + \beta_1 \times Int + \delta_1 X_1 + \delta_2 X_2 + \delta_i \sum_{i=3}^{6} Chans$$

$$+ \gamma_i \sum_{i=3}^{6} Int \times Chans + Year + \varepsilon \qquad (10-3)$$

一方面，互联网通过为其用户创造了一个新兴的即时通信环境，不仅有效提高社会互动效率与可得性，而且极大地拓宽了信息分享平台；用户可能通过网络构建的信息网络进行社会学习，从而影响其消费习惯。另一方面，直观层面上以阿里巴巴、京东为代表的电商平台成交额逐年增长，同时分别于 2009 年和 2010 年推出的电商"双十一"与 618 大型促销活动更是激励了消费者的网络购物倾向。因此，物流基础设施与居民所在村委的交通便利度可以为互联网增加居民家庭消费、改变消费习惯提供必要的前提条件。

10.3.3 描述统计

表 10-4 展示了被解释变量、核心自变量中社会互动综合变量、农村家庭与最近城镇距离以及其他家庭与互助层面控制变量的描述性统计结果；其中 2014 年与 2016 年由于调查问卷追踪的选择性，村委与最近城镇距离的数据样本量存在一定差异性，且仅有农村样本中该变量数据具有可得性。

表 10-4　　　　　　　　　　　　**基础变量描述统计**

变量名称		2014 年			2016 年		
		样本量	均值	标准差	样本量	均值	标准差
消费情况	总消费（万元）	5500	4.5823	4.9937	5758	5.5828	8.9308
	线下消费（万元）	5490	4.5080	4.5080	5723	5.4162	8.8397
	生存型消费占比	5453	58.9004%	21.1141	5729	56.5767%	21.8309
	享受型消费占比	5453	17.5642%	15.3306	5729	18.5373%	16.7911
	发展型消费占比	5499	23.7059%	19.7982	5758	24.9862%	20.2365

变量名称		2014 年			2016 年		
		样本量	均值	标准差	样本量	均值	标准差
其他变量	户主性别	6101	0.7525	0.4316	6101	0.7525	0.4316
	户主年龄	6101	54.2126	12.1813	6101	56.2665	12.1597
	户主教育	6101	2.4093	1.2227	6101	2.4073	1.2273
	户主婚姻	6101	0.8802	0.3248	6101	0.8695	0.3368
	户主健康	6098	3.1555	1.2443	6100	3.2380	1.2287
	户主工作	6101	0.7376	0.4400	6101	0.7187	0.4497
	城镇	6101	0.4424	0.4967	6099	0.4552	0.4980
	社会互动综合指数	4549	0.0826	1.7968	6,049	0.0191	0.0757
	金融资产（万元）	5976	4.7280	8.0368	6028	5.4442	13.4781
	政府保险	6101	0.4845	0.4998	6101	0.4496	0.4975
	家庭规模	6101	3.8384	1.8465	6101	3.8708	1.9252
	少儿占比	6101	13.3351%	0.2083	6101	11.2881%	0.2056
	老人占比	6101	27.7626%	0.3792	6101	30.8815%	0.3922
	人均收入（万元）	5711	1.2736	1.7719	5961	1.4677	1.7827
	家庭总资产（万元）	5322	55.8862	540.8870	5569	53.9120	289.7953
	距最近城镇距离（里/仅乡村样本）	3402	51.0356	41.6608	3323	51.2913	41.6173

首先，核心自变量中家庭总消费均值由 2014 年的 4.58 万元提高至 2016 年的 5.58 万元，而家庭线下消费也达到 20.00% 以上的提高。根据消费类别统计，生存型消费在三大类消费中仍占主要地位，保持在 55.00% 以上，但随着社会经济不断发展，生存型消费占比在 2016 年有小幅降低，享受型消费平均占比由 2014 年的 17.56% 上升至 2016 年的 18.54%，发展型消费也出现了小幅度的增长，上述数据特点说明居民消费结构正逐渐发生变化。

其次，村委（居委）层面的控制变量中，本章将因子分析后得到的社会互动变量设置为取值范围在 0 ~ 100 之间的综合指数。描述统计中均值意义下的社会互动综合指数均值由 2014 年 0.08 降低至 2016 年的 0.02，说明线下社会互动的重要性可能随着互联网的普及逐渐下降，且样本中的总体社会互动程度较低。另外描述统计中农村样本与最近城镇距离在2014～2016年基本保持不变。

最后，在其他控制变量中，设置户主性别为0/1虚拟变量；户主教育为1~6的序数变量；户主婚姻也为0～1虚拟变量，0代表单身、离异或丧偶，1代表已婚或同居；户主健康为1~5的序数变量，随数值增大健康程度依次递减；户主工作、城乡均为0/1虚拟变量。另外，选取少儿占比和老人占比以统计了家庭中16岁以下的未成年人和60以上的老人占家庭人口的比重，从而控制家庭结构对消费带来的影响。通过描述性统计结果可以发现，户主年龄大多为55岁左右的男性，且88.02%的户主为已婚状态；2014～2016年居民家庭平均少儿占比下降了2个百分点，平均老人占比上涨了3个百分点，这与中国日渐老龄化的人口结构有关；家庭总收入平均上涨了1万元而家庭总资产数额略有下降。另外，家庭金融资产均值上升说明家庭逐渐倾向于购买具风险性的资产。

我们对2014年、2016年的数据进行初步筛选，并将成人的互联网使用情况以及户主特征数据合并到家庭数据中整合形成平衡面板，剔除两年间所在省份发生变动的家庭，共剩余6101户家庭，合计12202条数据；具体的数据数量由研究目的而决定。

10.4 回归结果分析

10.4.1 基准回归

本章基于基准回归方程（10－1）进行回归，并通过加入村委（居委）层面的控制变量在一定程度上解决模型的内生性问题，得到回归结果如表10－5所示。首先，表中（1）（2）两列分别为控制家庭与户主层面变量时家庭网络使用分别对总消费与线下消费的回归结果，也是现有文献多采用的研究方法；结果表明使用互联网的家庭其总消费相比于不使用的家庭提高至少70.78%，而线下消费则提高约56.55%。在基准回归的基础上，第（3）（4）列加入了社会互动综合指数、村委（居委）手机信号建设情况与家庭手机使用情况从而控制样本的信息渠道变量，（5）（6）列加入村委（居委）是否通邮以控制其消费环境变量。由结果可知，增加控制变量后互联网对居民家庭总消费和线下消费影响的系数仍在 1% 水平下显著，但系数值均在一定程度上减小，使用互联网的家庭总消费相对提高 55.86% 左右，而线下消费则相对提高约 38.92%。因此在控制信息渠道与消费环境变量后，样本回归的内生性在一定程度上得到控制，且结论正如理论所假设的，互联网使用不仅能够显著提高家庭总消费水平，而且能够通过线下支付业务与消费习惯形成提高家庭的线下消费。受限于数据可得性，本章仅对农村样本增加"与最近城镇距离"的变量从而进行地理位置的控制，得到（7）（8）两列。在控制了所有信息渠道与消费环境的变量后，使用互联网的家庭总消费显著提高约 35.18%，线下消费提高 23.41% 且其显著性降低至 10% 水平。

表 10 - 5　　　　　　　　　网络使用对家庭消费水平影响回归结果

变量	全样本						农村样本	
	（1）	（2）	（3）	（4）	（5）	（6）	（7）	（8）
	总消费	线下消费	总消费	线下消费	总消费	线下消费	总消费	线下消费
网络使用	0.7078 *** (0.0871)	0.5655 *** (0.0892)	0.5586 *** (0.0928)	0.3892 *** (0.0965)	0.5612 *** (0.0930)	0.3915 *** (0.0966)	0.3518 *** (0.1274)	0.2341 * (0.1321)
社会互动			0.0111 ** (0.0057)	0.0111 * (0.0058)	0.0113 ** (0.0058)	0.0112 * (0.0058)	0.0074 (0.0064)	0.0076 (0.0065)
手机信号			- 0.0624 ** (0.0282)	- 0.0658 ** (0.0287)	- 0.1025 *** (0.0352)	- 0.1015 *** (0.0359)	- 0.0459 (0.0425)	- 0.0362 (0.0436)
手机使用			0.0865 *** (0.0281)	0.0908 *** (0.0287)	0.0856 *** (0.0280)	0.0901 *** (0.0286)	0.1308 *** (0.0348)	0.1219 *** (0.0357)
居住地通邮					0.0539 * (0.0285)	0.0480 * (0.0290)	0.0971 *** (0.0306)	0.0911 *** (0.0314)
与城镇距离							- 0.0093 *** (0.0031)	- 0.0103 *** (0.0032)
其他变量	控制							
省份及年份	控制							
选择性偏误			3.7440	2.2079	3.8281	2.2500		
N	9930	9891	8754	8719	8754	8719	4708	4688

注：*、**、*** 分别表示双尾检验中 10%、5%、1% 的显著性水平。

新增控制变量的加入在一定程度上解决了内生性问题，本章参考纳恩和旺奇康（Nunn and Wantchekon，2011）所使用的系数稳定性理论，基于新增变量得出不可观测变量的选择性偏误。此处由于四个关键的控制变量都同时与家庭网络使用情况和家庭总消费与线下消费存在相关性，例如，社会互动程度更高的家庭可能更倾向于使用互联网进行亲友间的沟通，同时其消费水平也更易受到其他消费者反馈信息的影响；因此，我们无法根据回归结果中的控制变量系数来说明该变量对于家庭消费的直接作用程度。

10.4.2 消费结构影响

基于已有结果中互联网对于全样本和农村样本家庭消费的显著影响，本章进一步讨论消费结构的变化。根据国家统计局标准对消费结构的划分，本章将总消费分为生存型消费、享受型消费和发展型消费，并以三类消费占家庭总消费比例作为被解释变量分别进行回归。为使结果更直观，我们将被解释变量乘以100，从而所得回归系数即为自变量变动一个单位，消费占比改变的百分比具体数值。为了保证结果的内生性得到较好处理，本章在第（1）~（3）列仅控制基础变量进行回归，随后加入信息渠道与消费环境的变量以验证其稳健性得到（4）~（9）列。本章对于农村样本进一步加入地理位置变量进行回归，所得结果类似，因此在正文中不再具体地列出。表10-6显示，首先，在不同控制变量的回归结果中使用互联网的家庭消费结构均发生显著变化，生存型消费占比降低10%以上的同时享受型与发展型消费占比均提高5%以上。这一结果可能来源于互联网作为新兴信息传播媒介为大众提供的多样化文娱选择，极大丰富了居民的业余生活，使得居民享受型消费占比增加，同时也带动了通信和交通方面的支出；另外，选择以互联网为宣传载体快速拓展业务的教育、保险以及美容机构数量日渐增长，使得居民更为注重自身人力资本的投资和积累，从而提高发展型消费的占比。其次，加入信息渠道与消费环境控制变量后，网络使用主效应的系数绝对值减小且显著性不变，基准模型的内生性得到较好的控制。结果与本章假设具有一致性。

表 10-6

网络使用对家庭消费结构影响回归结果

变量	(1) 生存型消费%	(2) 享受型消费%	(3) 发展型消费%	(4) 生存型消费%	(5) 享受型消费%	(6) 发展型消费%	(7) 生存型消费%	(8) 享受型消费%	(9) 发展型消费%
网络使用	-15.7167 *** (2.5672)	6.8862 *** (1.8914)	8.4394 *** (2.3482)	-13.3383 *** (3.1391)	5.8828 *** (2.2295)	7.8049 *** (2.9994)	-13.3306 *** (3.1344)	5.8495 *** (2.2236)	7.8447 *** (2.9895)
社会互动				-0.1051 (0.1759)	0.2432 * (0.1292)	-0.1225 (0.1638)	-0.1052 (0.1760)	0.2413 * (0.1292)	-0.1204 (0.1638)
手机信号				-0.0503 (0.7561)	-0.1573 (0.5835)	0.2596 (0.6828)	-0.0544 (0.9481)	0.1824 (0.7316)	-0.0639 (0.8577)
手机使用				-1.6355 ** (0.8064)	1.1390 * (0.6079)	0.6002 (0.7393)	-1.6372 ** (0.8058)	1.1504 * (0.6076)	0.5878 (0.7390)
居住地通邮							0.0054 (0.7695)	-0.4553 (0.5927)	0.4330 (0.6971)
其他变量					控制				
省份和年份					控制				
选择性偏误				5.6081	5.8629	12.3009	5.5868	5.6424	13.1910
N	9876	9876	9929	8754	8754	8754	8754	8754	8754

注：*、**、***分别表示双尾检验中 10%、5%、1% 的显著性水平。

综上所述，互联网时代下城乡居民的家庭消费均受到显著的提振作用，且消费行为展现出城乡的异质性。城镇居民入网后的消费潜能得到了更高效的释放，提升程度最高的为发展型消费；乡村居民入网后的家庭消费提升作用与所在村委会和最近县城的距离呈现显著的 U 型关系，随着乡村所在距离的增加，互联网使用对家庭消费的影响程度先降低后提高。回归结果与本章假设基本一致。

10.4.3　稳健性检验

为了进一步验证估计结果的可靠性，本章在上述回归的基础上进行了以下几个方面的稳健性检验：①加入户主成人问卷中"互联网信息渠道的重要性"作为控制变量。由于样本对于网络信息的重视程度可能构成选择性误差，使用互联网的家庭可能对于网络信息的重视程度更高，因此更易受到互联网对消费的影响。然而本研究无法从客观层面减少该变量的影响，因此选择问卷中的自评指标进行一定程度的控制，并作为稳健性检验。结果表明互联网使用对总消费、线下消费与消费结构的影响仍存在。②考虑省份变量可能影响每组样本数量，因此使用中部地区、东部地区和西部地区分别构成两个 0 或 1 虚拟变量来代替省份进行控制。这样做主要希望在不影响控制变量效率的前提下提高回归的精确度，而省份效应主要包括地区经济发展水平、基本交通网络与区域特征，因此本研究认为可以使用地区变量进行替换。进行上述改变后的回归结果与原结果没有显著差异。③使用倾向得分匹配（PSM）方法进行稳健性检验。选择主回归所使用的基础控制变量、信息渠道与消费环境变量作为构造样本倾向得分的协变量，并分别对样本进行主要的四种匹配，即一对一匹配、半径、最邻近匹配与核匹配。结果表明，互联网使用对家庭总消费、线下消费的提高以及消费结构的改善仍具有显著影响，且影响方向与前述工具变量模型所得结果基本保持一致，说明互联网使用对促进家庭消费与消费省级具有积极且稳健的影响。具体稳健性检验内容详见附录表 11、表 12、表 13。

10.5　互联网影响机制分析

在以上分析中，本章已通过工具变量与控制关键自变量两种方法发现互联网使用对家庭总消费、线下消费与消费结构的显著影响，并对结果进行了稳健性检验。然而由系数稳定性理论的检验结果可知，现有模型中仍存在一定程度的内生性问题；尽管已经控制了家庭层面、个人层面与社区层面的变量，仍然可能存在反向因果与第三方因素对主效应的混淆，与其相关的可能包括家庭成员对不同信息渠道的重要性认知等不可衡量的变量。基于此，本章受限于篇幅与数据可得性不再对内生性问题继续探讨，而是从另一层面挖掘新的相关性问题：互联网使用通过何种直接途径对居民的家庭消费产生影响？

现有文献中对于互联网影响渠道的探讨多集中于宏观视角和理论层面，本章总结其为直接途径与间接途径，并利用 CFPS 调查数据提供实证分析作为补充。

10.5.1　网络使用影响消费的直接途径

高速发展的互联网设施与日益增长的网络信息服务为人们极大拓宽了日常信息渠道，互联网逐渐成为居民获取即时信息的重要途径之一，通过影响信息的畅通性和消费者之间的社会互动效率对家庭消费产生刺激作用；网络平台也为厂商传递产品信息提供了多样化的渠道，改变居民的消费环境。

本章主要通过交互项模型，从以下四种途径入手进行讨论。①所在村委（居委）是否通邮。《第 45 次中国互联网络发展状况统计报告》指出，下沉市场（即国内三线以下中小城市与乡村地区）现已成为网络消费的重要增量市场，网购用户快速增长的同时其购物环境日趋完善，尤其是电商平台渠道与物流服务的加速下沉。本章希望研究物流建设是否为互联网影响家庭消费与消费结构的重要途径之一。②地理位置。地理位置所表示的交通便利程度不仅与居民日常的生活往来与消费习惯的形成息息相关，而且是网络购物商家通往农村下沉市场的必经之路。一方面，与城镇距离越近的居民消费渠道更为通畅与多样化，尤其是在网络电商经济迅速发展的时期，且更易受到城镇居民消费习惯的溢出效应影响；另一方面，互联网也为距离较远的农训居民打开了提振消费的全新渠道，往常难以获得的信息、商品与就业方式均可通过互联网更为便利地实现，空间地理约束被抹去。基于此，本章在对距离的分析中加入二次项及其交叉项，以对上述两种效应进行考察。③社会互动程度。现有文献在理论上提出的社会互动类型，即社会学习、观察学习及社会网络外部性，均可以通过互联网的使用改变具体情境与效率。然而，存在两种方向的影响，一方面，网络用户可以通过网站、app 等平台交流商品品质，观察他人的行为从而调整自身的效用（方娴和金刚，2020）；另一方面，随着网络信息的复杂化与碎片化，网络用户可能难以精准获取有效的消费品信息，而是被过多无效信息与娱乐形式占用时间，因此可能会替代社会互动中的消费行为学习（郭士祺和梁平汉，2014）。因此，社会互动途径对于家庭消费具有两面作用。④手机信号与手机使用情况。手机的使用与消费者信息往来便利度密切相关，中国手机上网的比例逐年上升，2020 年已达到90% 以上。政府致力于改善网络基础设施，不仅开展"村村通"工程以提高行政村通光纤和4G、贫困村通宽带比例，而且推进"电信普遍服务试点"，力求城市和农村"同网同速"，以进一步激发消费潜力。然而，互联网环境下使用手机时的网络低效率信息与娱乐方式对于家庭消费也存在着负面影响。

（1）消费环境：为关注互联网使用对居民消费环境的影响作用，本章对全样本加入村委（居委）通邮情况与家庭网络使用的交互项，并且对农村样本加入与最近城镇距离、距离的二次项及两者与互联网使用的交互项进行分析，得到表 10 - 7 结果。

表中（1）~（3）、（5）~（7）列为依据样本所在村委（居委）是否通邮进行的分样本回归与总样本交互项回归，由结果可知，互联网使用能够使得通邮地区家庭总消费与线下消费分别提高61.73% 与 41.99%，在未通邮地区对于家庭消费的影响不显著。由于在本研究中各层面相关变量都被严格控制，因此可以认为居住地通邮是互联网对于家庭消费的直接影响途径之一，互联网建设与居民所在地的物流建设水平具有协同作用，共同提振居民消费。另外，由（5）~（7）列结果也可得知，互联网不仅通过层出不穷的网络购物平台促进居民线上消费，而且使得居民消费习惯得以改变，从而刺激线下消费的增长。

表 10 - 7　互联网作用的消费环境途径分析

变量	被解释变量：总消费				被解释变量：线下消费			
	分样本		(3)	(4)	分样本		(7)	(8)
	(1)	(2)	全样本	农村样本	(5)	(6)	全样本	农村样本
	居住地通邮	居住地未通邮			居住地通邮	居住地未通邮		
网络使用	0.6173*** (0.0987)	0.2955 (0.2257)	1.0452** (0.4242)	1.1341** (0.5197)	0.4199*** (0.1008)	0.2530 (0.2324)	0.5920 (0.4336)	0.6996 (0.5380)
通邮×网络使用			-0.7200* (0.3960)				-0.3516 (0.4048)	
居住地通邮			0.3950** (0.1903)	0.1041*** (0.0352)			0.2096 (0.1934)	0.1007*** (0.0352)
与城镇距离×网络				-0.2271* (0.1261)				-0.1340 (0.1302)
与城镇距离				0.0975 (0.0658)				0.0472 (0.0676)
距离平方×网络				0.0110* (0.0059)				0.0066 (0.0061)
距离平方				-0.0051 (0.0031)				-0.0027 (0.0032)
其他变量				控制				
省份和年份				控制				
N	6890	1864	8754	4708	6867	1852	8719	4688

注：*、**、***分别表示双尾检验中10%、5%、1%的显著性水平。

表 10 - 7 中（4）（8）列本章对农村样本加入与最近城镇距离、距离的二次项及两者与互联网使用的交互项进行分析。对于农村居民而言，互联网与对消费影响的地理位置途径可能存在两种因素的共同影响：①互联网发展不仅使得农村与城镇的联系更为紧密，而且令城镇消费对周边地区由于偏好外部性而产生消费行为的溢出效应，居民通过学习身边接触的群体或具有相同特征群体的消费行为调整自身的决策（Waldfogel et al.，1999）。同时，城镇临近的农村居民由于交通便利、基础设施齐全等因素，能够更为便捷地前往城镇进行线下消费，并利用密集的物流与外卖网络进行线上购物。②互联网使用对于偏远地区的农村家庭而言，不仅能够直接提高居民消费，而且通过创造更多就业可能性显著提高了农村居民的非农就业比例，网络直播行业、"淘宝村"等新兴就业市场的出现为不便外出打工的农村居民提供了广阔的就业环境，提高农村居民的收入从而刺激农村家庭消费潜力的释放（刘晓倩和韩青，2018）。基于以上分析，本章加入距离相关变量后所得结果中，互联网的主效应仍然显著存在；同时，被解释变量为家庭总消费时，距离的交互项系数显著为负且距离平方的交互项系数显著为正，而对于家庭线下消费没有显著影响。这一结果表明互联网对于乡村家庭消费的提振作用随着家庭与城镇距离增加呈现正 U 型曲线的形态。因此，存在特定距离 d^*，在农村与最近城镇距离处于 d^* 内时，距离越远的农村家庭受到互联网的消费提振作用更低，当农村位于城镇距离 d^* 以外时，地理位置越远的农村家庭使用互联网后的总消费更为提升幅度更大。

（2）信息渠道：着眼于互联网对消费的信息渠道作用，根据以上理论分析，互联网使用与其他社会互动方式既存在协同性又存在替代性，本研究希望研究两种效应的综合影响结果。

本章对社会互动综合指数与手机信号建设情况与网络使用进行交互项分析，结果如表 10 - 8 所示。由于无法区分家庭手机使用对于周边家庭、交往密切的其他家庭的信息获取与消费习惯所产生的溢出效应，为使结果更具有逻辑上的说服力，本章仅以村居为单位分析家庭居住地的手机信号接通情况，关于家庭中户主是否使用手机的部分则不加以赘述。

表 10-8

互联网作用的信息渠道途径分析

	被解释变量：总消费				被解释变量：线下消费			
	分样本		全样本		分样本		全样本	
	(1)	(2)	(3)	(4)	(5)	(6)	(7)	(8)
	有手机信号	无手机信号			有手机信号	无手机信号		
网络使用	0.5358*** (0.0917)	1.1488* (0.6013)	4.1540*** (1.2567)	0.5633*** (0.0933)	0.3612*** (0.0947)	1.1126 (0.6822)	2.8575** (1.1532)	0.3932*** (0.0969)
手机信号×网络使用			-3.7978*** (1.2214)				-2.5884** (1.1212)	
手机信号			1.9633*** (0.6693)	-0.1023*** (0.0352)			1.2984** (0.6114)	-0.1013*** (0.0359)
社会互动×网络使用				-0.0206 (0.0126)				-0.0161 (0.0129)
社会互动	0.0104** (0.0057)	0.0093 (0.1261)	0.0101 (0.0072)	0.0259** (0.0105)	0.0103* (0.0058)	0.0155 (0.1360)	0.0102 (0.0064)	0.0226** (0.0108)
其他变量				控制				
省份和年份				控制				
N	7639	1115	8754	8754	7612	1107	8719	8719

注：*、**、***分别表示双尾检验中10%、5%、1%的显著性水平。

表 10 - 8 中（1）~（3）和（5）~（7）列分别以总消费与线下消费为被解释变量，依据村委（居委）是否有手机信号建设进行分样本与交互项分析，从结果中可以看出，社区手机信号建设并未成为互联网提高居民消费、改变居民消费习惯的有效途径，在均值意义下互联网对家庭总消费与线下消费的提振作用不因手机信号基站而强化，而是存在网络与手机信号的信息替代作用。在控制家庭层面、互助层面与社区层面变量的情况下，主效应系数显示居民网络使用与村委（居委）手机信号基站建设均能显著提高家庭总消费与线下消费；交互项系数显示，无手机信号的地区居民使用互联网后消费提升幅度更高。为解决可能存在的选择性问题，即无手机信号基站建设地区使用互联网的样本可能对于网络信息渠道更为重视度，本章再次加入自评的"互联网信息渠道重要性"作为控制变量，主效应与交互项系数绝对值减小但符号不变，且仍然显著，本部分回归结果将于附表中展示，具体内容详见附录表14。上述分析说明，互联网与手机信号作为居民日常使用的两类信息渠道，两者存在一定的替代作用。

表 10 - 8 中（4）（8）列为家庭社会互动综合指数与网络使用情况的交互项分析，结果显示，网络使用与社会互动分别能使家庭总消费提高53.58% 与 1.04%、使家庭线下消费提高 36.12% 与 1.03%，然而两者的交互项显著性较差。基于此，本章提出造成该结果的两个原因猜想：其一，为社会互动确尚未成为互联网影响消费的有效渠道；其二，为互联网对社会互动的促进作用与两者之间作为信息渠道的互相替代关系同时存在，导致交互项系数的显著性消失。

由上述分析可知，互联网对家庭消费影响的信息渠道途径不显著，互联网与传统的社会互动渠道及可移动的手机信息渠道存在替代作用。因此，政策意义方面，应提高网络环境下手机使用的信息推送监管程度，合理引导用户获取消费信息与网络平台的社会学习，从而促进下沉市场消费潜能的进一步释放。

综上，一方面，现有分析方法能够验证互联网通过改变居民消费环境提高家庭消费，具体表现为居住地物流建设情况与农村居民的地理位置影响；另一方面，由于互联网作为新兴信息渠道，与社会互动及手机使用具有替代作用，因此需要在后续研究中分离替代作用的负向影响才能够实现信息渠道途径的严格验证。

10.5.2　网络使用影响消费的间接途径

现有研究已从理论与部分的实证说明了互联网使用对消费影响的重要途径为间接角度产生的，具体可包括提高非农就业率、增加居民收入与影响个人焦虑。本章将简要分析间接途径的作用，并将主要回归结果在附表中展示。

首先，互联网使用提高就业与居民收入。对于农村居民而言，互联网渠道为劳动力与市场之间构筑起高效沟通与信息交互的桥梁；随着互联网的产生与发展应运而生的新兴产业也为农村劳动力创造了更丰富的就业可能性。因此，互联网使用不仅能对居民收入产生正向影响，还能够增加居民的非农就业概率。本文通过剔除成人问卷中 60 岁以上的退休老人，使用面板数据固定效应模型将居民上网情况对个人总收入进行回归、使用面板 Logit 模型研究上网情况对是否非农就业的影响，所得结果在附录中表 15 中展示。可知，在控制了个人特征变量和工作类型之后，网络使用会对个人收入产生明显的提升效果；同时，网络使用会对居民非农就业的概率有显著的正向影响，互联网通过为求职者提供更多的就业机会和鼓励居民的创业行为提高了居民的非农就业概率，进而促进了收入消费的提升。

其次，互联网时代信息的快速传播和经济的高速发展给居民带来了前所未有的压力，而消费购物经常被居民作为排遣压力等负面情绪的手段使用。施密特在 1986 年首次提出了购物疗法（Retail therapy）的新概念，后被众多学者作为消费心理学的课题进行研究。故互联网给居民带来工作生活压力的同时，间接促进了消费渠道的压力释放。为了衡量互联网使用对居民心理情况的影响，本章基于 Ordered logit 模型，使用 CFPS 2014 年的居民主观感受数据来检验网络使用情况对居民的精神压力，所得结果如表 10 - 9 所示。根据本章所选用的问卷，表 10 - 9 中 M1 ~ M6 分别代表居民近一个月 "做事不能振奋的频率" "精神紧张的频率" "坐卧不安的频率" "丧失希望的频率" "做任何事都感到困难的频率" 和 "认为生活没有意义的频率"，其取值均为 1 ~ 5 的序数值，由小到大频率依次减弱。由结果可知，网络使用会显著提升居民的焦虑感和压抑感。

表 10 - 9　　　　　　　　　网络使用对居民精神状态的影响

| 变量 | (1) | (2) | (3) | (4) | (5) | (6) |
	M1	M2	M3	M4	M5	M6
是否上网	- 0. 2981 *** - (0. 0500)	- 0. 1706 *** - (0. 0520)	- 0. 1372 ** - (0. 0550)	- 0. 2152 ** - (0. 0663)	- 0. 2066 *** - (0. 0541)	- 0. 1446 ** - (0. 0692)
个人变量	控制	控制	控制	控制	控制	控制
家庭变量	控制	控制	控制	控制	控制	控制
N	12202	12202	12202	12202	12202	12202

注：*、**、*** 分别表示双尾检验中 10%、5%、1% 的显著性水平。

由于本章主要聚焦于互联网的直接途径影响，在间接途径的实证分析方面，本章的讨论止步于互联网使用与各渠道之间的相关性，对于每个渠道中可能存在的内生性问题和自选择偏差并未进行深入探究。在后续研究中，可以使用中介效应模型、交互项模型、工具变量等方法对此进行进一步拓展。

10.6　结　　论

本章旨在考察中国居民互联网使用对居民家庭消费水平与消费结构的影响，并从信息渠道、社会互动与家庭收入等方面探究互联网的具体影响途径。为此，本章使用了中国家庭追踪调查（CFPS）2014 年和 2016 年的家庭、成人与村居委层面问卷，通过含工具变量的面板数据随机效应模型与社区层面关键控制变量的加入，对内生性问题进行有效控制；同时，引入交叉项模型，着重考察了互联网对家庭消费影响的信息渠道与消费环境变化途径。

研究结果表明：①互联网的使用能够显著促进居民家庭的总消费与线下消费提升，优化居民消费结构，由生存型消费转向发展型与享受型消费，在加入工具变量与关键控制变量的情况下结果仍显著成立。②互联网使用能够通过丰富居民的消费环境、打破消费的空间约束刺激消费潜能增长。对于农村家庭而言，互联网的作用随着农村与城镇距离增加呈现 U 型变化趋势：在一定距离 d^* 内，与最近城镇距离越远的乡村家庭使用互联网后消费提升幅度更小；超过一定距离 d^* 时，与最近县城距离越远的乡村家庭使用互联网后消费提升幅度增大。③互联网使用与手机信号建设对于居民消费的影响具有替代作用，但现有分析中未通过实证方法直接证明互联网通过拓宽居民的信息渠道提高家庭消费并改善消费结构。④另外，互联网使用可通过网购效应、收入和就业促进以及个人情绪等直接渠道增加居民消费。互联网使用能够增加居民日常有效获取的信息量，为社会创造更丰富多样化的就业机会，但同时也可能增加网络使用者的焦虑情绪与心理压力，从而刺激消费增长。

　　基于上述研究结论，本章具有以下政策意义：①本章的实证结果表明，互联网对于居民消费具有显著积极作用，互联网能够通过改善消费环境促进下沉市场发展，但与现有的手机、社会互动等信息渠道仍未做到高效的协同。因此，一方面，政府应当有针对性地加强落后地区的互联网与物流基础设施建设，提高宽带建设覆盖面，因地制宜地解决农村及发展落后地区非网民的上网痛点；另一方面，政府应从基层组织开展农村计算机和网络知识培训，引导农村居民使用互联网获取基础知识与职业发展的学习渠道，从增加收入与改善消费习惯两个层面入手进一步释放消费潜力。②分析表明，居民的网络消费已然占据总消费的相当比例，而互联网服务也已成为相当一部分居民生活不可或缺的部分。基于此，政府应引导各大互联网企业树立责任意识，摈弃唯利是图的想法。同时，政府应优化互联网商业市场结构，健全竞争机制，以促进各大互联网企业完善公司治理，改善服务体系。③互联网的便捷性、普适性和广泛性使其成为现代生活中重要的信息来源。信息的多样化一方面能为人们提供更大的选择空间，以获得更优化的行为指导；而繁杂的信息另一方面也可能对人群产生不同程度的误导，从而可能产生难辨真假、难以控制的舆论。作为政府应当依法加强网络空间治理，加强网络内容建设与正面信息宣传；在保证互联网平台的高效信息发布、信息交互利用和交易功能正常运转的同时，也适当结合国情对有害、无效信息进行过滤和筛选，进而提高居民互联网信息的获取效率，促进消费潜力的释放。

附 录

表 10　稳健性检验

项目	全样本						农村样本	
	(1) 总消费	(2) 线下消费	(3) 总消费	(4) 线下消费	(5) 总消费	(6) 线下消费	(7) 总消费	(8) 线下消费
网络使用	0.6874*** (0.1018)	0.5283*** (0.1043)	0.5055*** (0.1072)	0.3226*** (0.1115)	0.5073*** (0.1075)	0.3240*** (0.1118)	0.2973** (0.1415)	0.1710 (0.1474)
网络信息重要性	0.0177* (0.0099)	0.0226** (0.0101)	0.0249** (0.0101)	0.0311*** (0.0105)	0.0251** (0.0101)	0.0312*** (0.0105)	0.0342** (0.0142)	0.0392*** (0.0147)
社会互动			0.0113** (0.0056)	0.0113** (0.0057)	0.0115** (0.0056)	0.0115** (0.0057)	0.0079 (0.0064)	0.0082 (0.0065)
手机信号			−0.0607** (0.0285)	−0.0635** (0.0291)	−0.1032*** (0.0355)	−0.1022*** (0.0362)	−0.0463 (0.0424)	−0.0364 (0.0436)
手机使用			0.0872*** (0.0282)	0.0917*** (0.0288)	0.0865*** (0.0281)	0.0910*** (0.0288)	0.1323*** (0.0348)	0.1236*** (0.0358)
居住地通邮					0.0571** (0.0287)	0.0521* (0.0294)	0.0992*** (0.0306)	0.0936*** (0.0314)

续表

项目	全样本						农村样本	
	(1) 总消费	(2) 线下消费	(3) 总消费	(4) 线下消费	(5) 总消费	(6) 线下消费	(7) 总消费	(8) 线下消费
与城镇距离							−0.0095*** (0.0031)	−0.0105*** (0.0032)
其他变量	控制							
省份和年份	控制							
N	9633	9595	8752	8717	8752	8717	4707	4687

项目	全样本						农村样本		
	(1) 生存型消费%	(2) 享受型消费%	(3) 发展型消费%	(4) 生存型消费%	(5) 享受型消费%	(6) 发展型消费%	(7) 生存型消费%	(8) 享受型消费%	(9) 发展型消费%
网络使用	−14.1239*** (3.0116)	5.0036** (2.2265)	8.5814*** (2.7130)	−12.2831*** (3.6538)	4.3820* (2.5686)	8.3879** (3.5450)	−12.2701*** (3.6496)	4.3467** (2.5631)	8.4314** (3.5315)
网络信息重要性	−0.5064* (0.2889)	0.7177*** (0.2123)	−0.1667 (0.2627)	−0.4908 (0.3269)	0.7069*** (0.2348)	−0.2389 (0.3127)	−0.4931 (0.3268)	0.7087*** (0.2346)	−0.2416 (0.3121)
社会互动				−0.1102 (0.1745)	0.2548** (0.1278)	−0.1271 (0.1638)	−0.1107 (0.1746)	0.2533** (0.1279)	−0.1252 (0.1639)
手机信号				−0.0823 (0.7625)	−0.0895 (0.5952)	0.2319 (0.6878)	−0.0384 (0.9544)	0.1921 (0.7450)	−0.0790 (0.8628)

续表

项目	(1) 生存型消费%	(2) 享受型消费%	(3) 发展型消费%	(4) 生存型消费%	(5) 享受型消费%	(6) 发展型消费%	(7) 生存型消费%	(8) 享受型消费%	(9) 发展型消费%
手机使用				-1.6591** (0.8141)	1.2366** (0.6161)	0.5472 (0.7494)	-1.6608** (0.8132)	1.2458** (0.6156)	0.5348 (0.7489)
居住地通邮							-0.0593 (0.7771)	-0.3778 (0.6049)	0.4158 (0.7041)
其他变量					控制				
省份和年份					控制				
N	9581	9581	9632	8752	8752	8752	8752	8752	8752

注：*，**，*** 分别表示双尾检验中10%、5%、1%的显著性水平。

表11　稳健性检验

项目	全样本						农村样本	
	(1) 总消费	(2) 线下消费	(3) 总消费	(4) 线下消费	(5) 总消费	(6) 线下消费	(7) 总消费	(8) 线下消费
网络使用	1.0303*** (0.0810)	0.9017*** (0.0827)	0.9359*** (0.0833)	0.8031*** (0.0868)	0.9315*** (0.0831)	0.7973*** (0.0866)	1.8300*** (0.4169)	1.6888*** (0.4130)
社会互动			0.0114** (0.0049)	0.0107** (0.0050)	0.0114** (0.0049)	0.0106** (0.0049)	0.0015 (0.0091)	0.0017 (0.0090)

续表

项目	全样本						农村样本	
	(1)	(2)	(3)	(4)	(5)	(6)	(7)	(8)
	总消费	线下消费	总消费	线下消费	总消费	线下消费	总消费	线下消费
手机信号			-0.0431 (0.0601)	-0.0501 (0.0576)	-0.0938 (0.0755)	-0.0942 (0.0726)	-0.0966* (0.0567)	-0.0832 (0.0560)
手机使用			-0.0210 (0.0346)	-0.0213 (0.0349)	-0.0213 (0.0346)	-0.0217 (0.0348)	0.0603 (0.0515)	0.0521 (0.0509)
居住地通邮					0.0682 (0.0612)	0.0594 (0.0587)	0.0064 (0.0414)	-0.0041 (0.0411)
与城镇距离							-0.0040 (0.0037)	-0.0045 (0.0037)
其他变量	控制							
地区和年份	控制							
N	9930	9891	8754	8719	8754	8719	4708	4688

项目	全样本						农村样本		
	(1)	(2)	(3)	(4)	(5)	(6)	(7)	(8)	(9)
	生存型消费%	享受型消费%	发展型消费%	生存型消费%	享受型消费%	发展型消费%	生存型消费%	享受型消费%	发展型消费%
网络使用	-5.6347 (3.4353)	11.7713*** (3.6078)	-3.5058 (2.9850)	-3.1044 (4.1972)	9.9448** (4.4515)	-6.8771* (3.9659)	-3.2951 (4.1493)	10.2181** (4.4920)	-6.6649* (3.8893)
网络信息 重要性				-0.0818 (0.1632)	0.2245* (0.1342)	-0.1839 (0.1529)	-0.0824 (0.1625)	0.2210 (0.1344)	-0.1848 (0.1518)

续表

项目	(1) 生存型消费%	(2) 享受型消费%	(3) 发展型消费%	(4) 生存型消费%	(5) 享受型消费%	(6) 发展型消费%	(7) 生存型消费%	(8) 享受型消费%	(9) 发展型消费%
社会互动				-0.0822 (0.8208)	-0.1428 (0.5303)	0.1014 (0.7614)	0.6005 (1.0446)	0.4008 (0.6744)	-1.0663 (0.9709)
手机信号				-1.8994** (0.8673)	0.7136 (0.6490)	1.0159 (0.8092)	-1.8584** (0.8688)	0.7086 (0.6503)	0.9470 (0.8096)
手机使用							-0.9140 (0.8540)	-0.7291 (0.5613)	1.5540* (0.7939)
其他变量					控制				
地区和年份					控制				
N	9876	9876	9929	8754	8754	8754	8754	8754	8754

注: *、**、*** 分别表示双尾检验中10%、5%、1%的显著性水平。

表12　倾向匹配得分结果

变量	匹配方法	匹配参数	变量的变化均值			
			处理组	控制组	ATT	S.E.
总消费	一对一匹配		10.5260	10.3067	0.2193**	0.0227
	最邻近匹配	k=1	10.7500	10.4675	0.2826**	0.0336
	半径匹配	δ=0.1	10.7501	10.4434	0.3067**	0.0249
	核匹配	k: norm; bw: 0.06	10.7501	10.4631	0.2870**	0.0266

续表

变量	匹配方法	匹配参数	变量的变化均值		ATT	S. E.
			处理组	控制组		
线下消费	一对一匹配	k = 1	10.4779	10.3059	0.1720**	0.0236
	最邻近匹配	k = 1	10.6984	10.4840	0.2144**	0.0341
	半径匹配	δ = 0.1	10.6984	10.4441	0.2543**	0.0252
	核匹配	k: norm; bw: 0.06	10.6983	10.4637	0.2347**	0.0268

表 13　影响途径稳健性

项目	被解释变量: 总消费				被解释变量: 线下消费			
	分样本		全样本		分样本		全样本	
	(1)	(2)	(3)	(4)	(5)	(6)	(7)	(8)
	有手机信号	无手机信号			有手机信号	无手机信号		
网络使用	0.4864*** (0.1036)	1.4026 (1.1330)	0.5093*** (0.1078)	5.6926*** (2.1088)	0.2989*** (0.1070)	1.4805 (1.2972)	0.3256*** (0.1121)	4.0079** (1.8782)
手机信号×网络使用				-5.3169*** (2.0469)				-3.7329** (1.8246)

续表

项目	被解释变量：总消费				被解释变量：线下消费			
	分样本		全样本		分样本		全样本	
	(1)	(2)	(3)	(4)	(5)	(6)	(7)	(8)
	有手机信号	无手机信号			有手机信号	无手机信号		
手机信号			-0.1030*** (0.0355)	2.7906** (1.1204)			-0.1021*** (0.0362)	1.9174* (0.9940)
社会互动×网络使用			-0.0198 (0.0124)				-0.0151 (0.0127)	
社会互动	0.0106* (0.0056)	-0.0216 (0.1782)	0.0255** (0.0104)	0.0088 (0.0082)	0.0105* (0.0057)	-0.0305 (0.1970)	0.0222** (0.0107)	0.0090 (0.0069)
网络信息重要性	0.0258** (0.0101)	-0.0469 (0.0902)	0.0251** (0.0101)	-0.0353 (0.0306)	0.0323*** (0.0104)	-0.0671 (0.1043)	0.0312*** (0.0105)	-0.0178 (0.0272)
其他变量	控制							
地区和年份	控制							
N	7637	1115	8752	8752	7610	1107	8717	8717

注：*、**、*** 分别表示双尾检验中10%、5%、1%的显著性水平。

表 14　　间接途径——收入

项目	(1) 收入	(2) 收入	(3) 收入
网络使用	0.9486*** (0.2388)	0.7993*** (0.2527)	0.2352 (0.1628)
家庭与户主层面变量		控制	
职业类型			控制
省份			控制
N	17317	17171	17171

项目	(1) 是否就业	(2) 是否就业	(3) 是否就业
网络使用	0.7967*** (0.0858)	0.9799*** (0.0906)	0.9799*** (0.0906)
家庭与户主层面变量		控制	
省份			控制
N	5704	5606	5606

参 考 文 献

[1] 白重恩，李宏彬，吴斌珍．医疗保险与消费：来自新型农村合作医疗的证据 [J]．经济研究，2012，47（2）．

[2] 包广良．"无理由退货"考验"中国制造" [J]．华人时刊，2003（11）．

[3] 毕俊杰．电商集中促销对消费的影响探析 [J]．宏观经济管理，2017（2）．

[4] 蔡昉．流动人口市民化与新消费者的成长 [J]．中国社会科学院研究生院学报，2011（3）．

[5] 曾亿武，郭红东，金松青．电子商务有益于农民增收吗？——来自江苏沭阳的证据 [J]．中国农村经济，2018（2）．

[6] 陈斌开等．户籍制约下的居民消费 [J]．经济研究，2010，45（S1）．

[7] 程大中．收入效应、价格效应与中国的服务性消费 [J]．世界经济，2009（3）．

[8] 杜丹清．互联网助推消费升级的动力机制研究 [J]．经济学家，2017（3）．

[9] 杜莉等．房价上升对城镇居民平均消费倾向的影响——基于上海市入户调查数据的实证研究 [J]．金融研究，2013（3）．

[10] 樊纲．扩大消费关键是要改变收入分配结构 [J]．商界评论，2009（2）．

[11] 方福前，邢炜．居民消费与电商市场规模的 U 型关系研究 [J]．财贸经济，2015（11）．

[12] 方娴，金刚．社会学习与消费升级——来自中国电影市场的经验证据 [J]．中国工业经济，2020（1）．

[13] 宫晓林．互联网金融模式及对传统银行业的影响 [J]．南方金

融，2013（5）.

[14] 古炳鸿，李红岗，叶欢. 我国城乡居民边际消费倾向变化及政策含义 [J]. 金融研究，2009（3）.

[15] 郭士祺，梁平汉. 社会互动、信息渠道与家庭股市参与——基于2011年中国家庭金融调查的实证研究 [J]. 经济研究，2014，49（S1）.

[16] 国家工商行政管理总局. 2014年全国工商和市场监管部门受理消费者咨询投诉举报情况分析 [R].《中国工商行政管理年鉴》编辑部，2014（3）.

[17] 国务院发展研究中心课题组. 流动人口市民化对扩大内需和经济增长的影响 [J]. 经济研究，2010（6）.

[18] 韩会朝. 互联网对中国企业出口的影响及效应分析 [J]. 广东财经大学学报，2019，34（1）.

[19] 韩先锋，宋文飞，李勃昕. 互联网能成为中国区域创新效率提升的新动能吗 [J]. 中国工业经济，2019（7）.

[20] 杭斌，郭香俊. 基于习惯形成的预防性储蓄——中国城镇居民消费行为的实证分析 [J]. 统计研究，2009（3）.

[21] 贺达，顾江. 互联网对农村居民消费水平和结构的影响——基于CFPS数据的PSM实证研究 [J]. 农村经济，2018（10）.

[22] 江小涓. 高度联通社会中的资源重组与服务业增长 [J]. 经济研究，2017，52（3）.

[23] 蒋军锋，屈霞. 个体行为与自我控制：一个理论综述 [J]. 经济研究，2016（9）.

[24] 康书隆，余海跃，王志强. 基本养老保险与城镇家庭消费：基于借贷约束视角的分析 [J]. 世界经济，2017（12）.

[25] 李丁，丁俊菘，马双. 社会互动对家庭商业保险参与的影响——来自中国家庭金融调查（CHFS）数据的实证分析 [J]. 金融研究，2019（7）.

[26] 李琪，唐跃桓，任小静. 电子商务发展、空间溢出与农民收入增长 [J]. 农业技术经，2019（4）.

[27] 李涛，陈斌开. 家庭固定资产、财富效应与居民消费：来自中国城镇家庭的经验证据 [J]. 经济研究，2014，49（3）.

[28] 李文星，徐长生，艾春荣. 中国人口年龄结构和居民消费：

1989—2004 [J]. 经济研究, 2008 (7).

　[29] 李晓嘉, 蒋承. 我国农村家庭消费倾向的实证研究——基于人口年龄结构的视角 [J]. 金融研究, 2014 (9).

　[30] 林罕. 互联网经济对居民消费倾向影响的省域考察 [J]. 商业经济研究, 2019 (5).

　[31] 刘湖, 张家平. 互联网对农村居民消费结构的影响与区域差异 [J]. 财经科学, 2016 (4).

　[32] 刘生龙, 周绍杰. 基础设施的可获得性与中国农村居民收入增长——基于静态和动态非平衡面板的回归结果 [J]. 中国农村经济, 2011 (1).

　[33] 刘晓倩, 韩青. 农村居民互联网使用对收入的影响及其机理——基于中国家庭追踪调查 (CFPS) 数据 [J]. 农业技术经济, 2018 (9).

　[34] 刘媛媛. 互联网经济发展对城镇居民消费的促进作用探讨 [J]. 商业经济研究, 2016 (20).

　[35] 卢海阳. 社会保险对进城流动人口家庭消费的影响 [J]. 人口与经济, 2014 (4).

　[36] 卢长宝, 秦琪霞, 林颖莹. 虚假促销中消费者购买决策的认知机制: 基于时间压力和过度自信的实证研究 [J]. 市场营销, 2013, 16 (2).

　[37] 罗楚亮. 经济转轨、不确定性与城镇居民消费行为 [J]. 经济研究, 2004 (4).

　[38] 马光荣, 周广肃. 新型农村养老保险对家庭储蓄的影响: 基于CFPS 数据的研究 [J]. 经济研究, 2014, 49 (11).

　[39] 马俊龙, 宁光杰. 互联网与中国农村劳动力非农就业 [J]. 财经科学, 2017 (7).

　[40] 明娟, 曾湘泉. 流动人口家庭与城镇住户消费行为差异分析——来自中国城乡劳动力流动调查的证据 [J]. 中南财经政法大学学报, 2014 (4).

　[41] 冉建. 城市社区群众体育活动中的同伴效应研究 [J]. 成都体育学院学报, 2010 (11).

　[42] 沈坤荣, 谢勇. 不确定性与中国城镇居民储蓄率的实证研究

[J]. 金融研究，2012（3）.

[43] 石明明，刘向东. 空间、消费黏性与中国低消费率之谜 [J]. 中国人民大学学报，2015，29（3）.

[44] 宋铮. 中国居民储蓄行为研究 [J]. 金融研究，1999（6）.

[45] 孙凤. 预防性储蓄理论与中国居民消费行为 [J]. 南开经济研究，2001（1）.

[46] 孙浦阳，张靖佳，姜小雨. 电子商务、搜寻成本与消费价格变化 [J]. 经济研究，2017，52（7）.

[47] 孙文凯，白重恩. 我国农民消费行为的影响因素 [J]. 清华大学学报，2008（6）.

[48] 孙文凯，王乙杰. 重估户口改变对流动人口家庭消费的影响——来自微观跟踪数据的证据 [J]. 经济研究，2016（WP1131）.

[49] 孙锡杰. 同伴效应对城市大众健身行为的影响 [J]. 体育科技，2013（5）.

[50] 唐跃桓，杨其静，李秋芸，朱博鸿. 电子商务发展与农民增收——基于电子商务进农村综合示范政策的考察 [J]. 中国农村经济，2020（6）.

[51] 涂昌波. 美国如何保护消费者的权益 [J]. 消费经济，1995（3）.

[52] 万广华. 流动性约束，不确定性与中国居民消费 [J]. 经济研究，2001（11）.

[53] 汪伟，郭新强，艾春荣. 融资约束、劳动收入份额下降与中国低消费 [J]. 经济研究，2013（11）.

[54] 王鹏飞. 网络经济对我国居民消费的促进作用研究 [D]. 中共中央党校，2014.

[55] 王湘红，陈坚. 社会比较和相对收入对农民工家庭消费的影响 [J]. 金融研究，2016（12）.

[56] 王湘红，范智伟. 助推政策优于"自由放任"和"一刀切" [J]. 中国社会科学学报，2014（12）.

[57] 王湘红，任继球. 相对收入对经济行为的影响 [J]. 经济学动态，2012（4）.

[58] 王湘红，宋爱娴，孙文凯. 消费者保护与消费——来自中国工

商总局投诉数据的证据 [J]. 金融研究, 2018 (6).

[59] 王湘红, 孙文凯, 任继球. 相对收入对外出务工的影响: 来自中国农村的证据 [J]. 世界经济, 2012 (5).

[60] 王湘红, 王曦. 退货制度影响消费倾向的行为理论和调查 [J]. 经济理论与经济管理, 2009 (5).

[61] 王湘红, 朱琳, 宋爱娴. 公共政策中的温和家长制和行为助推政策——以消费政策为例 [J]. 国家治理研究, 2015 (1).

[62] 温涛, 田纪华, 王小华. 农民收入结构对消费结构的总体影响与区域差异研究 [J]. 中国软科学, 2013 (3).

[63] 武峰, 吴应良. 基于网络经济学理论视角的"双11"发展思考 [J]. 商业经济研究, 2017 (19): 34 - 37.

[64] 向渝. 中学生校外体育活动中的同伴效应研究 [J]. 成都体育学院学报, 2005 (4).

[65] 肖俊极, 刘玲. C2C 网上交易中信号机制的有效性分析 [J]. 中国管理科学, 2017, 20 (1).

[66] 肖秀. 考虑退货时间限制的在线零售商退货策略研究 [D]. 杭州电子科技大学, 2014.

[67] 谢洁玉, 吴斌珍, 李宏彬, 郑思齐. 中国城市房价与居民消费 [J]. 金融研究, 2012 (6).

[68] 谢琦, 邵晓峰. 电商大型促销活动下商品销量的影响因素探究——基于天猫双十一的实证研究 [J]. 上海管理科学, 2018, 40 (3).

[69] 许竹青, 郑风田, 陈洁. "数字鸿沟"还是"信息红利"? 信息的有效供给与农民的销售价格——一个微观角度的实证研究 [J]. 经济学 (季刊), 2013, 12 (4).

[70] 杨光, 吴晓杭, 吴芷翘. 互联网使用能提高家庭消费吗? ——来自 CFPS 数据的证据 [J]. 消费经济, 2018, 34 (1).

[71] 杨天宇. 中国居民收入分配影响消费需求的实证研究 [J]. 消费经济, 2001 (1).

[72] 易行健, 周利. 数字普惠金融发展是否显著影响了居民消费——来自中国家庭的微观证据 [J]. 金融研究, 2018 (11).

[73] 尹世杰. 关于扩大消费需求的几个问题 [J]. 消费经济, 2003 (3).

[74] 岳爱，杨矗，常芳，田新，史耀疆，罗仁福，易红梅. 新型农村社会养老保险对家庭日常费用支出的影响 [J]. 管理世界，2013 (8).

[75] 张川川，陈斌开. "社会养老"能否替代"家庭养老"？——来自中国新型农村社会养老保险的证据 [J]. 经济研究，2014，49 (11).

[76] 张大永，曹红. 家庭财富与消费：基于微观调查数据的分析 [J]. 经济研究，2012，47 (S1).

[77] 张世伟，周闯. 中国城镇劳动力市场中劳动参与弹性研究 [J]. 世界经济文汇，2009 (5).

[78] 张文宏，雷开春. 城市新移民社会融合的结构、现状与影响因素分析 [J]. 社会学研究，2008 (5).

[79] 张勋，刘晓光，樊纲. 农业劳动力转移与家户储蓄率上升 [J]. 经济研究，2014 (4).

[80] 张颖熙，柳欣. 刺激国内消费需求增长的财政政策效应分析 [J]. 财经科学，2007 (9).

[81] 张永丽，徐腊梅. 互联网使用对西部贫困地区农户家庭生活消费的影响——基于甘肃省 1735 个农户的调查 [J]. 中国农村经济，2019 (2).

[82] 周广肃，樊纲. 互联网使用与家庭创业选择——来自 CFPS 数据的验证 [J]. 经济评论，2018 (5).

[83] 周广肃，梁琪. 互联网使用、市场摩擦与家庭风险金融资产投资 [J]. 金融研究，2018 (1).

[84] 周广肃，孙浦阳. 互联网使用是否提高了居民的幸福感——基于家庭微观数据的验证 [J]. 南开经济研究，2017 (3).

[85] 周楠. 互联网背景下居民消费行为特征与影响要素探析 [J]. 商业经济研究，2018 (24).

[86] 周洋，华语音. 互联网与农村家庭创业——基于 CFPS 数据的实证分析 [J]. 农业技术经济，2017 (5).

[87] 朱天，张军. 中国的消费率被低估了多少？ [J]. 经济学报，2014 (2).

[88] 朱信凯，骆晨. 消费函数的理论逻辑与中国化：一个文献综述 [J]. 经济研究，2011，46 (1).

[89] 朱志. 网络零售商退货政策影响因素的实证研究 [D]. 重庆大

学, 2015.

[90] Abdel – Ghany M. , Silver J. L. and Gehlken A. Do Consumption Expenditures Depend on the Household's Relative Position in the Income Distribution? [J]. International Journal of Consumer Studies, 2006 (1).

[91] Aguila E. , Attanasio O. and Meghir C. Changes in Consumption at Retirement: Evidence from Panel Data [J]. Review of Economics and Statistics, 2011, 93 (3).

[92] Akay, Alpaslan, Olivier Bargain and Klaus F. Zimmermann. Relative Concerns of Rural-to-urban Migrants in China. [J]. Journal of Economic Behavior & Organization, 2012, 81 (2).

[93] Akerlof, George A. Procrastination and Obedience [J]. American Economic Association, 1991 (5).

[94] Alpizar F. , Carlsson F. and Johansson – Stenman O. How Much Do We Care about Absolute Versus Relative Income and Consumption? [J]. Journal of Economic Behavior and Organization, 2005 (56).

[95] Ariely, Dan and George Loewenstein. The Heat of the Moment: the Effect of Sexual Arousalon Sexual Decision Making [J]. Journal of Behavioral Decision Making. 2006, 19 (2).

[96] Ariely, Dan and Wertenbroch K. Procrastination, Deadlines and Performance: Self – Control By Pre – Commitment [J]. Psychological Science, 2002, 13 (3).

[97] Asch, Solomon. Effects of Group Pressure Upon the Modification and Distortion of Judgments in Groups, Leadership, and Men. [M]. Pittsburgh: Carnegie Press, 1951.

[98] Ashraf N. , Karlan D. and Yin W. Household Decision Making and Savings Impacts: Further Evidence from A Commitment Savings Product in the Philippines [J]. Economic Growth Center, Working Papers. Yale University, 2006.

[99] Banerjee, Abhijit, Xin Meng, Tommaso Porzio, Nancy Qian. Aggregate and Household Saving in China: A General Equilibrium Analysis Using and Micro Data [A]. NBER Working Paper, 2014.

[100] Banks J. , Blundell R. and Tanner S. Is there a Retirement-savings

Puzzle? [J]. American Economic Review, 2004, 88 (4).

[101] Battistin E. , Brugiavini A. , Rettore, E. and Weber, G. The Retirement Consumption Puzzle: Evidence from a Regression Discontinuity Approach [J]. American Economic Review, 2009, 99 (5).

[102] Benartzi S. , Previtero A. and Thaler R. H. Annuitization Puzzles [J]. Journal of Economic Perspectives, 2011, 25 (4).

[103] Benartzi, Shlomo and Richard H. Thaler. Save more Tomorrow: Using Behavioral Economics to Increase Employee Savings [J]. Journal of Political Economy, 2004, 112 (1).

[104] Benjamin D. , Brandt L. and Giles J. Did Higher Inequality Impede Growth in Rural China? [J]. The Economic Journal, 2011, 121 (557).

[105] Beshears J. , Choi J. J. , Laibson D. , Madrian B. C. and Zeldes S. P. What Makes Annuitization More Appealing? [J]. Journal of Public Economics, 2014 (116).

[106] Beshears J, Lee H. N. , Milkman K. L. and Mislavsky R. Creating Exercise Habits Using Incentives: The Tradeoff Between Flexibility and Routinization [Z]. 2017.

[107] Bhargava, Saurabh and George Loewenstein. Behavioral Economics and Public Policy: Beyond Nudging [J]. American Economic Review, 2015. 115.

[108] Bhargava, Saurabh and Loewenstein, George F. and Sydnor, Justin R. Do Individuals Make Sensible Health Insurance Decisions? Evidence from a Menu with Dominated Options (May 2015) [A]. NBER Working Paper No. w21160.

[109] Bies R. J. , Tripp T. M. and Neale M. A. Procedural Fairness and Profit Seeking: The Perceived Legitimacy of Market Exploitation. [J]. Journal of Behavioral Decision Making, 1993, 6 (4).

[110] Blodgett J. , D. Hill and A. Bakir. Cross - Cultural Complaining Behavior: An Alternative Explanation [J]. Journal of Consumer Satisfaction, 2006, 7 (19).

[111] Bogan V. Stock Market Participation and the Internet [J]. Journal of Financial and Quantitative Analysis, 2008, 43 (1).

[112] Bolton L. E. , Warlop L. and Alba J. W. Consumer Perceptions of Price (Un) Fairness [J]. Journal of Consumer Research, 2003, 29 (4).

[113] Bonifield C. , C. Cole and R. L. Schultz. Product Returns on the Internet: A Case of Mixed Signals? [J]. Journal of Business Research, 2010, 63 (9).

[114] Botsman R. and Rogers R. What's Mine is Yours? [M]. New York. Harper Collins Publishers, 2010.

[115] Bower A. B. and J. G. M. Iii. Return Shipping Policies of Online Retailers: Normative Assumptions and the Long-term Consequences of Free and Free Returns [J]. Journal of Marketing, 2012, 76 (5).

[116] Brady D. S. and Friedman R. D. Savings and the Income Distribution. In: Studies in Income and Wealth. [J]. National Bureau of Economic Research, New York. P. 1947. (Vol. 10).

[117] Brown J. R. , Kling J. R. , Mullainathan S. and Wrobel M. V. Why Don't People Insure Late – life Consumption? A Framing Explanation of the Under-annuitization Puzzle [J]. American Economic Review, 2008, 98 (2).

[118] Brown P. H. , Bulte E. and Zhang X. Positional Spending and Status Seeking in Rural China [A]. International Food Policy Research Institute. IFPRI Discussion Papers, 2010.

[119] Bursztyn, Leonardo, Bruno Ferman, Stefano Fiorin, Martin Kanz, Gautam Rao. Status Goods: Experimental Evidence from Platinum Credit Cards [J]. Quarterly Journal Economics, 2018, 133 (3).

[120] Bussiere, Matthieu et al. Understanding Household Saving in China: The Role of the Housing Market and Borrowing Constraints [A]. University Library of Munich, 2013.

[121] Cabinet Office and Institute for Government. Better Choice, Better Deal. Consumer Power Growth [R]. London: Cabinet Office, 2010.

[122] Cabinet Office and Institute for Government. MINDSPACE. Influencing Behavior Through Public Policy [R]. London: Cabinet Office, 2010.

[123] Cai H. , Chen Y. and Fang H. Observational Learning: Evidence from a Randomized Natural Field Experiment [J]. American Economic Review, 2009, 99 (3).

[124] Camerer C. , Issacharoff S. , Loewenstein G. , O' Donoghue T. and Rabin M. Regulation for Conservatives: Behavioral Economics and the Case for Asymmetric Paternalism [J]. University of Pennsylvania Law Review, 2003, 3 (151).

[125] Carroll, Christopher D. , Jody Overland and David N. Weil. Saving and Growth With Habit Formation [J]. American Economic Review, 2000, 90 (3).

[126] Carroll, Christopher, Byung – Kun Rhee, Changyong Rhee. Are there Cultural Effects on Saving? Some Cross-sectional Evidence [J]. Quarterly Journal of Economics, 1994, 109 (3).

[127] Cass R. Sustain, Nudging: A very Short Guide [J]. Consumer Policy, 2014, 37 (10).

[128] Chamon, Marcos and Eswar Prasad. Why are Saving Rates of Urban Households in China Rising? [J]. American Economic Journal: Macroeconomics, 2010, 2 (1).

[129] Chang, Shu – Hui, Shih – Heng Pao. Relative Effect of a Returns and a No-returns Policy on the Unit Profit of Manufacturers Under Continuous Demand Uncertainty [J]. International Journal of Management, 2007, 24 (2).

[130] Charness G. and Gneezy U. Incentives to Exercise [J]. Econometrica, 2009, 77 (3).

[131] Che, Yean – Koo. Customer Return Policies for Experience Goods [J]. The Journal of Industrial Economics, 1996, 44 (1).

[132] Chen, Binkai, Ming Lu and Ninghua Zhong. How Urban Segregation Distorts Chinese Migrants' Consumption? [J]. World Development, 2015 (7).

[133] Choi C. and Yi M. H. The Effect of the Internet on Economic Growth: Evidence from Cross – Country Panel Data [J]. Economics Letters, 2009, 105 (1).

[134] Choi J. J. , Laibson D. and Metrick A. How Does the Internet Affect Trading? Evidence from Investor Behavior in Plans [J]. Journal of Financial Economics, 2002, 64 (3).

[135] Choi, James J. , David Laibson, Brigitte Madrian and Andrew

Metrick. For Better or for Worse: Default Effects and Savings Behavior [A]. NBER Working Paper, 2001.

[136] Chu W. , E. Gerstner and J. D. Hess. Managing Dissatisfaction How To Decrease Customer Opportunism By Partial Refunds [J]. Journal of Service Research, 1998, 1 (2).

[137] Clark A. E. and Oswald A. J. Satisfaction and Comparison Income [J]. Journal of Public Economics, 1996 (3).

[138] Clark, Andrew E. , Paul Frijters and Michael A. Shields. Relative Income, Happiness, and Utility: An Explanation for the Easterlin Paradox and Other Puzzles [J]. Journal of Economic Literature, 2008, 46 (1).

[139] Coeurdacier, Nicolas et al. Credit Constraints and Growth in a Global Economy. [J]. American Economic Review, 2015, 105 (9).

[140] Colin C. , Issacharoff S. , Loewenstein G. , O'Donoghue T. and Rabin M. Regulation for Conservatives: Behavioral Economics and the Case for Asymmetric Paternalism [J]. University of Pennsylvania Law Review, 2003, 3 (151).

[141] Corneo G. and Olivier J. Status, the Distribution of Wealth and Growth [J]. Scandinavian Journal of Economics, 2001 (2).

[142] Cronin M. J. Banking and Finance on the Internet [M]. John Wiley&Sons Press, New Jersey, 1998.

[143] Cullum, Philip. Unleashing the New Consumer Power [J]. London: Consumer Focus, 2010.

[144] Curtis, Chadwick C. et al. Demographic Patterns and Household Saving in China [J]. American Economic Journal: Macroeconomics, 2015, 7 (2).

[145] Dai H. , Milkman K. L. and Riis, J. The Fresh Start Effect: Temporal Landmarks Motivate Aspirational Behavior [J]. Management Science, 2014, 60 (10).

[146] Das B. ICTs Adoption For Accessing Agricultural Information: Evidence from Indian Agriculture [J]. Agricultural Economics Research Review, 2014, 27 (347 – 2016 – 17125).

[147] Davis, Douglas D. and Edward L. Millne. Rebates, Matches and

Consumer Behavior [J]. Southern Economic Association, 2005, 72 (2).

[148] David Laibson, Andrea Repetto and Jeremy Tobacman. A Debt Puzzle Nat'L Bureau of Econ. Research [A]. Working Paper, 2000, No. 7879.

[149] Davis S. , M. Hagerty and E. Gerstner. Return Policies and the Optimal Level of "Hassle" [J]. Journal of Economics & Business, 1998, 50 (5).

[150] Davis, Scott E. , Michael Hagerty and Eitan Gerstner. Return Policies and Optimal Levels of Hassle [J]. Journal of Economics and Business, 1998, 50 (3).

[151] Deaton A. Relative Deprivation, Inequality and Mortality [A]. Cambridge, Ma: National Bureau of Economics Research. Nber Working Paper, 2001.

[152] Deaton, Angus. Relative Deprivation, Inequality and Mortality [J]. National Bureau of Economic Research, 2001, No. W8099.

[153] Dellavigna S. and Malmendier U. Paying not to Go to the Gym [J]. American Economic Review, 2006, 96 (3).

[154] Dellavigna S. Psychology and Economics: Evidence from the Field. [J]. Journal of Economic Literature, 2009, 47 (2).

[155] Dennis J. Zhang, Hengchen Dai, Lingxiu Dong, Fangfang Qi, Nannan Zhang, Xiaofei Liu, Zhongyi Liu and Jiang Yang. How Do Price Promotions Affect Customer Behavior on Retailing Platforms? Evidence from a Large Randomized Experiment on Alibaba. [J]. Production and Operations Management, 2018, 27 (12).

[156] Devoto, Florencia, Esther Dulfo, Pascaline Dupas, William Parienté and Vincent Pons. Happiness on Tap: Piped Water Adoption in Urban Morocco [J]. American Economic Journal, 2012, 4 (4).

[157] Dixon, Philip M. , Jacob Weiner, Thomas Mitchell – Olds and Robert Woodley. Bootstrapping the Gini Coefficient of Inequality [J]. Ecology. 1987, 68 (5).

[158] Douglas D. Davis and Edward L. Millne. Rebates, Matches, and Consumer Behavior [J]. Southern Economic Association, 2005, 72 (2).

[159] Dreger, Christian, Tongsan Wang and Yanqun Zhang. Under-

standing Chinese Consumption: the Impact of Hukou [J]. Development and Change, 2015, 46 (6).

[160] Du, Qingyuan and Shang – Jin Wei. A Theory of the Competitive Saving Motive [J]. Journal of International Economics, 2013, 91 (2).

[161] Duesenberry and J. S. Income, Saving and the Theory of Consumer Behavior [M]. Harvard University Press, Cambridge MA, 1949.

[162] Duesenberry and James Stemble. Income, Saving, and the Theory of Consumer Behavior [M]. Harvard University Press, 1948.

[163] Duesenberry J. S. Income – Consumption Relations and Their Implications [J]. Income, Employment and Public Policy, 1948.

[164] Dupor B. and Liu W. F. Jealousy and Equilibrium Overconsumption [J]. American Economic Review, 2003 (1).

[165] Easterlin R. Does Economic Growth Improve the Human Lot? Some Empirical Evidence. In: Nations and Households in Economic Growth: Essays in Honor of Moses Abramovitz [M]. Academic Press, New York, 1974.

[166] Easterlin R. A. Will Raising the Incomes of all Increase the Happiness of all? [J]. Journal of Economic Behavior and Organization, 1995 (1).

[167] European Commission: Consumers' Views on Switching Service Providers [R]. Brussels: European Commission, 2009.

[168] Frank R. Are Concerns about Relative Income Relevant for Public Policy? [J]. Aea Papers and Proceedings, 2005.

[169] Frank R. H. , Ostvik – White B. and Levine A. Expenditure Cascades [M]. Cornell University, Mimeo, 2005.

[170] Frank R. The Frame of Reference as a Public Good [J]. The Economic Journal, 1997 (445).

[171] Frank, Robert. Falling Behind: How Rising Inequality Harms the Middle Class [M]. Vol. 4. University of California Press, California, 2007.

[172] Frederick, Shane, George Loewenstein and Ted O'Donoghue. Time Discounting and Time Preference: A Critical Review [J]. Journal of Economic Literature, 2002 (6).

[173] Friedman M. A Theory of the Consumption Function [M]. Princeton University Press, Princeton, 1957.

［174］ Gellert P. , Ziegelmann J. P. , Warner L. M. and Schwarzer R. Physical Activity Intervention in Older Adults: Does a Participating Partner Make a Difference? ［J］. European Journal of Ageing, 2011 (8).

［175］ Gennaioli, Nicola, and Andrei Shleifer. What Comes to Mind ［J］. Quarterly Journal Economics, 2010, 125 (4).

［176］ George Loewenstein et al. The Effect of Sexual Arousal on Expectations of Sexual Forcefulness ［J］. Res. Crime & Delinq, 1997 (443).

［177］ Giles J. Is Life more Risky in the Open? Household Risk-coping and the Opening of China's Labor Markets ［J］. Journal of Development Economics, 2006 (1).

［178］ Gilly, Mary C. and Betsy D. Gelb. Post – Purchase Consumer Processes and the Complaining Consumer ［J］. Journal of Consumer Research, 1982, 9 (3).

［179］ Gilly, Mary C. Post-complaint Processes: from Organizational Response to Repurchase Behavior ［J］. The Journal of Consumer Affairs, 1987, 21 (2).

［180］ Giné X. , Karlan D. and Zinman J. Put Your Money Where Your Butt is: A Commitment Contract for Smoking Cessation ［J］. American Economic Journal: Applied Economics, 2010, 2 (4).

［181］ Goldstein D. G. , Hershfield H. E. and Benartzi S. The Illusion of Wealth and Its Reversal ［J］. Journal of Marketing Research, 2016, 53 (5).

［182］ Goss E. P. and Phillips J. M. How Information Technology Affects Wages: Evidence Using Internet Usage as a Proxy for it Skills ［J］. Journal of Labor Research, 2002, 23 (3).

［183］ Grewal D. , J. L. Munger G. R. Iyer and M. Levy. The Influence of Internet-retailing Factors on Price Expectations ［J］. Psychology & Marketing, 2003, 20 (6).

［184］ Griffis S. E. , S. Rao T. J. Goldsby T. and T. Niranjan. The Customer Consequences of Returns in Online Retailing: An Empirical Analysis ［J］. Journal of Operations Management, 2012, 30 (4).

［185］ Gross E. F. , Juvonen J. and Gable S. L. Internet Use and Well – Being in Adolescence ［J］. Journal of Social Issues, 2002, 58 (1).

[186] Haider S. J. and Stephens M. Is there a Retirement-consumption Puzzle? Evidence Using Subjective Retirement Expectations [J]. Review of Economics and Statistics, 2007, 89 (2).

[187] Harbaugh R. China's High Savings Rates. Chinese Conference Volume, Vol. [M]. The Rise of China Revisited: Perception and Reality, 2004.

[188] Harbaugh R. Falling Behind the Joneses: Relative Consumption and the Growth-savings Paradox [J]. Economics Letters, 1996, 53.

[189] Harnish R. J. , Bridges K. R. , Nataraajan R. , Gump J. T. and Carson A. E. The Impact of Money Attitudes and Global Life Satisfaction on the Maladaptive Pursuit of Consumption [J]. Psychology & Marketing, 2018, 35 (3).

[190] Harris, Lloyd C. Fraudulent Return Proclivity: An Empirical Analysis [J]. Journal of Retailing, 2008, 84 (4).

[191] Hastings, Justine, Brigitte C. Madrian and William L. Skimmyhorn. Financial Literacy, Financial Education and Economic Outcomes [J]. Annual Review of Economics, 2013 (5).

[192] Hastings, Justine and Jesse Shapiro. Fungibility and Consumer Choice: Evidence from Commodity Price Shocks [J]. Quarterly Journal Economics, 2013, 128 (4).

[193] Heiman A. , B. Mcwilliams and D. Zilberman. Demonstrations and Money-back Guarantees: Market Mechanisms to Reduce Uncertainty [J]. Journal of Business Research, 2001, 54 (1).

[194] Hess, James D. and Glenn E. Mayhew. Modeling Merchandise Returns in Direct Marketing. [J]. Journal of Direct Marketing, 1997 (11).

[195] Hoch S. J. and Loewenstein G. F. Time – Inconsistent Preferences and Consumer Self – Control [J]. Journal of Consumer Research, 1991, 17 (4).

[196] Horioka, Charles Y. and Junmin Wan. The Determinants of Household Saving in China: A Dynamic Panel Analysis of Provincial Data [J]. Journal of Money, Credit and Banking, 2007 (39).

[197] Hunt Allcott. Behavioral Economics and Energy Efficiency: An Overview For Teaching, Research, and Policy Analysis [M]. New York Uni-

versity Press, New York, 2014.

[198] Ilana Ritoy and Jonathan Baron. Reluctance to Vaccinate: Omission Bias and Ambiguity [J]. Behavioral Law & Economics, 2000, 168.

[199] James J. Choi, David Laibson, Brigitte Madrian and Andrew Metrick. For Better Or For Worse: Default Effects and Savings Behavior [A]. Nber Working Paper, 2001.

[200] Janakiraman N. and L. Ordóñez. Effect of Effort and Deadlines on Consumer Product Returns [J]. Journal of Consumer Psychology, 2012, 22 (2).

[201] Janakiraman N. , H. A. Syrdal and R. Freling. The Effect of Return Policy Leniency on Consumer Purchase and Return Decisions: A Meta-analytic Review [J]. Journal of Retailing, 2016, 9 (2).

[202] Janis, Irving L. , Leon Mann. Decision Making: A Psychological Analysis of Conflict, Choice, and Commitment [M]. The Free Press, New York, 1970.

[203] Jin, Ye, Hongbin Li and Binzhen Wu. Income Inequality, Consumption, and Social-status Seeking [J]. Journal of Comparative Economics, 2011, 39 (2).

[204] Joseph P. Fried. Rent-a-center Charged with Price Gouging [N]. N. Y. Times. 2001 - 8 - 23.

[205] Justine S. Hastings, Brigitte C. Madrian and William L. Skimmyhorn. Financial Literacy, Financial Education, and Economic Outcomes [J]. Annual Review of Economics, 2013 (5): 347 - 373.

[206] Kahneman, D. , Jack L. Knetsch and Richard H. Thaler. Anomalies: The Endowment Effect, Loss Aversion, and Status Quo Bias [J]. The Journal of Economic Perspectives, 1991, 5 (1): 193 - 206.

[207] Kahneman, Daniel and Amos Tversky. Prospect Theory: An Analysis of Decision Under Risk [J]. Econometrica, 1979, 3 (47).

[208] Kaur S. , Kremer M. and Mullainathan S. Self - Control at Work [J]. Journal of Political Economy, 2015, 6 (123).

[209] Keynes J. M. The General Theory of Employment, Interest, and Money. Macmillan [M]. King's College Press, London, 1936.

[210] Kim, J. and B. Wansink. How Retailers' Recommendation and Return Policies Alter Product Evaluations [J]. Journal of Retailin, 2012, 88 (4): 528 – 541.

[211] Knetsch and Jack L. The Endowment Effect and Evidence of Nonreversible Indifference Curves [J]. American Economic Review, 1989 (79).

[212] Knight J. and Gunatilaka R. The Rural – Urban Divide in China: Income But Not Happiness? [J]. Journal of Development Studies, 2010 (3).

[213] Knight J. Song L. and Gunatilaka R. Subjective Well-being and its Determinants in Rural China [J]. China Economic Review, 2009 (4).

[214] Kocher M. G. , P. Martinsson, E. Persson and X. Wang. Is there a Hidden Cost of Imposing a Minimum Contribution Level for Public Good Contributions? [J]. Journal of Economic Psychology, 2016 (56): 74 – 84.

[215] Kosicki, George. A Test of the Relative Income Hypothesis [J]. Southern Economic Journal, 1987, 54 (2).

[216] Kuijs, Louis. Investment and Saving in China. World Bank Policy [J]. Research Working Paper Series, 2005 (5).

[217] Laibson, David, Andrea Repetto and Jeremy Tobacman. A Debt Puzzle Nat'L Bureau of Econ Research [A]. Working Paper, 2000, No. 7879.

[218] Lainé L. Room for Improvement. Consumer Focus [M]. Yale University Press, New Haven, 2010.

[219] Leonardo Bursztyn, Bruno Ferman, Stefano Fiorin, Martin Kanz, Gautam Rao. Status Goods: Experimental Evidence from Platinum Credit Cards [J]. Quarterly Journal Economics, 2018, 133 (3).

[220] Liang P and Guo S. Social Interaction, Internet Access and Stock Market Participation—An Empirical Study in China. [J]. Journal of Comparative Economics, 2015, 43 (4).

[221] Ling D. C. Do the Chinese "Keep Up With the Jones"? Implications of Peer Effects, Growing Economic Disparities and Relative Deprivation on Health Outcomes Among Older Adults in China [J]. China Economic Review, 2009 (1).

[222] List, John A. Does Market Experience Eliminate Market Anomalies? [J]. Quarterly Journal of Economics, 2003 (118).

[223] List, John A. Neoclassical Theory Versus Prospect Theory: Evidence from the Marketplace [J]. Econometrica, 2004, 72 (2).

[224] Loewenstein, George, Daniel Nagin, Raymond Paternoster. The Effect of Sexual Forcefulness [J]. Journal of Research in Crime and Delinquency, 1997 (443).

[225] Loewenstein G., O'Donoghue T. and Rabin M. Projection Bias in Predicting Future Utility [J]. The Quarterly Journal of Economics, 2003, 118 (4).

[226] Lohmann S. Information Technologies and Subjective Well – Being: Does the Internet Raise Material Aspirations? [J]. Oxford Economic Papers, 2015, 67 (3).

[227] Loibl C., Summers B., Mcnair S. and Bruine De Bruin W. Pension Freedom Day in the United Kingdom: Early Evaluation of Consumer Response. [J]. International Journal of Consumer Studies, 2019, 43 (1).

[228] Lu F., Zhang J. and Perloff J. M. General and Specific Information in Deterring Traffic Violations: Evidence from a Randomized Experiment [J]. Journal of Economic Behavior & Organization, 2016 (123).

[229] Luce, Mary Frances, James R. Bettman and John W. Payne. Choice Processing in Emotionally Difficult Decisions [J]. Journal of Experimental Psychology: Learning, Memory and Cognition, 1997, 3 (23).

[230] Luhrmann M. Population Aging and the Demand for Goods & Services [R]. Munich Center for the Economics of Aging (Mea) at the Max Planck Institute for Social Law and Social Policy, 2005.

[231] Luttmer and Erzo F. P. Neighbors as Negatives: Relative Earnings and Well-being [J]. The Quarterly Journal of Economics, 2005 (3).

[232] Mcbride M. Relative – Income Effects on Subjective Well-being in the Cross-section [J]. Journal of Economic Behavior and Organization, 2001 (45).

[233] Meng Xin. Unemployment, Consumption Smoothing and Precautionary Saving in Urban China [J]. Journal of Comparative Economics, 2003, 31 (3).

[234] Milkman K. L., Minson J. A. and Volpp, K. G. Holding the Hun-

ger Games Hostage at the Gym: An Evaluation of Temptation Bundling [A]. The Wharton School Research Paper, 2013 (45).

[235] Milkman, Katherine L. and John Beshear. Mental Accounting and Small Windfalls: Evidence from an Online Grocer [J]. Journal of Economic Behavior and Organization, 2009, 72 (2).

[236] Modigliani F. and Shi Larry Cao. The Chinese Saving Puzzle and the Life-cycle Hypothesis [J]. Journal of Economic Literature, 2004 (42).

[237] Moorthy, Sridhar and Kannan Srinivasan. Money-back Guarantee: The Role of Transaction Costs [J]. Marketing Science, 1995, 14 (4).

[238] Navarro L. The Impact of Internet Use on Individual Earnings in Latin America [A]. Development Research Working Paper Series, 2010.

[239] Novemsky N. and Kahneman D. How Do Intentions Affect Loss Aversion? [J]. Journal of Marketing Research, 2018.

[240] Nunn N. , Wantchekon L. The Slave Trade and the Origins of Mistrust in Africa [J]. American Economic Review, 2011, 101 (7).

[241] O'Donoghue and M. Rabin. Choice and Procrastination [J]. The Quarterly Journal of Economics, 2001 (2).

[242] Ortmeyer, Gwen, John Quelch and Walter Salmon. Restoring Credibility To Retail Pricing. [J]. Sloan Management Rev, 1991, 33 (1).

[243] Palley, Thomas I. The Relative Permanent Income Theory of Consumption: A Synthetic Keynes-duesenberry-Friedman Model [J]. Review of Political Economy, 2010, 22 (1).

[244] Panis, Constantijn W. A. Annuities and Retirement Well-being. In Olivia S. Mitchell and Stephen P. Utkus edt. , Personal Design and Structure: New Lessons from Behavioral Finance [M]. Oxford University Press, Oxford, 2004.

[245] Pasternack, Barry A. Optimal Pricing and Return Policies For Perishable Commodities [J]. Marketing Science, 1985, 4 (2).

[246] Pedro Bordalo, Nicola Gennaioli and Andrei Shleifer. Salience and Consumer Choice [J]. Journal of Political Economy, 2013, 121 (5).

[247] Pei Z. , A. Paswan and R. Yan. E – Tailer's Return Policy, Consumer's Perception of Return Policy Fairness and Purchase Intention [J].

Journal of Retailing & Consumer Services, 2014, 21 (3).

［248］ Perkins H. W. , Haines M. P. and Rice R. Misperceiving the Col-lege Drinking Norm and Related Problems: A Nationwide Study of Exposure to Prevention Information, Perceived Norms and Student Alcohol Misuse ［J］. Stud Alcohol, 2005, 66 (4).

［249］ Petersen J. A. and V. Kumar. Can Product Returns Make You Mon-ey? ［J］. Mit Sloan Management Review, 2010, 51 (3).

［250］ Philip Cullum. Unleashing the New Consumer Power ［J］. London: Consumer Focus, 2010.

［251］ Plante T. G. , Madden M. , Mann S. , Lee G. , Hardesty A. , Gable N. , Terry A. and Kaplow G. Effects of Perceived Fitness Level of Exer-cise Partner on Intensity of Exertion ［J］. Journal of Social Sciences, 2010, 6 (1).

［252］ Pollak R. A. Interdependent Preferences ［J］. American Economic Review, 1976 (66).

［253］ Pollak, Robert A. Habit Formation and Dynamic Demand Functions ［J］. Journal of Political Economy, 1970, 78 (4).

［254］ Private Pensions: Participants Need Information on Risks They Face in Managing Pension Assets at and During Retirement Government Ac-countability Office Reports ［R］. U. S. Government Accountability Office, 2003 (9).

［255］ Raghubir P. and Srivastava J. The Denomination Effect ［J］. Journal of Consumer Research, 2009, 36 (4).

［256］ Rajan R, Zingales L. Financial Development and Growth ［J］. American Economic Review, 1998, 88 (3).

［257］ Reynolds, Kate L. and Lloyd C. Harris. When Service Failure is not Service Failure: An Exploration of the Types and Motives of 'Illegitimate' Customer Complaining ［J］. Journal of Services Marketing, 2005, 19 (5).

［258］ Rick S. I. , Cryder C. E. and Loewenstein G. Tightwads and Spend-thrifts ［J］. Journal of Consumer Research, 2008, 34 (6).

［259］ Riitsalu L. Goals, Commitment and Peer Effects as Tools for Impro-ving the Behavioural Outcomes of Financial Education ［J］. Citizenship, Social and Economics Education, 2018, 17 (3).

［260］Robinson J. and Comerford D. A. The Effect on Annuities Preference of Prompts to Consider Life Expectancy: Evidence from a UK Quota Sample ［J］. Economica, 2020, 87 (347).

［261］Royer H. , Stehr M. and Sydnor J. Incentives, Commitments and Habit Formation in Exercise: Evidence from a Field Experiment with Workers at a Fortune – 500 Company ［J］. American Economic Journal: Applied Economics, 2015, 7 (3).

［262］Samuelson, William and Richard Zeckhauser. Status Quo Bias in Decision Making ［J］. Journal of Risk and Uncertainty, 1988 (3).

［263］Sand R. The Propensity to Consume Income from Different Sources and Implications for Saving: An Application to Norwegian Farm Households ［R］. International Agricultural Policy Reform and Adjustment Project (Iaprap), 2002.

［264］Saurabh Bhargava and George Loewenstein. Behavioral Economics and Public Policy: Beyond Nudging ［J］. American Economic Review, 2015 (115).

［265］Schmich M. A Stopwatch on Shopping ［N］. Chicago Tribune, 1986.

［266］Shapira N. , Barak A. and Gal I. Promoting Older Adults' Well-being Through Internet Training and Use ［J］. Aging and Mental Health, 2007, 11 (5).

［267］Shu S. B. and Shu S. D. The Psychology of Decumulation Decisions During Retirement ［J］. Policy Insights from the Behavioral and Brain Sciences. 2018. 5 (2): 216 – 223.

［268］Sirois F. M. . Melia – Gordon M. L. and Pychyl T. A. "I'll Look After My Health, Later": An Investigation of Procrastination and Health ［J］. Personality and Individual Differences, 2003, 35 (5).

［269］Smith C. E. , Echelbarger M. , Gelman S. A. and Rick S. I. Spendthrifts and Tightwads in Childhood: Feelings about Spending Predict Children's Financial Decision Making ［J］. Journal of Behavioral Decision Making, 2018, 31 (3).

［270］ Solnick S. and Hemenway D. Is more Always Better? A Survey on Positional Goods ［J］. Journal of Economic Behavior and Organization, 1998 (3).

［271］ Song L. , Wu and Zhang Y. Urbanization of Migrant Workers and Expansion of Domestic Demand ［J］. Social Sciences in China, 2010 (3).

［272］ Song Y. and Sun W. Health Consequences of Rural-to-urban Migration: Evidence from Panel Data in China ［J］. Health Economics, 2016, 25 (10).

［273］ Spector, Robert and Patrick Mccarthy. The Nordstrom Way: The Inside Story of America's #1 Customer Service Company ［J］. John Wiley Press, New York, 2001.

［274］ Stark O. and Taylor J. E. Migration Incentives, Migration Types: The Role of Relative Deprivation ［J］. Economic Journal, 1991 (101).

［275］ Stark, Oded and Shlomo Yitzhaki. Labour Migration as a Response to Relative Deprivation ［J］. Journal of Population Economics, 1988, 1 (1).

［276］ Stark, Oded. Status Aspirations, Wealth Inequality and Economic Growth ［J］. Review of Development Economics, 2006, 10 (1).

［277］ Stock J. , T. Speh and H. Shear. Many Happy (Product) Returns ［J］. Harvard Business Review, 2002, 80 (7).

［278］ Strahilevitz, Michal A. and George Loewenstein. The Effect of Ownership History on the Valuation of Objects ［J］. The Journal of Consumer Research, 1998, 25 (3).

［279］ Sun, Wenkai and Xianghong, Wang. Do Relative Income and Income Inequality Affect Consumption? Evidence from the Villages of Rural China ［J］. The Journal of Development Studies, 2013, 49 (4).

［280］ Sustain, Cass R. , Nudging: A very Short Guide ［J］. Consumer Policy, 2014, 37 (10).

［281］ Tabuchi T. and Yoshida A. Separating Urban Agglomeration Economies in Consumption and Production ［J］. Journal of Urban Economics, 2000, 48 (1).

［282］ Thaler R. Some Empirical Evidence on Dynamic Inconsistency ［J］. Economics Letters, 1981, 8 (3).

[283] Thaler, Richard and Sunstein, Cass. Libertarian Paternalism [J]. The American Economic Review, 2003 (5).

[284] Thaler, Richard H. and Cass R. Sustain. Nudge: Improving Decisions about Health, Wealth and Happiness [M]. Yale University Press, New Haven, 2008.

[285] The Office of Fair Trading, Oft Annual Report and Resource Accounts [R]. London: Office of Fair Trading, 2010.

[286] Thunstrom L. and Ritten C. J. Endogenous Attention to Costs [J]. Journal of Risk and Uncertainty, 2019, 59 (1).

[287] Thunstrom L., Gilbert B. and Ritten C. J. Nudges that Hurt Those Already Hurting-distributional and Unintended Effects of Salience Nudges [J]. Journal of Economic Behavior & Organization, 2018 (153).

[288] Timur Kuran and Cass R. Sunstein. Controlling Availability Cascades [M]. Cambridge University Press, Cambridge, 2000.

[289] Toche and Patrick. Keeping up with the Joneses and Income Risk: Revisiting the Growth-saving Paradox [A]. Working Paper, 2003.

[290] Tversky, Amos and Daniel Kahneman. The Framing of Decisions and the Psychology of Choice [J]. Science, 1981, 211 (4481).

[291] Van Boven, Leaf, George Loewenstein and David Dunning. Mispredicting the Endowment Effect: Underestimation of Owners' Selling Prices by Buyer's Agents [J]. Journal of Economic Behavior & Organization, 2003 (7).

[292] Van Dam H. A., Van Der Horst F. G., Knoops L., Ryckman R. M., Crebolder H. F., Van Den Borne and B. H. Social Support in Diabetes: A Systematic Review of Controlled Intervention Studies [J]. Patient Educ Couns, 2005, 59 (1).

[293] Veblen T. The Theory of the Leisure Class [M]. Macmillan Press, New York, 1949.

[294] Waldfogel J. Preference Externalities: An Empirical Study of Who Benefits Whom in Differentiated Product Markets [R]. National Bureau of Economic Research, 1999.

[295] Wan, Junmin. Household Saving and Housing Prices in China [J]. The World Economy, 2015 (38).

[296] Wang X. Retail Return Policy, Endowment Effect and Consumption Propensity: an Experimental Study [J]. The B. E. Journal of Economic Analysis & Policy, 2009, 9 (1).

[297] Wang X. When Workers Do not Know-the Behavioral Effects of Minimum Wage Laws Revisited [J]. Journal of Economic Psychology, 2012, 33 (5).

[298] Wang Xianghong and Xi Wang. Restrictive Return Policy Discourages Consumptions: A Behavioral Theory and Consumer Survey [A]. Working Paper, Renmin University of China, 2008.

[299] Wang Xin and Yi Wen. Housing Prices and the High Chinese Saving Rate Puzzle [J]. China Economic Review, 2012, 23 (2).

[300] Wei Shang – Jin and Xiaobo Zhang. The Competitive Saving Motive: Evidence from Rising Sex Ratios and Saving Rates in China [J]. Journal of Political Economy, 2011, 119 (3).

[301] Wildman J. Income Related Inequalities in Mental Health in Great Britain: Analyzing the Causes of Health Inequality Over Time [J]. Journal of Health Economics, 2003 (22).

[302] William Samuelson and Richard Zeckhauser. Status Quo Bias in Decision Making [J]. Journal of Risk and Uncertainty, 1988 (3).

[303] Wisdom J., Downs J. S. and Lowenstein G. Promoting Healthy Choices: Information Versus Convenience [J]. Am Econ J Appl Econ, 2010 (2).

[304] Wiß T. Reinforcement of Pension Financialisation as a Response to Financial Crises in Germany, the Netherlands and the United Kingdom [J]. Journal of European Public Policy, 2019, 26 (4).

[305] Wong K. – Y. & Lynn M. The Easy-money Effect: Credit Card Spending and Hard-work Reminders [J]. Journal of Consumer Marketing, 2017, 34 (7).

[306] Wood and Stacy L. Remote Purchase Environments: The Influence of Return Policy Leniency on Two-stage Decision Processes [J]. Journal of Marketing Research, 2001, 38 (2).

[307] Yang, Dennis T. Junsen Zhang and Shaojie Zhou. Why are Saving

Rates so High in China? [A]. NBER Working Paper, 2011, No. 16771.

[308] Zanello G. Srinivasan C. S. Information Sources, ICTs and Price Information in Rural Agricultural Markets [J]. The European Journal of Development Research, 2014, 26 (5).

[309] Zeelenberg, Marcel and Jane Beattie. Consequences of Regret Aversion 2: Additional Evidence for Effects of Feedback on Decision Making [J]. Organizational Behavior and Human Decision Processes, 1997, 72 (1).

[310] Zhang, Dennis J., Hengchen Dai, Lingxiu Dong, Fangfang Qi, Nannan Zhang, Xianfei Liu, Zhongyi Liu and Jiang Yang. How Do Price Promotions Affect Customer Behavior On Retailing Platforms? Evidence from a Large Randomized Experiment on Alibaba [J]. Production and Operations Management, 2018, 27 (12).